道教典籍選刊

鍾呂傳道集
西山群仙會真記

高麗楊 點校

中華書局

圖書在版編目(CIP)數據

鍾吕傳道集　西山群仙會真記/高麗楊點校. —北京：中華書局,2015.10(2025.8 重印)
(道教典籍選刊)
ISBN 978-7-101-11174-3

Ⅰ.鍾…　Ⅱ.高…　Ⅲ.内丹-研究　Ⅳ.B95

中國版本圖書館 CIP 數據核字(2015)第 186087 號

封面題簽：高金書
責任編輯：朱立峰
封面設計：周　玉
責任印製：韓馨雨

道教典籍選刊
鍾吕傳道集　西山群仙會真記
高麗楊 點校
*
中 華 書 局 出 版 發 行
(北京市豐臺區太平橋西里 38 號　100073)
http://www.zhbc.com.cn
E-mail:zhbc@zhbc.com.cn
河北博文科技印務有限公司印刷
*
850×1168 毫米 1/32 · 10½印張 · 2 插頁 · 200 千字
2015 年 10 月第 1 版　2025 年 8 月第 11 次印刷
印數:21501-23000 册　定價:48.00 元

ISBN 978-7-101-11174-3

道教典籍選刊緣起

道教是我國土生土長的宗教，歷史悠久，可以溯源到戰國時期的方術，甚至更古的巫術，而正式形成於東漢時期。它是我國傳統文化的重要組成部分，對我國人民的思維方式、生活方式，對古代科學、技術的發展，都産生過重大影響，並波及社會政治、經濟等各方面。

道教典籍極爲豐富，就道藏而言，多達五千餘卷，是有待進一步發掘、清理和利用的文化遺産之一。爲便於國内外學術界對道教及其影響的研究，便於廣大讀者瞭解道教的概貌，我們初步擬訂了道教典籍選刊的整理出版計劃。其中既有道教最基本的典籍，也包括各種流派的代表作，有不少書與哲學、思想史關係密切。所有項目，都選用較好的版本作爲底本，進行校勘標點。

由於我們缺乏經驗，工作中難免有失誤之處，亟盼關心此項工作的專家和廣大讀者給以指導與幫助。

中華書局編輯部

一九八八年二月

總目録

鍾呂傳道集

目録

二、序跋題記……二九

前　言

鍾呂傳道集是兩宋之際鍾呂金丹派尤其是施肩吾一系内丹學的重要著作〔一〕，可以説是鍾呂金丹派形成過程中最重要的丹經，鍾呂傳道集曾被譽爲是「唐宋間最爲系統之内丹撰述，鍾呂金丹派教義之宗源」〔二〕。這本書不僅在思想上具有很大的開拓性，在内丹史和道教宗派史上也具有不容忽視的奠基性地位。下面就對其作者、思想内容及版本問題做一個具體的介紹。

一、作者考辨

道藏收鍾呂傳道集題爲「正陽真人鍾離權雲房述，純陽真人吕岩洞賓集，華陽真人施肩吾希聖傳」。也有人把這本書完全署在施肩吾的名下，如宋史藝文志云：「施肩吾，真仙傳道集二卷。」更多的是認爲這三個人在這部書的形成和傳播中都曾起過作用，如直齋書録解題云：「鍾呂傳道記三卷，施肩

〔一〕朱越利鍾呂金丹派的形成年代考，天問丙戌卷，江蘇人民出版社，二〇〇六年。張廣保唐宋内丹道教，上海文化出版社，二〇〇一年。

〔二〕任繼愈主编道藏提要，中國社會科學出版社，二〇〇五年第三次修訂本，第一一六頁。

吾撰，叙鍾離權雲房、吕岩洞賓傳授論議。」文獻通考從直齋書録解題之説，云：「鍾呂傳道記三卷，陳氏曰：『施肩吾撰，叙鍾離權雲房、吕岩洞賓傳授論議。』」

但不論是鍾離權、吕洞賓，還是施肩吾，在宗教史上都是存在一定争議的，他們是否真實存在，在歷史上到底有幾個人，他們具體的生存年代，這些在當前的學術界還都是一個没有完全解決的課題。鍾離權與吕洞賓是道教史中開宗立派的一代宗師，在他們顯世不久以後，教内文獻中就有了明確的記載。雖然這些記載還是史實與神迹的雜糅，但我們可以從中大致看出他們生平的一些脉絡。同時，現當代學者對于鍾吕這兩個人物的研究成果甚夥，爲我們提供了更多可以參看的資料。而與有關鍾吕的研究和資料相比，施肩吾的信息要相對薄弱得多。施肩吾其人在鍾呂傳道集的寫作與形成中起着至關重要的作用，故此處着重介紹施肩吾，對于鍾離權與吕洞賓將從簡介紹。

（一）鍾離權

歷代神仙通鑑、續文獻通考等書稱，鍾離權，複姓鍾離，字寂道，號雲房子，又號正陽子，東漢咸陽人，其父鍾離章爲東漢大將，其兄鍾離簡爲中郎將，後也得道成仙。少工文學，尤喜草聖，身長八尺七寸，髯過臍下，目有神光。仕至左諫議大夫，因表李堅邊事不當，謫爲南康知軍。漢滅之後，復仕于晉。及武帝時，與偏將周處同領兵事，屢出征討，已而失利，逃于亂山，不知所往。後遇東華帝君遂授之以赤符玉篆、金科靈文、大丹秘訣、周天火候、青龍劍法，服膺受教，一聞千悟。既盡其妙，辭而下山，椎髻布衣，積行救人，調神錬氣，變化無常。至唐文宗開成年間，因遊廬山，遇吕公洞賓，授以天遁劍法，自稱天下都散漢。後隱居于晉州羊角山，天真賜號曰太極左宫保生真人。其問答玄妙，神仙施肩吾編之爲鍾吕傳道集。宋欽宗靖康初，封爲「正陽真人」，元至元六年正月，褒贈「正陽開悟傳道真君」。

（二）吕洞賓

宋史陳摶傳云：「關西逸人吕洞賓，有劍術，百餘歲而童顔，步履輕疾，頃刻數百里，世以爲神仙，皆數來摶齋中，人咸異之。」據金蓮正宗記、歷世真仙體道通鑑及純陽帝君神化妙通記等的記載，吕岩，字洞賓，號純陽子，世傳爲東平人，一云西京河南府蒲坂縣永樂鎮人。曾祖延之，仕唐，終浙東節度使。祖渭，第進士，德宗貞元中官至禮部侍郎，晚爲唐州刺史，有四子，吕岩乃讓之子。貞元十二年丙子（公元七九六年）四月十四日生于林檎樹下。後因遊廬山，遇異人，得長生訣。唐末屢舉進士不第，因遊華山，遇鍾離子傳授延命之術，尋遇苦竹真人傳授日月交併之法，再遇鍾離，盡獲金丹之妙。遇崔公，傳入藥鏡，即知修行性命，不差毫髮。後多遊湘潭嶽鄂之間，人莫之識。平生述作數百篇，目之曰傳劍集，飛騰變化，接引者不知其數。後遊歷鄂州，升黄鶴樓冉冉飛升，日當卓午五月二十日也，市廛中人瞻仰企慕，但見隱隱入于雲中矣。及元至元六年正月，贈「純陽演正警化真君」。

（三）施肩吾

施肩吾是鍾吕丹道得以流佈的關鍵人物，但是施肩吾的身份也最爲撲朔迷離。千年以來，圍繞其人身份的争論從未停止過。而認識施肩吾其人，對於解讀鍾吕丹道的流傳又是一道不可跨越的門檻。故而，對施肩吾的身份及其歷史争議的情況有必要進行系統的清算和説明。筆者認爲，施肩吾是一個具體的歷史人物，本爲中唐元和時期著名好道詩人，生活在唐德宗建中元年（公元七八〇年）至唐懿宗咸通二年（公元八六一年）之间〔一〕。後來，經過後世道教信徒的各種依托層累，最終演變而成了一個鍾呂金丹派的重要内丹宗師。從現有的資料，我們還可以爬梳窺探出這條演變的大致軌迹。

首先，唐中後期現實生活中的施肩吾是一位進士出身，且具有詩人和道士的雙重身份的名士。唐末詩人張爲著詩人主客圖，論述中晚唐詩人流派，以白居易爲「廣德大化教主」、孟雲卿爲「高古奥逸主」、李益爲「清奇雅正主」、孟郊爲「清奇僻苦主」、鮑溶爲「博解宏拔主」、武元衡爲「環奇美麗主」，共設六主，以施肩吾入白派之門。這個中晚唐的施肩吾籍貫、名號都不詳。當時的著名詩人張籍有送施肩吾東歸：「知君本是煙霞客，被薦因來城闕間。世業偏臨七里瀨，仙遊多在四明山。早聞詩句傳人遍，新得科名到處閑。惆悵灞亭相送去，雲中琪樹不同攀。」據此可知，他曾多在浙江寧波的四明山一帶活動，並且是典型的好道詩人。這在張籍的另一首贈詩贈施肩吾中説的更明白：「世間漸覺無多事，雖有空名未着身。合取藥成相待吃，不須先作上天人。」施肩吾修道的事情，在當時的圈子裏應該是很多人都知道的。而詩中「合取藥成相待吃」之句，則透露了施肩吾這時可能是在外丹服食方面投入了一定精力，跟後世比附的内丹家身份有較大距離。

當時的另外一個詩人徐凝，有回施先輩見寄新詩二首：「九幽仙子西山卷，讀了絲繩係又開。此卷

〔一〕詹飄飄施肩吾生卒年限推斷，寧波教育學院學報二〇一二年第一期。

玉清宫裏少，曾尋真誥讀詩來。紫河車裏丹成也，皂莢枝頭早晚飛。料得仙宫列仙籍，如君進士出身稀。」徐凝的詩中不僅指明了施肩吾的道教詩寫得好，達到了真誥的水平，而且修鍊功效非常了得，同時指出這個施肩吾是進士出身。

唐末的另一個詩人齊己，在過西山施肩吾舊居中説：「鶴見丹成去，僧聞粟熟來。」這表明唐末時期，施肩吾已經羽化，而關于施肩吾在西山修道的故實已經比較流行了。這個西山，一般認爲是許遜修道的江西南昌的西山。到唐末，柳沖用所撰巨勝歌一書引有題名施肩吾之頌，這是關于施肩吾撰寫跟道教有關文章的第一個記載。五代時期的王定保編唐摭言卷八「及第後隱居」條謂其「以洪州之西山乃十二真君羽化之地，靈迹俱存，慕其真風，高蹈于此。嘗賦閑居遺興詩一百韻，大行于世」。可見，施肩吾在南昌西山修道的觀點，至遲到唐五代時期已經是當時的文人共識。也就是，在歷史真實的視野中，施肩吾是唐代中晚期很有聲望的詩人，修道和崇道是他作爲詩人在那個時代最突出的表符。但在這時，施肩吾這個人物形象還没有産生道號，没有任何關于著述道經著作的記載，也没有産生任何與鍾吕的聯繫。

其次，從北宋初年開始、在北宋末南宋初進入高潮，道門造經運動中通過層累信息構造了内丹家施肩吾的宗教身份。

宗教的發展離不開經典的構架，比如六朝時期葛巢父構造靈寶就是舉世皆知的事實。道教的丹道發展到唐末，外丹已經遭遇了嚴重的危機。與此同時，從理論經驗的積累到輿論力量的積蓄，内丹道發展已經是箭在弦上不得不發。正是在這種情況下，自北宋以降出現了魏晉南北朝以來又一次造經運動的浪潮。而道門造經需要標舉宗師，這個需要正是推動好道詩人施肩吾演變成爲内丹家的原動力。這樣，道教徒鑒于施肩吾在中晚唐的巨大聲譽托名造經，使施肩吾的身份信息迅速朝着内丹家方向層累化。

北宋初年，張君房編雲笈七籤收養生辯疑訣署「棲真子施肩吾述」。這裏第一次有人提出了施肩吾的一個道號「棲真子」，也是目前筆者所見史料中首次將施肩吾與道經的著述聯繫在一起。但不知張君房關于這個道號和這部道經的信息來源何處。但這很可能就是施肩吾被托名造經的歷史起點。

「棲真子」這個道號在北宋末南宋初還被使用。但是，已經悄悄地發生新的變化。在著名道士曾慥（約公元一一六二年前後在世）編著的文獻中，施肩吾又出現了一個新的道號，就是「華陽子」，而正是新來的道號點燃了施肩吾身份驟變的引信，肇始了其後一千餘年的聚訟。

需要指出的是，在曾慥的手裏，施肩吾的其他信息也發生了激變，主要是關于施肩吾的名字、學脉和著作三個方面。其集仙傳稱：「施肩吾，字希聖，九江人也。授真筌于洞賓。」〔一〕在這則材料裏，歷史第一次給「施肩吾」這個形象添加了他的「字」——「希聖」。尤其值得引起注意的是，這句「授真筌于洞賓」的話，假如這個「授」字不是「受」字之誤，那麼就曾慥的句中之意是「施肩吾傳授給吕洞賓道法」。在這裏，施肩吾第一次被人和吕洞賓聯繫在一起。但是，從文意上看，此時的施肩吾還不是後人熟知的吕洞賓的弟子。相反，這時施肩吾是吕洞賓的老師。此外，在曾慥編纂道樞中，題名施肩吾的道書顯著增加。卷

〔一〕元陶宗儀説郛商務涵芬樓本卷四三有輯本。

三〇增加了題施肩吾撰的三住篇，卷一〇之華陽篇有節録的華陽真人秘訣，卷一九及衆妙篇卷三五的黄帝陰符經集解所收華陽真人施肩吾解，卷三八收會真篇，同時節録鍾呂傳道集，名傳道篇。需要説明的是，曾慥在他的著作中，對施肩吾的稱呼採用了「棲真子」和「華陽子」兩種稱呼，是交替使用〔一〕而並未做特别注解。

在兩宋之際，還出現了一些關于施肩吾在北宋中期活動的傳聞。這種情況在比曾慥同時稍晚的陸游（一一二五—一二一〇）和道士陳葆光（公元一一五四年前後在世）的記載中也有反映。陸游在渭南集心鑒跋云：「高祖太傅公生七年，家貧未就學，忽作詩有神仙語，觀者驚焉。晚自號朝隱子，嘗退朝見異人行空中，足去地三尺許。邀與俱歸，則古仙人嵩山（筆者按，「嵩山」疑爲「西山」之誤）棲真施先生肩吾也。」在這則材料裏，施肩吾的信息又被進一步疊加，多了一位弟子——陸游的高祖陸軫。陳葆光在三洞群仙録卷一四「李竦閑客」條中的注引指元圖序云：「僕遊江南，于南京應天遇華陽施真人肩吾希聖者，青巾紫履，皂袍寬帶，光彩射人，望之儼然可畏……遂授僕修真元圖一十五式，顯然明白，可謂真仙之秘本矣。」還

〔一〕四川大學宗教所丁培仁教授説：「曾慥，兩宋間人，紹興初編有類説，又編集道樞，凡引唐施肩吾著述稱『棲真子』，引宋施肩吾則稱『華陽子』或『華陽真人』，而所引後者之論多與鍾呂有關。」（道史小考二則施肩吾與「鍾呂傳道」，宗教學研究一九八九年第三—四期）筆者檢索道樞，見道樞卷九順生篇稱「棲真子施肩吾述」，而文中有「呂真人（名岩）曰：『兜臍腎，交加換。手抱臍之下，握其腎，左右手更換焉，可以集真氣而壯下元矣』」之語，亦言鍾呂，與丁教授所言有所不符，冒昧揣測，可能是丁教授未得見此語。

又增加了一部著作——修真元圖，並爲施肩吾增加了一個叫李竦的學生。

據「南京應天」地名可知，陳葆光三洞群仙録中提到的李竦生活在真宗大中祥符前後。陸游的高祖父陸軫是仁宗時的太傅。陸游和陳葆光的話雖不能作爲直接實證的材料，但是他們生活的年代與北宋中期相去不遠，反映了在北宋中期的時候存在着關于施肩吾活動的傳聞。但是，值得注意的是，陸游和陳葆光的年代稍晚于曾慥而大致同時。他們對施肩吾的道號「棲真子」和「華陽子」的稱謂採用互異，但都爲這個施肩吾增衍弟子門人，從側面看可能是施肩吾聲望漸起、傳聞日增的反映。

到南宋中期白玉蟾（一一九四—？）的時候，施肩吾的信息進一步豐滿和穩定。白玉蟾在跋施華陽文集説：「李真多以太乙刀圭火符之訣，傳之鍾離權，鍾離權傳之呂洞賓。呂即施之師也。施有上足李文英。昔施君授李一十六字，世罕知者：『一靈妙有，法界圓通，離種種邊，允執厥中。』予偶得之，故並以告胡棲真，使補其遺云。楊無爲題石室詩云：玉京高謝黄金榜，石室歸來白鹿車。山後暗通天寶洞，眼前便是地仙家。時聞清夜雪中犬，回視紅塵井裏蛙。五百年前人未到，芭蕉源上鎖煙霞。」在白玉蟾的表述中，施肩吾和呂洞賓二者之間的關係有了明確的表述。不過，不同的是，在白玉蟾的筆下，施肩吾已經從曾慥集仙傳裏呂洞賓的老師變成了學生了。而且，白海瓊還爲施肩吾又增加了一位高足——李文英〔一〕，從而使施肩吾的道派既有來龍又有去脉。而從其傳授的「一靈妙有，法界圓通，離種種邊，允執厥中」丹道秘

〔一〕這位叫做李文英的施氏高足，是否是陳葆光三洞群仙録中所提到的李竦，已經不能確考。

訣，可以判斷此時的施肩吾已經從唐末對外丹有興趣的進士、道士、詩人，完全演變成爲純粹的内丹家了。

到宋元之際，俞琰撰席上腐談稱「五代施肩吾」，其名下羅列著作有静中吟、三住銘、西山會真記、鍾吕傳道集，共四種，比前代著録多出了静中吟一書。這裏稱「五代」施肩吾，從信徒的角度而言，應是認爲施肩吾在五代撰寫了上述經典。

元人苗善時編純陽帝君神化妙通紀卷五稱：「施肩吾，字希聖，遇帝君教以五行顛倒之法、三田反覆之義。或以鍾吕傳道集、會真記皆施所編也。道成之日，作詩曰：『重重道轟結成神，玉綱金堂逐日新。若記西山學道者，連余即是十三人。』原注：『唐亦有肩吾，棲真子。如此兩鐵拐、三馬自然。』」丁培仁教授以爲此「確然指出此非唐棲真子施肩吾」〔一〕。筆者以爲，「兩施肩吾」從教徒的角度應理解爲「兩度出現」之意。否則，同一個地點、同一個姓名、相同的信仰、相同巨大影響力的兩個高道並列，那才是真正匪夷所思的事情。

明道藏收録托名施肩吾著作五種，即養生辯疑訣、西山群仙會真記、修真太極混元圖、鍾吕傳道集、華陽真人秘訣。其中或題棲真子，或題華陽子，不一。這就是自張君房經曾慥至白玉蟾等人托名施肩吾增衍道經和各類基本信息的大致歷史過程。

最後，施肩吾内丹宗師的宗教形象或爲白玉蟾等人以唐代道士李奇爲原型構造而成。

從北宋初期的張君房，到北宋末南宋初的曾慥、陸游、陳葆光，最後到南宋中後期白玉蟾，施肩吾從

〔一〕丁培仁道史小考二則施肩吾與「鍾吕傳道」。

先獲得「棲真子」的道號，到再獲得「華陽子」的道號並後來居上地掩蓋了先出道號的名頭；從一個唐代曾對外丹感興趣的好道進士詩人，變爲内丹家的宗師；從一個跟吕洞賓毫無關係的文人，先成爲吕洞賓的老師又隨後變爲吕洞賓的嫡傳弟子，這其中的幾百年間在施肩吾身上可謂發生了十分蹊蹺的變化。這蹊蹺變化的核心就是華陽子—吕洞賓—施肩吾三者是如何被粘貼在一起的。落到施肩吾頭上的這個道號「華陽」是空穴來風嗎？不是。就有限的文獻推測，施肩吾與華陽子及吕洞賓的關係，很可能是白玉蟾等人爲構造内丹譜系而標舉的一個宗教形象。

本來，「華陽」這個道號與吕洞賓産生聯繫，並不是在棲真子施肩吾身上，而是在傳説中的開元年間的一個叫李奇的隱士身上。據北宋末期、略早于曾慥的江少虞編皇朝事實類苑（卷四一）稱：「華陽隱士李奇，自言開元中郎官，年數百歲，人罕見者。關中吕洞賓者，有劍術，年百餘歲，貌如嬰兒，行步輕疾，皆嘗至（陳）摶齋中。」據材料而言，這個華陽奇士李奇，比晚唐的施肩吾還早一些，甚至比傳説中的吕洞賓資歷還老並且與吕洞賓有道友的關係。如果允許我們大膽猜測一下，從原型理論的角度看，這個開元年間的華陽隱士李奇，也許就是施肩吾成爲「華陽真人」這一形象的直接信息來源。

但是，李奇在儒道兩門的影響與施肩吾相去甚遠。故而，隨着内丹家爲發展自身出現樹立宗師的需要，好道的名士詩人施肩吾便進入了歷史視野並被内丹家捕捉到。這樣，後人把華陽真人的道號、華陽真人與吕洞賓的關係一併嫁接到棲真子施肩吾身上，然後通過系列的造經，使其華陽子施肩吾定型化。如果這一點是真的，倒是方便解釋曾慥集仙傳中會有「授真筌于吕洞賓」這個説法。

如果這個推斷成立的話，可以認定在北宋前中期，施肩吾這個形象最開始應是與「棲真子」這個道號聯繫在一起的，後來又逐漸被人跟「華陽子」這個道號聯繫起來。在這個階段裏，施肩吾的宗教形象跟呂洞賓已經被比附成師生授受關係。但是，開始時是以施肩吾爲師的。就是説，這個時期的施肩吾還有着很重的「華陽隱士李奇」的痕迹。客觀説來，後人之所以把華陽奇士跟呂洞賓交遊的原型，嫁接到棲真子施肩吾身上，可能就是因爲施肩吾的身份和在道門的影響遠遠高于李奇這個原型人物。到白玉蟾時期提出「呂即施之師也」，可能同樣是因爲呂洞賓的影響又遠高于施肩吾，故而出現輩分上的反轉，並成爲影響後世的道門定論。事實上，此類關係變化的情形並非偶然，東晉許遜和吴猛師生關係的變遷就是明證。

南宋末年釋志磐編佛祖統紀卷四三云：「洞賓乃客遊江淮，度何仙姑、郭上竈、施肩吾云。（呂仙遊行人間，自唐及宋，事迹非一。）」釋志磐關于施肩吾與呂洞賓關係的記述，顯然與白玉蟾一脉相承，反映了到南宋中後期，施肩吾成爲呂洞賓弟子的故事已經被坊間和道流所接受。

到元朝的趙道一編仙鑒，施肩吾作爲道士的形象進一步完整，其中的「施肩吾」條云：「施君，名肩吾，字希聖，號華陽。睦之分水人，世家嚴陵七里瀨。少舉進士，習禮記，有能詩聲。趣尚煙霞，慕神仙輕舉之學。唐憲宗元和十五年，登進士第。主文太常卿李建，賦大羹，不和。詩早春殘雪一榜，如姚康、元晦，後皆頗以詩文顯，君獨不仕，張司業籍贈之詩云『雖得空名不著身』，又送東歸詩，有『折得高名到處閑』之句。故希聖詩自謂元和進士，長慶隱淪者，蓋登科之明年，改元長慶。希聖遂遠引，不復來。文宗太和中，乃自嚴陵入西山，訪道棲静真矣。初，希聖遇旌陽，授以五種内丹訣及外丹神方，後再遇呂洞賓，傳授内鍊金液還丹大道。於是終隱西山。今觀西一里許爲芭蕉源，沿山梯級而上，有書堂舊址，石室故在。希聖手植老柏，尚有一二存者。其所爲詩文甚多，山中所傳，未十之四。有得其告敕於嚴陵云，觀已刻之石。瓊山白玉蟾跋施華陽文集云：李真多以太乙刀圭火符之訣，傳之鍾離權，鍾離權傳之吕洞賓。吕即施之師也。施有上足李文英。昔施君授李一十六字，世罕知者：『一靈妙有，法界圓通，離種種邊，允執厥中。』予偶得之，故並以告胡棲真，使補其遺云。楊無爲題石室詩云：『玉京高謝黄金榜，石室歸來白鹿車。山後暗通天寶洞，眼前便是地仙家。時聞清夜雪中犬，回視紅塵井裏蛙。五百年前人未到，芭蕉源上鎖煙霞。』」

從文中可以看出，對于施肩吾的小傳，趙道一是經過實地調查的。小傳整合了當時關于施肩吾的各類信息，對施肩吾的名字、籍貫、道號、履歷、交遊、師承都做了一個道教徒心目中標準化答案式的確認。至此，華陽子成爲鍾吕丹道施肩吾一系的規範道號，施肩吾與「華陽子」的道號以及與吕洞賓的師承關係已經焊接爲一體，並成爲後來道流宗奉的觀點。

沿着歷史的發展來看，這個演變的過程還是比較清晰的。在唐代的文獻中，施肩吾主要是因爲詩歌形成一定的影響，其撰寫道經的事情不是十分引人矚目。也就是説，唐代的施肩吾真人雖是詩人與道士的雙重身份，但在當時，他的第一身份還是詩人，慕道只是他作爲詩人區别于其他人的身份標識。但是，到了兩宋期間，内丹道士們鑒于施肩吾在中晚唐時期的詩人和道士的盛名，不斷依托，尤其是畸形地放大了施肩吾作爲道士的影像。這就是一代接一代的唐宋内丹家依托施肩吾之名構建内丹道派的不懈努力。我們看到的唐開元以來的華陽奇士李奇、北宋中期出現的李竦、陸軫、李文英，乃至南宋的白玉蟾等人，或可以考之史籍，或難以追索其人。但是，在層累化施肩吾的身上都閃爍着這些人的影子。我們研讀托名施肩吾的系列著作，就會發現，這些道經前後之間的思想差别甚大，甚至互相矛盾，但這個現象更是内丹道進化的反映。這些道經觀點之間的差别，客觀上反映了施肩吾一系丹道演進的步伐。我們從中也可以看出個體化的「小施肩吾」，是怎樣成長爲群體化的「大施肩吾」這一歷史過程的，也爲我們研讀施肩吾一系演化的進程找到一把鑰匙。值得强調説明的是，在施肩吾從一個好道詩人演變成爲内丹宗師的過程中，南宗白玉蟾的信息嫁接起到了關鍵性的作用，也正是白玉蟾的聲望和影響，使他關于施肩吾在鍾吕金丹派中位置的定位，成爲後來道門宗奉的共同認識。

同時我們看到，儒門學者在道門構造施肩吾宗教形象的過程中進行了同步辨彰。北宋初年以來，玄門高道們標舉施肩吾的大旗，積極捕捉信息，構造鍾吕丹道的譜系，與此同時，儒家正統學者則對施肩吾這個人物的身份進行了嚴肅的質疑和辨僞活動，表現出絶然不同于道門的學術旨趣。

北宋初年，在張君房稍後的歐陽修編纂了新唐書藝文志。新唐書藝文志在著録施肩吾辨疑論時加按語説：「睦州人，元和進士第，隱洪州西山。」這個睦州大致位置是今天的杭州淳安縣一帶。至此，施肩吾其人在正式文獻記載中有了籍貫，即睦州。新唐書在宋仁宗嘉祐五年（一〇六〇），也就是趙宋立國一百年的時候完成全書，其所取材料來源多雜收野史、碑刻等，關于施肩吾的「睦州人」之説不知其所據。但是，此説是史籍中最早關于施肩吾籍貫材料的記載，它使施肩吾作爲道士的形象，在籍貫、生平和行蹤等方面進一步得到依托。值得注意的是，歐陽修是應該能够讀到雲笈七籤的，但他編的新唐志中没有引用施肩吾的道號「栖真子」，還没有關于施肩吾「字」的記載，也没有談及施肩吾的師門和弟子。到兩宋間，就在曾慥等道士托名施肩吾造經的同時，很多儒門學者對北宋以來托名施肩吾的新出道經進行了辨僞工作。

最早提出唐宋間各有一個施肩吾的人也許是尤袤。尤袤的遂初堂書目述西山群仙會真記時，没有採用曾慥的觀點，相反，是不注卷數，不注作者，或爲尤袤對著者的存疑。至南宋中後期，陳振孫直齋書録解題卷一二記西山群仙會真記條云：「九江施肩吾希聖撰。唐有施肩吾，能詩，元和中進士也。而曾慥集仙傳稱吕岩之後有施肩吾者，撰會真記，蓋别是一人也。」陳振孫認爲吕洞賓之後有一個施肩吾，與唐代的施肩吾别爲二人。這是明確提出唐宋各有一個施肩吾的記載；並且陳振孫説，他關于兩個施肩吾的判斷是來源于曾慥。但我們所見到的集仙傳是元人陶宗儀説郛的輯録本，原書已經見不到了。目前所見的説郛中記載施肩吾的内容，只有「施肩吾，字希聖，九江人也。授真筌于洞賓」這樣一句話。可能在陳振孫看來，既然施肩吾受道于吕岩，那麽從常理看，要晚于吕岩。

元人馬端臨則直接承繼了陳振孫的觀點，認爲唐宋或可能各有一個施肩吾。文獻通考神仙家收施肩吾著作三部，云：「華陽真人秘訣一卷，吕真人血脈論一卷。陳氏曰：前書稱施肩吾，後書稱傳婁景先生。……西山群仙會真記五卷，陳氏曰：九江施肩吾希聖撰。唐有施肩吾，能詩，元和中進士也。而曾慥集仙傳稱吕岩之後有施肩吾，撰會真記，蓋别是一人也。晁氏曰：言鍊養形氣，补毓精神，成内丹之法。凡三十五篇。……鍾吕傳道記三卷，陳氏曰：施肩吾撰。」

馬端臨稍後的宋史藝文志云：「施肩吾，真仙傳道集二卷。」未標注此「施肩吾」的朝代和名號。而對比北宋初的新唐志關于施肩吾的記述，顯然有了明顯的區别，就是認定宋代又出現一位新的「施肩吾」。

明朝的胡應麟力主唐宋各一之論，在其少室山房筆叢做了詳細的考辨，云：「兩施肩吾，一中唐元和間進士，見唐詩品彙紀事等書。一撰鍾吕傳道集，在晚唐間，年代相去差遠，故陳振孫以爲二人，見文獻通考神仙家。」（卷一八史書佔畢六）「鍾吕傳道集稱施肩吾撰。肩吾，中唐後人，於吕爲前輩，不應爲其弟子。藉令受道之士，齒非所拘，則唐人之好奇語誕什倍宋時。……而吕之顯迹宋世，婦人童子稔能傳述，胡唐之小説無片詞及之？僅傳道一集耶？此其不得爲唐人一也。又太平廣記采摭累朝小説數百家，至唐人撰述，宋初存者什九，亡弗備收。如神仙鍾吕顯迹宋世，則國史及宣和書譜及夷堅志諸家小説紛然備載，唐絶不聞。一類卷至數十，即杜子春輩之無稽紀録不遺，乃鍾吕傳道集竟不見采考之，總目亦無其名。其書雖見於文獻通考，而劉昫舊唐書志中不列，則其僞作而託名肩吾無可疑者。此其不得爲唐人二也。」（卷四四玉壺遐覽三）

自此，儒門學者達成共識，唐宋各有一個施肩吾。清乾隆年間編的欽定四庫全書總目載：「西山群仙會真記五卷，舊本題華陽真人施肩吾撰。肩吾字希聖，洪州人，唐元和十年進士。隱洪州之西山，好事者以爲仙去。此書中引海蟾子語。海蟾子劉操，遼時燕山人，在肩吾之後遠矣。殆金元間，道流所依託也。」清末李慈銘光緒丙戌（一八八六）正月初十日越縵堂讀書記：「其辨道家南北二宗云：三餘贅筆稱南宗自東華少陽君得老聃之道，以授漢鍾離權，權授唐進士吕岩，岩授遼進士劉操，即劉海蟾也，遼時燕山人。（唐施肩吾西山群仙會真詩已引海蟾子語，以唐人引遼事，足徵其僞托。）」今四川大學丁培仁教授則力證唐宋分別有兩個施肩吾〔一〕，名字同而道號互異而已。

當然，並非所有的儒門學者都完全同意兩個施肩吾之論。關于會真記這部著作作者，尤袤之後的晁公武郡齋讀書志稱「唐施肩吾集」，没有理會宋説。元辛文房唐才子傳施肩吾云：「肩吾，字希聖，睦州人。元和十五年盧儲榜進士第後，謝禮部陳侍郎云：『九重城裏無亲識，八百人中獨姓施。』不待除授，即東归，張籍群公吟餞，人皆知有仙風道骨，寧戀人間升斗耶？而少存箕、潁之情，拍浮詩酒，搴擘煙霞。初讀書五行俱下，至是授真筌于仙長，遂知逆順顛倒之法，與上中下精氣神三田反覆之義。以洪州西山，十二真君羽化之地，慕其真風，高蹈于此。題詩曰：『重重道氣結成神，玉闕金堂逐日新。若數西山得道者，兼余即是十三人。』早嘗賦閑居遺興詩一百韻，頗述初心，大行于世。著辨疑論一卷，西山傳道、會真等記各一卷。述氣住則神住，神住則形住，爲三住銘一卷，及所爲詩十卷，自爲之序，今傳。」嘉慶年間編訂的全唐文卷七三九「施肩吾」小傳云：「肩吾，字希聖，自號栖真子。洪州人，元和十年進士。隱居洪之西山。」可見，他們没有理會宋代對施肩吾身份的争論，直接認定了唐代的身份。當前，北京大學張廣保教授也認爲只有一個施肩吾，是唐人〔二〕。

〔一〕丁培仁道史小考二則施肩吾與「钟吕傳道」。

〔二〕張廣保唐宋内丹道教，上海文化出版社，二〇〇一年，第二一八頁。

儒門追求歷史真實與道門追求宗教真實的不同信仰是導致施肩吾身份的争論根本原因。一千多年來，施肩吾這個形象引起了儒道兩派共同的高度注意。圍繞這個形象的身份，儒道兩家進行了执拗的隔空式喊話。但是因爲觀念和方法的不同，如雞同鴨講，最終無法交流而成爲自説自話。客觀説來，儒門學者對所謂兩個施肩吾問題的辨彰有乖仙家旨趣〔一〕。儒道兩家在施肩吾活動空間的問題上没有異議，都指向江西西山。他們辯難的主要是施肩吾活動的年代、道號以及名下道經的著作權問題。產生這個争論的根本原因在于，道門遵守的是宗教真實的原則，而儒門遵守的是歷史真實的原則。所謂宗教真實，一般是按照信息递加的方法，逐步構造一系列的信息，最終形成宗教信仰的目標；而所謂的歷史真實，則是按照信息递減的規律，各類信息隨着時間的流逝被歷史篩選掉，最終從人們的視野中消失。可見，宗教真實和歷史真實兩種信仰的追求，在目的、規律、方法等層面的交集甚少，故而才產生了缺乏共鳴的争論。比如，關于年代問題，儒門認爲一個人人生不過百年，不可能唐有施肩吾，能活到宋代，壽命幾百歲。而道教認爲，得道之人是可以長生乃至

〔一〕比如，丁培仁教授稱，李竦爲大中祥符年間的北宋中人，又爲施肩吾的學生，則施肩吾理所當然也是北宋中人。筆者淺見，丁先生之論或是儒家考據派之論的代表。丁先生的方法如果是考據真實的歷史人物，自是精微允當，但是用來追索神仙家的蹤跡，在觀念上还存在一定的理解隔閡。其實，按照道教的觀念，高道上下千年都是正常的事情。按此，李竦虽爲北宋中人，施肩吾則不一定是北宋中人。

再生的，比如莊子逍遥遊中説的彭祖，又如猶龍傳中的老子，曾在很多朝代化身降世。這是一個信仰的問題，不是一個知識的問題。這個問題上，道教認爲一個施肩吾是没有錯的，而儒家學者考索宋代施肩吾的做法是一個技術層面的學術問題，没有跟道教的信仰層面接軌，因此，也没能影響道門直追認定施肩吾的身份。在趙道一的仙鑑中，對施肩吾情况的記述就是遵循了這一道教徒一貫的信仰立場，認爲施肩吾曾受學于東晉高道許旌陽，再受學于晚出其後的吕洞賓。趙道一爲什麽認爲施肩吾能「遇旌陽」，又「再遇吕洞賓」？趙道一仙鑑自序自述動機云：「儒家有資治通鑑，釋門有釋氏通鑑，唯吾道教斯文獨闕，間因録集古今得道仙真事跡，究其踐履，觀其是非，論之以大道而開化後人，進之以忠言而皈依太上。務遵至理，不詫虚文。……詳審校定，嚴行筆削。……名之曰歷世真仙體道通鑑。」可見，他是很嚴肅的。趙道一之所以會提出儒家和常人認爲不可能的看法，是基于他自己虔誠的道教信仰，而並不是他缺少一個嚴肅的著述態度，更不是自己迷惑無知。

又比如關于道號的問題，儒家學者可以分别施肩吾爲二人，唐代的號栖真子，宋代的號華陽子。其實，一個道士同時有幾個道號是再平常不過的事。至于仙鑑中没有提及張君房所言施肩吾的「栖真子」之號，使用的是曾慥以來的「華陽子」之號，這可能是從簡或者採用應用較廣的一個，都是説得通的。南宋道士陳葆光三洞群仙録卷一四「李竦閑客」條注引指元圖序中稱的「華陽真人」和陸游渭南集心鑒跋中使用的「栖真子」兩個道號，就大致屬于同一時代。

施肩吾著作和身份的層累化進程是唐宋間内丹道發展進程的反映。因爲儒門没有道門的信仰，故而于宋代何以出現唐人的文章百思不得其解。其實，道門正是在相信施肩吾不死的情況下，不斷往他身上增衍信息，使之最終成爲一個丹道流派的代言人。而具體推動這個增衍進程的，很可能不是一個人，應該是一個包括白玉蟾在内的、若干個内丹道士構成的松散群體。也就是説，宋代出現的施肩吾，如四庫全書總目提要斷西山群仙會真記的作者「殆金元間，道流所依托也」那樣，根本就没有其人，而是一個道士群體造經佈道托名的集體行爲。至于爲何道號「華陽」掩蓋了「栖真」，呈喧賓奪主之勢，或爲道流爲標榜「三陽」——正陽、純陽、華陽——的正宗傳承派系而故意取捨。

二、思想内容

衆所周知，玄門丹道有内外之分。關于丹道，學者和道士一般推重周易參同契，尊之爲「萬古丹經王」。也有人説，内丹的發展也應當追溯到參同契。實際上，參同契産生于東漢末年，嚴格説來屬于外丹實踐和理論發展的産物。當然，參同契在構架其金丹冶鍊理論時，參照了人體的構造等知識。這也正是内丹家願意宗源參同契的重要根據。筆者認爲，客觀講，參同契産生時代的主流還是外丹。雖然參同契中在冶鍊方法和理念方面，存在着對人體理論的參照甚至是套用，但這種情況屬于「近取諸身」的傳統思維方法，其立足點和落脚點並不是要統括内外丹道的原理，目的是要鍊出一種真正能够與人體異質同構的人體之外的金丹。因此，後世也有内丹家把内丹的緣起追述到參同契的願望，顯然有點一廂情願的勉强。筆者以爲，内丹道誠然有濃重的參同契的影子，但是這個現象並不難解釋。當初參同契借助易學框架解説外丹，但宗旨不是着眼于解易，落脚點在于外丹而非易學；內丹道借參同契理論框架解説內丹，其目的也不是着眼于外丹，而是另起爐竈爲內丹學張目。現在看來，內丹術應該是一種借助外丹理論框架，在整合傳統內修術的基礎上的再創造。這樣看外丹與內丹的前後承繼關係，才符合歷史的邏輯。

內丹的出現時間可能有所爭議〔一〕。一般説來，隋唐之前的道教主要崇尚的還是外丹黄白之術即外丹道。外丹道認爲自然界中那些具有恒久不變性質的礦物質（如黄金等），經過特定的燒鍊程序，能

〔一〕內丹道的源流可追溯至何時？道教史學界頗具有不同意見。胡孚琛道教內丹學揭秘（世界宗教研究一九九七年第四期）和道教史上的內丹學（世界宗教研究一九八九年第二期）認爲源于先民原始宗教巫史文化，老子與莊子是內丹學理論和功法的奠基之作，魏伯陽周易參同契是第一部專門論述內丹法訣的著作。隋唐時周易參同契公開傳佈，內丹學發展顯著。馬濟人道教內丹學（載道教通論：兼論道家學説，齊魯書社，一九九一年）同意元人陳致虚的説法：「求于册者，當以陰符、道德爲祖，金碧、參同次之。」但李養正道教概論（中華書局，一九八九年）似乎不這麼看：「隋代之前，道教本來没有內丹之説，只有胎息、導引、行氣、存想等內養方術。」（該書第一三〇頁）張廣保唐宋內丹道教謹慎地將內丹道之確立限定于隋朝，創立者爲青霞子蘇元朗（該書第六頁）。戈國龍道教內丹學探微（巴蜀書社，二〇〇一年）小心翼翼地把蘇元朗確立的唐宋後日趨完善的內丹道稱爲「成熟的內丹學」，但認爲，這種形態有一個長期醖釀形成的過程，「要嚴格地區分出內丹學與各種道教修鍊方術從而斷言內丹學的準確誕生日期是困難的」（該書第一八頁）。爲慎重起見，我們還是將內丹道的興起時間限定在隋代。

够變成人體可以服食的丹藥。人吃了這種丹藥，可以長生成仙。在外丹術盛行的時期，一些傳統的内養法術如胎息、導引、行氣、存想等内養方術也在廣泛流傳。但這些内養方術，通常被看做是服食外丹進而羽化登仙的輔助手段。到了隋唐之際，這種情況發生了變化。隋初開皇年間（五八一—六〇〇）的羅浮山道士蘇元朗（道號青霞子），稱得大茅真君秘旨，撰龍虎金液還丹通元論及旨道篇，首倡内丹之道。之後，唐代宗時的崔希範撰入藥鏡〔一〕，特重精氣神三者，「精能固物，炁能盛物。……外忘其形，内養其神，是謂登真之路」〔二〕。在這兩位高道的先導下，到了唐五代時，鍾吕大力推舉内丹道，使内丹道脱穎而出，成爲以後道教界主流的鍊養模式。

鍾吕内丹理論和實踐的成熟，從現在的材料看，還應該定位于鍾吕傳道集和西山群仙會真記等鍾吕金丹派的出現。鍾吕傳道集與西山群仙會真記是早期鍾吕金丹派的兩部重要丹經，是鍾吕金丹派形成的重要標誌，它們的出現很大程度上標誌着鍾吕金丹派已從傳統的内修術中脱離出來，形成了自己作爲一個流派的重要的理論基礎和體系構架，爲以後内丹道的發展提供了堅實的平臺〔三〕。

〔一〕後世流傳的入藥鏡有三種，修真十書所録入藥鏡和道樞所録入藥鏡上篇最能體現崔希範的内丹思想，參見張廣保唐宋内丹道教，第七六—七八頁。

〔二〕修真十書天元入藥鏡，正統道藏，上海涵芬樓影印本，第一二八册。

〔三〕張廣保唐宋内丹道教認爲鍾吕内丹道是内丹道教的成熟形態。

鍾呂傳道集的思想内容主要有三個層面。一是明確的標舉金丹大道，指出只有金丹大道才是成仙證道的真正法門，排斥在此之前出現的一切丹道及鍊養法術，完成了鍾呂金丹派的重要的判教工作。從此以後，内丹道作爲一種最重要的證道法門成爲道教界的主流。二是論證了内丹道建立的理論基礎，把丹道建立在天道的基礎上，爲内丹道的建立完成了堅實的理論建構工作。三是用大量篇幅説明了内丹道的修鍊過程。大致確立了内丹道基本的修鍊過程。下面分而述之。

鍾呂傳道集被稱爲「唐宋間最爲系統之金丹撰述，鍾呂金丹派教義之宗源」〔一〕。在這部著作裏，關于鍾呂内丹道的基本問題得到了系統的説明。這部著作是問答體，是呂洞賓在經過長期學道後，帶着一系列困惑問道于鍾離權，而後鍾離權爲之答疑解惑而成。全書共十八節，分别是論真仙、論大道、論天地、論日月、論四時、論五行、論水火、論龍虎、論丹藥、論鉛汞、論抽添、論河車、論還丹、論鍊形、論朝元、論内觀、論魔難、論驗證。全書由「人之生也，安而不病，壯而不老，生而不死，何道可致如此」這個「吕洞賓之問」開始，層層追問，層層解答，最終形成了鍾離權對鍾呂内丹道的系統説明。

在論真仙中，鍾離子提出了「法有三成而仙有五等」的觀點，標舉天仙爲仙家最高。鍾離子指出，人稟陰陽二氣而生，至十五歲，「是時陰中陽半，可比東日之光」而成人。此後，因「平生愚昧，自損靈光，一

〔一〕任繼愈主編道藏提要，第一一六頁。

世兇頑，暗除壽數」，應該「人中修取仙，仙中升取天」。關于五等仙以及如何修取之術，鍾離子指出：「仙非一也。純陰而無陽者，鬼也；純陽而無陰者，仙也；陰陽相雜者，人也。惟人可以爲鬼，可以爲仙。」然後，鍾離子提出了關于「法有三成而仙有五等」的鍾吕仙學理論。鍾離子指出，仙有五等，即鬼仙、人仙、地仙、神仙、天仙，以天仙爲最高。修仙之法分三乘，即大乘、中乘和小乘。這種分三乘法門的做法，顯然是受了佛教的影響。而鍾離子以天仙最高的觀點，也對後來仙學的發展發生了深遠的影響〔一〕。關于「鬼仙」，鍾離子認爲它是因爲「始也不悟大道，而欲于速成」所致，也就是不能脱離生死輪迴，還需投胎轉世，是投胎之術。鬼仙「形如槁木，心若死灰，神識内守，一志不散。定中以出陰神，乃清靈之鬼，非純陽之仙」。這種鬼仙雖然超乎純陰，但是「神像不明，鬼關無姓，三山無名。雖不入輪迴，又難返蓬瀛。終無所歸，止于投胎就舍而已」。可見，這顯然不是仙學所追求的目的。同時，他説，「古今崇釋之徒，用功到此，乃曰得道，誠可笑也」。這顯然是把佛教修行歸入仙學的鬼仙層次，把仙學置于佛教之上。關于「人仙」，鍾離子認爲，這種仙術雖然接近了大道法門，但是知之不全，僅僅是延壽之術。人仙于「道中得一法，法中得一術」，這種人仙「形質且固，八邪之疫不能爲害」，只能做到「多安少病」。關于「地仙」，鍾離子認爲，它屬于三田反復、五行顛倒的鍊形之術，已經是長生之術了。地仙之術，「法天地升降之理，取日月生成之數」，「先要識龍虎，次要配坎離。辨水源清濁，分氣候早晚。收真一，察二儀，

〔一〕比如明清以降産生的天仙派。

列三才，分四象，别五運，定六氣，聚七寶，序八卦，行九州。五行顛倒，氣傳子母而液行夫婦也。三田反復，燒成丹藥，永鎮下田，鍊形住世，而得長生不死，以作陸地神仙」。關于「神仙」，鍾離子認爲，它屬于鍊氣之術。對于這種神仙之術，如果用功不已，就可以「關節相連，抽鉛添汞，而金精鍊頂」，「鍊形成氣，而五氣朝元，三陽聚頂。功滿忘形，胎仙自化。陰盡陽純，身外有身。脱質升仙，超凡入聖。謝絶塵俗，以返三山」，這就已經登仙了。關于天仙，鍾離子認爲，這種境界是仙家最高境界，天仙對于宇宙的大道和世人，對天地和古往今來都大有裨益，可以登上三清之境。可見，天仙之術是宇宙間最高的造化之術。吕洞賓認爲，鬼仙不應求，天仙不可求，當求人仙、地仙、神仙之術。關于這三等仙，鍾離子指出，人仙不出小成法，地仙不出中成法，神仙不出大成法〔一〕。

在論大道中，鍾離子指出，對于仙學大道，「使聞大道，而無信心，雖有信心而無苦志。朝爲而夕改，坐作而立忘。始乎憂勤，終則懈怠。僕以是言大道難知難行也」。鍾離子批判了其他齋戒、休糧、採氣、

〔一〕關于這三乘之法，道藏版鍾吕傳道集中未做明確的説明。但道樞版鍾吕傳道集卻做了具體的説明，我們摘録以資補益，來説明三乘之法的具體内容：「人之仙，其等有三：太上引年益壽，其次安而引年，其下安而無疾，皆小乘也。地之仙，其等有三：太上極陽輕身，騰舉自如，其次鍊形久視，至于千歲，其下引年益壽，皆中乘也。神之仙，其等有三：太上超凡入聖而歸三島，其次鍊神合道初入自然，其下鍊形成氣亘古長存，皆大乘也。」（道樞，上海古籍出版社，一九八九年，第四二四頁）

漱咽、離妻、斷味、禪定、不語、存想、採陰、服氣、持浄、息心、絶累、開頂、縮龜、絶迹、看讀、燒鍊、定息、導引、吐納、採補、佈施、供養、救濟、入山、識性、不動、授持等三十家雜修之術，斥之爲「不識五行根蒂，安知三才造化」的旁門小道，進而標舉鍾吕内丹道的正統。對于鍾吕所謂的「大道」，鍾離子明確做出了説明，即「一爲體，二爲用，三爲造化。體用不出于陰陽，造化皆因于交媾」，只有當人能够「窮萬物之理，盡一己之性。窮理盡性以至于命，全命保生以合于道。當與天地齊其堅固，而同得長久」。這樣，就明確爲鍾吕丹道張幟，進而確立了鍾吕内丹道的正統地位。

在論天地中，鍾離子指出，天地之道是仙學取法的依據和參照這一基本問題。關于什麽是天地之道，鍾離子説：「大道既判而有形，因形而有數。天得乾道，以一爲體，輕清而在上，所用者陽也；地得坤道，以二爲體，重濁而在下，所用者陰也。陽升陰降，互相交合」，「天交于地，以乾道索坤道而生三陽」，「地交于天，以坤道索乾道而生三陰」。這樣的真陰、真陽，「周而復始，運行不已，交合不失于道」。顯然，這個天地之道談的是大道如何「判而有形」的問題，就是陰陽如何相交。鍾離子進一步指出，父母孕育之道與天地之道是一樣的，父體的真氣是陽，母體的真水是陰，通過陰陽互索，在陰陽互索的過程中，「元陽在腎，因元陽而生真氣。真氣朝心，因真氣而生真液，真液還元。上下往復，若無虧損，自可延年」。鍾離子認爲知曉了父母孕育之道和天地判形之道同理，就可以「修齡」，「如知時候無差，抽添有度，自可長生。若以造作無倦，修持不已，陰盡陽純，自可超凡入聖」。

在論日月中，鍾離子指出，日月之道是天地之道的顯現，修仙之道應取法日月之道。鍾離子提出，天地運行的關鍵，在乎陰陽之升降。陰陽的升降可以通過日月之間的關係説明：「月受日魂，以陽變陰，陰盡陽純，月華瑩浄，消除暗魄，如日之光輝照耀于上下。當此時，如人之修鍊，以氣成神，脱質升仙，鍊就純陽之體也。」關于内丹仙學對于天地陰陽升降與日月精華交合之道的效法應該從何者入手的問題，鍾離子説：「始也法效天機，明陰陽升降之理，使真水、真火合而爲一，鍊成大藥，永鎮丹田，浩劫不死，而壽齊天地。」

在論四時中，鍾離子指出，要達到仙學的最高境界，就必須認識到「時」的重要性。所謂的「時」，有身中之時、年中之時、月中之時、日中之時之别。而每一種「時」又分爲「四等」，基本是分爲生長盛衰四個階段。在四種「時」之中，「難得而易失者，身中之時也。去速而來遲者，年中之月也。急若電光，速如石火者，日中之辰也」。對于常人而言，「少年修持，根元完固，凡事易爲見功，止于千日而可大成也。……中年修持，先補之完備，次下手進功，始也返老還童，後即入至超凡也。……晚年修持，先論救護，次説補益，然後自小成法積功以至中成，中成法積功止于返老還童，鍊形住世」。鍾離子認爲，天地之間相距八萬四千里，人的心腎之間相距八寸四分，因而陰陽升降與天地同，氣液相生與日月同。但是，天地日月是周而復始的，而人如果「不知交合之時，又無採取之法，損時又不解補，益時又不解收，陰交時不解養陽，陽交時不解鍊陰。月中不知損益，日中又無行持」，則在有限的人生歲月中不能得道。鍾離子指出，人的修鍊與天地日月同理，但是與天地的周而復始不同的是，人的生命只有一次，因此必須究「交合之時」，知行持之法，「運行五度，氣傳六候。精鍊而後真氣生，氣鍊而後神陽合，神鍊而後大道契」。

在論五行中，鍾離子指出，鍾呂仙學的旨歸在于固元陽，五行之術僅僅是爲了便于操作的名數稱謂，只要明白此理，就可以靈根既固，生成真水真火，辨别身中龍虎，得生黄芽。鍾離子指出，「修鍊之法，行持之時」就是五行運行之理，只要遵之修鍊即可「生黄芽」。鍾離子對「五藏之氣，五行之位」的生成之道、交合之時、採取之法，以五行對五臟的框架做出了對應闡釋。鍾離子指出，人，圓頭方趾，濃縮了天地之象，而「陰降陽升，又有天地之機」，所以，天地五行相克相生之理，在人身中也同樣存在。五臟對五行，五者的關係和運行規律是内丹道的理論關鍵。關于仙學的五行與陰陽的關係，鍾離子提出，「五行歸原，一氣接引」，「五行順行，氣傳子母，自子至午，乃曰陽時生陽。五行顛倒，液行夫婦，自午至子，乃曰陰中鍊陽」。這就是著名的逆鍊成仙的命題。

在論水火中，鍾離子提出，以身中真火鍊身中真水以得純陽的説法，這是鍾呂丹道對元陽的根本觀點。鍾離子指出，身中之水有八（四海、五湖、九江、三島、華池、瑶池、鳳池、天池、玉池、崑池、元潭、閬苑、神水、金波、瓊液、玉泉、陽酥、白雪），身之火有三（民火、臣火、君火）。鍾離子提出三火是人之本：「三火以元陽爲本，而生真氣。真氣聚而得安，真氣弱而成病。若以耗散真氣而走失元陽，元陽盡，純陰成，元神離體，乃曰死矣。」鍾離子提出，所謂的黄芽就是龍虎。這個龍虎，「龍非肝也，乃陽龍，陽龍出在離宫真水之中。虎非肺也，乃陰虎，陰虎出在坎位真火之中」。這就把外丹的水火龍虎等基本術語對應進内丹鍊養體系。關于「八水」，鍾離子指出：「澆灌有時，以沃炎盛，先曰玉液，次曰金液，皆可以還丹。

抽添有度，以應沐浴。先曰中田，次曰下田，皆可以鍊形。」並進一步指出：「玉蘂金花，變就黃白之體；醍醐甘露，鍊成奇異之香。若此皆水之功效。」指出用好真水很重要。關于「三火」，鍾離子指出，民火升而助腎氣生真水，臣火升而交心液生真氣。民火和臣火小用可以降魔除疾，大用可以鍊質成丹。如果「用周天則火起焚身，勒陽關則還元丹藥。別九州之勢，以養陽神；燒三尸之累，以除陰鬼」，就會達到「鍊形成氣，而輕舉如飛；鍊氣成神，而脱胎如蛻」的效果，這就是「火之功效也」。這個周天之火應該就是所謂的「君火」。關于水火的關係，鍾離子提出，生于心火而不散的才是「真水」，生于腎水而不消的才是「真火」，「火中之物，龍也。水中之精，虎也」，這樣的真水、真火就是真正的「大藥」。

在論龍虎中，鍾離子指出，龍是陽物，在物爲木，在人爲肝；虎是陰物，在物爲金，在人爲肺。肝屬陽而在陰位。因爲，肝屬陽，能隔絶腎的「餘陰」，故而氣過于肝則爲純陽，這個純陽之氣藏于真一之水而無形，稱爲「陽龍」。肺屬陰，能隔絶心的「餘陽」，故而液至于肺則爲純陰，這個純陰之液還「負正陽之氣而不見」，稱爲「陰虎」。這樣，真一之水與心液、正陽之氣與肺氣相合，「傳行之時，以法制之」，是真一之水與正陽之氣相逢，「日得黍米之大。百日無差，藥力全。二百日，聖胞堅。三百日，胎仙完」。鍾離子也指出，氣液的盛衰因時而變，腎氣真虎和心液真龍相逢而得的大藥難得易失。

在論丹藥中，鍾離子指出，要「留形住世，以得長生」，最根本的就是要借助丹藥。鍾離子指出，丹藥分爲内丹和外丹。外丹是據「天地升降之理，日月往復之宜」而成，最初由高上元君授廣成子，廣成子以教黃帝。黃帝鍊外丹久而不成，廣成子教導黃帝説，人體内的心腎之間有真氣、真水，其中有真陰、真陽，合之，可比金石。然後，黃帝從八石之中選出砂，從砂中選出汞以作陽龍，從五金之中選出鉛以作陰虎。又以心火比砂、以腎水比鉛，用外丹之理鍊內丹，這樣三年小成而去疾，六年中成而延年，九年大成而浩劫長存。古來有成者少，是因爲這些人或者不辨金石之材，或者不通火候，或者外部條件不够。鍾離子進一步指出，雖然外丹不能超凡入聖，但是外丹對腎氣、心液不足的人在築氣補形方面的作用是十分必要的，但是，如果想依靠外丹升仙，則「陋矣」。關于內丹，鍾離子指出：「內丹之藥材出于心腎，是人皆有也。內丹之藥材本在天地，常日得見也。……是此，內藥本于龍虎交而變黃芽，黃芽就而分鉛汞。」鍾離子認爲，人的疾病有三種：因爲衣着餐飲不當而致病的叫「時病」，因爲持精不慎而致速老的叫「年病」，因爲不懂營衛之術致死的叫「身病」。對于三種疾病，大衆僅僅知道療養時疾，卻不知道「止老而卻死」的辦法。即使是古代的善醫，也頂多知道「洗腸補肉」、「换頂續支」，卻不知「留形住世，以得長生」。

在論鉛汞中，鍾離子指出，在自然界中，鉛是五金之首，砂是衆石之首，而汞又是砂之子，因而，鉛汞相合而爲至寶，這是就外丹而言。對應到身體之內，則受胎之初交合的真氣隱于腎中則稱爲「內鉛」，這個真氣中還含有真一之水名曰「虎」；腎之氣傳于肝之氣，肝之氣傳于心氣，心之氣太極而生液，這個「心氣太極而生液」之中的正陽之氣稱爲「內汞」，而這個「心之液」則稱爲「內砂」。這樣，氣中真液之水，與液中正陽之氣合焉，積而爲胎，傳于黃庭，進火不差則胎仙化矣。可見，這個內鉛和內汞是鍾呂仙學的基本材料。關于如何從內鉛中取白金，如何從內砂中取內汞，鍾離子指出，真一之水內畜正陽之氣，就如同人的胚胎一樣，開始的時候屬于「陰留陽」的階段，其後「始也即陰留陽，次以用陽鍊陰。氣變爲精，精變爲汞，汞變爲砂，砂變爲金丹。金丹既就，真氣自生，鍊氣成神而得超脱」。關于鉛汞在男女不同性别的情况下如何交合而成情形，鍾離子指出，男子是父精包母血而内陰外陽，女子是母血包父精而内陽外陰。關于血和精的區别在于有無正陽之氣：血生于心而無正陽之氣，精生于腎而有正陽之氣。如果「汞之本」，也就是正陽之氣，合真一之水入于黄庭，「汞用鉛湯煑，鉛以汞火煎」，就可以成仙胎，否則，鉛和汞分離是不行的。

在論抽添中，鍾離子指出，天地、日月、金石、氣液，都應該洞曉抽添之道，這是造化之本，内丹修鍊也同樣。因爲，金石屬于外藥，是無情之物。氣液屬于内藥，是有情之物。無情之物如能「火候無差，抽添有數，尚可延年益壽」，何况是「己身有情之正陽之氣」呢？鍾離子指出，内丹的修鍊要兼顧内鉛和内汞兩個方面。能抽其鉛增其汞則肘後飛金精。如果僅僅抽鉛而不進行增汞，只能是還精于泥丸，並不能生真氣、成陽神；如果僅僅增汞而不進行抽鉛，也只能鍊汞而補丹田，可以益壽卻不能鍊成金丹大藥。關于内丹抽添之法，鍾離子提出火中之水是五行之祖、達道之本的觀點：首先抽汞增鉛入上丹田是爲肘後飛金精，其次是起河車走龍虎而還精補泥丸，然後行五行顛倒、三田反復之道以至于「胎仙自化」。「自下而上，自上而下，還丹鍊形，皆金精往復之功也。自前而後，自後而前，焚身合氣，皆真氣造化之功也」，不憑借抽增之法無以完成。

在論河車中，鍾離子指出，人的身體陽少陰多，因爲水是身體裏的主要部分。身體裏的車行于水，負責搬運身體中的元陽，修鍊内丹丹藥的上下往來也全賴河車之功。鍾離子指出：「五行非此車般運也，難得生成。二氣非此車般運也，豈能交會？應節順時而下功，必假此車而般之，方能有驗。」鍾離子指出，河車搬運可以養陽鍊陰、立事無忒，可以乾坤未純往來其陰陽，宇宙未周交通其氣血，外而内旋轉天地純粹之氣接引吾之元陽，自凡而聖以旋轉陰陽真正之氣鍊補吾之元神。關于河車的具體運行，鍾離子指出，「玉液、金液本還丹，般運可以鍊形，而使水上行。君火、民火本鍊形，般運可以燒丹，而使火下進」，這樣就可以五氣朝元、三花聚頂。如果用河車按照時數要求搬運，就可成大藥。關于河車的等級，鍾離子分爲小河車、大河車和紫河車三等，「五行巡還，周而復始，默契顛倒之術，以龍虎相交而變黄芽者，小河車也。肘後飛金精，還精入泥丸，抽鉛添汞而成大藥者，大河車也」，經過生黄芽、元神全等環節後生成紫金丹，這就是紫河車。而從河車搬運的功效又分爲使者車、雷車和破車。

在論還丹中，鍾離子指出，所謂「還丹」之「還」，就是「既往而有所歸」，就是鍊成的内丹放置在何處。關于所謂的「還丹」之類，鍾離子指出還丹有數種，按照從低到高的階次可以分爲小者、大者、七返者、九還者、金液者、玉液者、以下丹還于上丹者、以上丹還于中丹者、以中丹還于下丹者、以陽還陰者、以陰還陽者等等，「不止于名號不同，亦以時候差别，而下手處各異也」，並對每一種還丹之法做出了具體的闡釋。其中到「以陰還陽」之後，五行顛倒三田反復而後，鍊形化氣，鍊氣成神，自下丹田遷于中丹田，再遷于上丹田，最後「棄下凡軀，以入聖流仙品，方爲三遷功成，自下而上，不復更有還矣」。鍾離子關于還丹的觀念建立在三個丹田概念的基礎之上，他把生丹的丹田分爲三種，上方的稱爲「神舍」，中間的稱爲「氣府」，下面的稱爲「精區」。當精中生氣之時，氣在中丹田；當氣中生神之時，神在上丹田；當真水與真氣相合而成精之時，精在下丹田。神與氣，二者人皆有之。但是，如果「氣主于腎，未朝于中元；神藏于心，未超于上院」，那麽，精華就不能返合于下丹田，三個丹田也就没有什麽用處。關于精、氣、神這三寶，如何在「三宫」也就是三個丹田中紮根生長的問題，鍾離子指出，氣是生于腎中的，這個氣中包含有真一之水，只要讓水還于下丹田，就會「精養靈根，氣自生矣」。液是生于心中的，這個液中包含有正陽之氣，只要讓氣還于中丹田，就會「氣養靈源，神自生矣」。然後，把靈根和靈源與神會合起來，「合神入道以還于上丹田」，就修鍊成仙了。

在論鍊形中，鍾離子指出，陰不得陽不生，陽不得陰不成，修陽不修陰，鍊形不鍊物，是不能長存的。如果不知鍊形而至于元氣損，身上的正氣就會反被天地奪去。鍾離子認爲，神和形的關係是主人和房舍的關係，形是房舍，神是主人。但是，形是神的基礎，「形中之精以生氣，氣以生神」。形神二者的關係，形屬陰，神屬陽，要陰陽得宜，否則就會生病、老死。關于鍊形之法，其根本在于養元氣。元氣實可以「奪天地之正氣」。以氣鍊氣，散滿四大。清者榮而濁者衛，悉皆流通」，這樣可以「寒暑不能爲害」，鍊形到一定階次要重視把元氣導向三元，也就是三個丹田，把五液朝于下元，五氣朝于中元，三陽朝于上元。關于如何固實元氣，鍾離子指出，元氣是形體的根本，在内也可以消形質之陰，在外也可以奪天地之正氣，所以講究乾坤之鍊有時、氣液之鍊有日。

在論朝元中，鍾離子指出，天地由混沌分化爲天地五方，每個方向都有一帝主宰。各方之帝輪流主宰天下運行，其間其他各方都以此時主宰之帝爲中心。而每一個方向的主宰之帝，又都有陰陽相生而成，進而分爲五行，化爲六氣。人的生成也是由陰陽、五行、六氣化生。天地日月嚴格按照陰陽五行的法則運行，人的身體也是按照陰陽五行的法則運行。由日月運行之理推斷人體修鍊之理，「一陽始生，而五藏之氣朝于中元。一陰始生，而五藏之液，朝于下元。陰中之陽，陽中之陽，陰陽之中之陽，三陽上朝内院，心神以返天宫，是皆朝元者也」。人身之内五臟之氣的運行也是「一氣盛而一氣弱，一藏旺而一藏衰」。因此，人身的修鍊也是按照陰陽五行之道，在不同的時間鍊養不同臟腑之氣，「若此日月時，三陽既聚，當鍊陽而使陰不生。若此日月時，三陰既聚，當養陽而使陽不散」，「以純陽之氣鍊五藏之氣，不息而出本色，一舉而到天池」。

在論内觀中，鍾離子指出，所謂的内觀就是坐忘之術，通過坐忘，「無中立象。使耳不聞而目不見，心不狂而意不亂」。内觀僅僅是仙道開基之始，奠基之後也慢慢弱化，但内觀是進入希夷之境的必由之路。鍾離子指出，鍊形可以長生久視，但不能成仙。如要成仙，一定要鍊氣。有些見識淺陋的鄉曲之士，無有大藥而勉强行胎息之術，以至于得重病，這是因爲他們不知道要經過修成胎仙，由胎仙生成真氣，再由真氣而進入胎息，通過胎息進而鍊氣成神。而有修道者，在鍊氣之時卻「心境未除者，悉以除之。或而妄想不已，智識有漏，志在升仙而心神不定」，這是他們不知道内觀的功效，如果知道内觀之功，就會「神識自在」。關于内觀，鍾離子分别對所謂的龍虎交合之想、進火之想、金液還丹之想、肘後飛金精之想、還丹之想、鍊形之想、朝元之想都做了詳盡的描繪。對于内觀最高的功效，鍾離子指出，内觀是陰陽變換之法，「一無時日，二無法則」，達摩、世尊都是通過這個途徑證聖。但是，如果内觀不得法門，「因意生像，因像生境」，也是比較可怕的事情。

在論魔難中，鍾離子提出，修道過程中存在十魔九難需要克服。之所以會在修道的過程中出現「陰鬼邪魔」的情況，是因爲修道之士「聞道而不信心，縱信之而無苦志」。關于「魔」干擾修道的形式有三種，「一曰身外見在，二曰夢寐，三曰内觀」。對于見于身外與見于夢寐的都要「不認不執」，只有這樣才能做到，「身外見在而不認不執，則心不退而志不移。夢寐之間不認不著，則神不迷而魂不散」。對于見于内觀的，要「當審其虚實，辨其真僞，不可隨波逐浪，認賊爲子」，可以用三昧真火焚形，這樣心魔就被消滅了，然後用紫河車搬運陽神，就可以「超内院而返天宫」，得成正道。

在論驗證中，鍾離子指出，内觀之法有十二科，分别爲匹配陰陽、聚散水火、交媾龍虎、燒鍊丹藥、肘後飛金精、玉液還丹、玉液鍊形、金液還丹、金液鍊形、朝元鍊炁、内觀交换和超脱分形。内觀之時有三，分爲年中之時、月中之時、日中之時。然後對不同時刻、不同階段修道的效果進行了詳細描述説明。

三、版本考述

宋王庭珪是于史有記載的第一個對鍾呂傳道集做整理的人。其盧溪文集卷四八有書傳道集後一文，云：「世傳呂先生受道于鍾離先生，有傳道集，其書秘世或罕見。近歲轉相傳寫，往往人皆有之，而不甚寶。惜字多駁謬，烏焉成馬者，俗莫能辯。因借此本于清真道士楊應存，愛其字小楷可觀，爲竄定百餘處，尚有闕誤可疑者，不敢私意改之，以俟後人是正。余特哀夫蓬心蒿目者之遠于道也，蓋道不遠人。讀此書則知道之在我而已。紹興癸亥中元日盧溪真逸書。」〔一〕「紹興癸亥」年爲公元一一四三年，南宋高宗時，那麽，這時就有了鍾吕傳道集的抄本，並且清真道士楊應存處藏有這種抄本。但這些抄本「字多駁謬，烏焉成馬者，俗莫能辯」，質量比較低。所以，王庭珪才從清真道士楊應存處借來底本，「爲竄定百餘處」。如此應有一本王庭珪校定過的宋代的傳道集，但今已佚。

鍾吕傳道集，目前能看到的刻本共有八個版本，另外還有一個節録本。最早的是收于正統道藏洞真部修真十書中的本子，共三卷，題「正陽真人鍾離權雲房述，純陽真人吕岩洞賓集，華陽真人施肩吾希聖傳」。

第二個版本是明閻鶴洲編的道書全集版，目録題爲鍾吕二仙修真傳道集三卷，正文處名爲鍾吕二先生修真傳道集，在每篇的篇名後加上「第一」「第二」等字樣，以表示順序。

第三個版本是清陳夢雷編的古今圖書集成版，收在「博物彙編神異典静功部」，題名爲鍾吕傳道記，共兩卷，論抽添前爲一卷，之後爲一卷。

第四個版本是清蔣元庭的道藏輯要版，名爲鍾吕傳道集，收在危集二中。這個版本前有鐵杖老人題于卷端的序言，文後還有高時明的跋，説明不選靈寶畢法的原因，最後還有正化子恩洪的鍾吕傳道集

〔一〕據文淵閣四庫全書本。

後跋，不分卷，或作一卷。

第五個版本是清劉體恕所輯的呂祖全書版，名爲修真傳道集。全書被分爲上下兩卷，論抽添之前爲上卷，收于呂祖全書的第二十九卷；論抽添及以後篇幅爲下卷，收于呂祖全書的第三十卷。正文前有小序，介紹這本書的内容及作者流傳情況，題名下有兩行小字，爲按語，云：「呂祖開修真工夫要訣，正陽祖師因述金丹大道，口授呂祖，呂祖集成卷，華陽真人施肩吾希聖傳之於世。」這個版本還有兩個特點：一是凡其他版本中的「鍾曰」、「呂曰」皆改作「鍾祖曰」、「呂祖曰」；二是在一些難僻字下有小字表注音。

第六個版本的是民國年間丁福保編輯的道藏精華録版，收在第五集的十種中，名爲鍾呂傳道集，不分卷，按文中原來的篇名和順序分爲十八章。書名下有編者的案語，正文後有不署名的一個跋，説明靈寶畢法的情況，之後还有一个正化子恩洪的鍾呂傳道集後跋，與道藏辑要本同。頁脚有「無錫丁氏藏版」之語〔一〕。這個版本的難僻字下有小字表注音，與呂祖全書版完全相同。從按語及文中的注音和後跋可以推斷出，丁福保在輯鍾呂傳道集时當參校了呂祖全書版及道藏辑要版。

第七個版本是近人蕭天石編輯的道藏精華版，收在第一集之二中，不分卷。道藏精華録與道藏精

〔一〕這個無錫丁氏當是指丁丙。丁丙，字松生，號松存，浙江錢塘人，喜藏書，晚清藏書家，沿用其祖「八千卷樓」爲藏書室名。文瀾閣四庫全書散失後，他出巨資多方收集並鈔補，撰有善本書室藏書志。但查找善本書室藏書志並没有關于鍾呂傳道集的記載。所以，我們也只能根據今天所見的道藏精華録來描述「無錫丁氏藏版」的樣子了。

華中的版本是完全一樣的，不論是題下按語，還是文後的跋，二者没有任何區别。故可以推知，道藏精華中的當源于道藏精華録。

第八個版本是巴蜀書社的藏外道書版，收在第六册中，名爲鍾吕二仙傳道集，題名下無按語，每篇名後有數字表順序，文中難僻字下有注釋，文後有道藏精華録本不署名的跋。

節録本是指宋人曾慥所編道樞中的收録内容。道樞卷三九傳道上篇相當于修真十書卷一四；卷四〇傳道中篇，相當于修真十書卷一五及一六第一篇「論還丹」；卷四〇傳道下篇相當于修真十書卷一六「論鍊形」〔一〕。除道藏精華録外，其他版本均未明確標明版本來源。但從内容上看，各版無大差别，

〔一〕道樞書名源于莊子齊物論「彼是莫得其偶，謂之道樞」，含有道術精要之意。「舉凡氣功經典，如參同契、黄庭經、悟真篇、金碧龍虎等；氣功理論，如太極、周天、坎離、服氣、鍊精等；氣功功法，如胎息、呼吸、調氣、存想等，均輯要爲專篇，並列氣功人物如鍾離子、純陽子、華陽子、海蟾子以及早期的赤松子、陰長生等的論述。每篇題下均以四言四句提示要點或傳授淵源。」（上海古籍出版社一九八九年四月影印本解題）道樞中也記録了鍾吕傳道集和西山群仙會真記，曾慥對這兩部書的記録没有分章節，比較混亂，並且不少地方摻入了曾慥自己的理解，很多地方改易文字。從道樞收録的傳道集和會真記的情況看，是不宜作爲參校的底本，只能作爲閲讀的參考。但是，道樞的選本並非毫無用處，尤其是曾慥在其中摻入的串讀思想，一方面能够幫助我們理解原著，一方面也可以窺見兩宋間對這兩部道經的解讀思路。

極有可能都出自正統道藏這一系統。

總之，據上考述，本次整理，以明正統道藏本爲底本，以道藏輯要及道藏精華録爲校本；在校記中，道藏輯要本和道藏精華録本分别簡稱爲「輯要本」和「精華録本」。另外，有關鍾吕傳道集的書目著録和底本之外的序跋題記均收作附録。

鍾呂傳道集

正陽真人鍾離權雲房述
純陽真人呂喦洞賓集
華陽真人施肩吾希聖傳

論真仙〔一〕

呂曰：「人之生也，安而不病，壯而不老，生而不死，何道可致如此？」鍾曰：「人之生，自父母交會而二氣相合，即精血爲胎胞，於太初之後而有太質。陰承陽生，氣隨胎化，三百日形圓。靈光入體，與母分離。自太素之後，已有昇降而長黄芽。五千日氣足，其數自滿八十一丈。方當十五，乃曰童男。是時陰中陽半，可比東日之光。過此以往，走失元陽，耗散真氣，氣弱則病、老、死、絶矣。平生愚昧，自損靈光，一世兇頑，暗除壽數，所以來生而身

〔一〕論真仙：輯要本、精華録本作「論真仙第一」。

有等殊，壽有長短。既生復滅，既滅復生，轉轉不悟，而世世墮落，則失身於異類，透靈於别殼。至真之根性不復於人，傍道輪迴，永無解脱。或遇真仙至人，與消其罪報，除皮脱殼，再得人身。方在癡瘖愚昧之中，積行百劫，昇在福地，猶不免飢寒殘患〔一〕。迤邐昇遷漸得完全形貌，尚居奴婢卑賤之中。苟或復作前孽，如立板走丸，再入傍道輪迴。」

吕曰：「生於中國，幸遇太平，衣食稍足，而歲月未遲。愛者安而嫌者病，貪者生而怕者死。今日得面尊師，再拜再告，念以生死事大，敢望開陳〔二〕不病不死之理，指教於貧儒者〔三〕乎？」鍾曰：「人生欲免〔四〕輪迴，不入於異類軀殼，嘗使其身無病、老、死、苦，頂天立地，負陰抱陽而爲人也。爲人勿使爲鬼，人中修取仙，仙中升取天矣。」

吕曰：「人死爲鬼，道成爲仙。仙一等也，何以仙中升取天乎？」鍾曰：「仙非一也。純陰而無陽者，鬼也；純陽而無陰者，仙也；陰陽相雜者，人也。惟人可以爲鬼，可以爲

〔一〕患：輯要本、精華録本作「疾」。
〔二〕開陳：精華録本作「以」。
〔三〕者：輯要本、精華録本作「可」。
〔四〕免：精華録本作「免墮於」。

仙。少年不修，恣情縱意，病死而爲鬼也。知之修鍊，超凡入聖，而脱質爲仙也。仙有五等，法有三成。修持在人，而功成隨分者也。」

吕曰：「法有三成而仙有五等者，何也？」鍾曰：「法有三成者，小成、中成、大成之不同也。仙有五等者，鬼仙、人仙、地仙、神仙、天仙之不等，皆是仙也。鬼仙不離於鬼，人仙不離於人，地仙不離於地，神仙不離於神，天仙不離於天。」

吕曰：「所謂鬼仙者，何也？」鍾曰：「鬼仙者，五仙之下一也。陰中超脱，神像不明，鬼關無姓，三山無名。雖不入輪迴，又難返蓬瀛，終無所歸，止於投胎就舍而已。」

吕曰：「此是〔一〕鬼仙，行何術，用何功，而致如此？」鍾曰：「修持之人，始也不悟大道，而欲於速成。形如槁木，心若死灰，神識内守，一志不散。定中以出陰神，乃清靈之鬼，非純陽之仙。以其一志，陰靈不散，故曰鬼仙。雖曰仙，其實鬼也。古今崇釋之徒，用功到此，乃曰得道，誠可笑也。」

吕曰：「所謂人仙者，何也？」鍾曰：「人仙者，五仙之下二也。修真之士，不悟大道，道中得一法，法中得一術，信心苦志，終世不移。五行之氣，悮交悮合，形質且固，八邪之疫

〔一〕此是：輯要本作「此等」，精華録本作「似此」。

不能爲害，多安少病，乃曰人仙。」

吕曰：「是〔一〕此人仙，何術、何功而致如此？」鍾曰：「修持之人，始也或聞大道，業重福薄，一切魔難而〔二〕改初心，止於小成。行〔三〕法有功，終身不能改移，四時不能變換。如絶五味者，豈知有六氣？忘七情者，豈知有十戒？行漱咽者，咍吐納之爲錯。著採補者，笑清浄以爲愚。好即物以奪天地之氣者，不肯休粮。好存想而採日月之精者，不肯導引。孤坐閉息，安知有自然？屈體勞形，不識於無爲。採陰取婦人之氣，與縮金龜者不同。養陽食女子之乳，與鍊丹者不同。以類推究，不可勝數。然而皆是道也，不能全於大道。止於大道中一法一術，功成安樂延年而已，故曰人仙。更有一等，悦於須臾，而厭於持久，用功不謹，錯時亂日，反成疾病，而不得延年者，世亦多矣。」

吕曰：「所謂地仙者，何也？」鍾曰：「地仙者，天地之半，神仙之才。不悟大道，止於

〔一〕是：精華録本作「似」。
〔二〕而：精華録本作「遂」。
〔三〕行：原無，據輯要本、精華録本補。

中〔一〕成之法。不可見功，唯以長生住世，而不死於人間者也。」

吕曰：「其地仙如何下手？」鍾曰：「始也法天地升降之理，取日月生成之數。身中用年月，日中用時刻。先要識龍虎，次要配坎離。辨水源清濁，分氣候早晚。收真一，察二儀，列三才，分四象，别五運，定六氣，聚七寶，序八卦，行九州。五行顛倒，氣傳子母而液行夫婦也。三田反復，燒成丹藥，永鎮下田，鍊形住世，而得長生不死，以作陸地神仙，故曰地仙。」

吕曰：「所謂神仙者，何也？」鍾曰：「神仙者，以地仙厭居塵世，用功不已，關節相連，抽鉛添汞，而金精鍊頂，玉液還丹，鍊形成氣，而五氣朝元，三陽聚頂，功滿忘形，胎仙自化，陰盡陽純，身外有身，脱質升仙，超凡入聖，謝絶塵俗，以返三山，乃曰神仙。」

吕曰：「所謂天仙者，何也？」鍾曰：「地〔二〕仙厭居塵境〔三〕，用功不已，而得超脱，乃曰神仙。神仙厭居三島，而傳道人間，道上有功，而人間有行，功行滿足，受天書以返洞天，是曰天仙。既爲天仙，若以厭居洞天，效職以爲仙官：下曰水官，中曰地官，上曰天官。於

〔一〕中：原作「小」，據輯要本、精華録本改。下文亦有句曰「凡地仙不出中成法」，可證。

〔二〕地：原作「天」，據輯要本、精華録本改。

〔三〕境：精華録本作「世」。

天地有大功，於今古有大行。官官升遷，歷任三十六洞天，而返八十一陽天。歷任八十一陽天，而返三清虚無自然之界。」

呂曰：「鬼仙固不可求矣，天仙亦未敢望矣。所謂人仙、地仙、神仙之法，可得聞乎？」

鍾曰：「人仙不出小成法，凡地仙不出中成法，凡神仙不出大成法。此是三成之數，其實一也。用法求道，道固不難。以道求仙，仙亦不甚易。」

呂曰：「古今養命之士，非不求長生也，非不求升仙也，然而不得長生爲升仙者，何也？」鍾曰：「法不合道，以多聞强識，自生小法傍門，不免於疾病、死亡，猶稱尸解，迷惑世人。互相推舉，致使不聞大道。雖有信心苦志之人，行持已久，終不見功，節序而入於泉下。嗚呼！」

論大道〔一〕

呂曰：「所謂大道者，何也？」鍾曰：「大道無形無名，無問無應，其大無外，其小無内，莫可得而知也，莫可得而行也。」

〔一〕論大道：輯要本、精華録本作「論大道第二」。

吕曰：「古今達士，始也學道，次以有道，次以得道，次以道成，而於〔一〕塵世入蓬島，升於洞天，升於陽天，而升三清，是皆道成之士。今日尊師獨言道不可得而知，不可得而行，然於〔二〕道也，獨得隱乎？」鍾曰：「僕於道也，固無隱爾。蓋舉世奉道之士，止有好道之名，使〔三〕聞大道而無信心，雖有信心而無苦志，朝爲而夕改，坐作而立忘，始乎憂勤，終則懈怠。僕以是言大道難知難行也。」

吕曰：「大道難知難行之理，如何？」鍾曰：「以傍門小法易爲見功，而俗流多得互相傳授，至死不悟，遂成風俗，而敗壞大道。有齋戒者、有休粮者、有採氣者、有漱咽者、有離妻者、有斷味者、有禪定者、有不語者、有存想者、有採陰者、有服氣者、有持淨者、有息心者、有絶累者、有開頂者、有縮龜者、有絶迹者、有看讀者、有燒鍊者、有定息者、有導引者、有吐納者、有採補者、有布施者、有供養者、有救濟者、有入山者、有識性者、有不動者、有授持者，傍門小法，不可備陳。至如採日月之華，奪天地之氣，心思意想，望結丹砂，屈體勞

〔一〕於：輯要本、精華録本作「脱」。
〔二〕於：輯要本、精華録本作「則」。
〔三〕使：輯要本作「始」，精華録無。

形，欲求超脱。多入少出，攻病可也，認爲真胎息。絶念忘言，養性可也，指作太一[一]舍真氣。金鎗不倒，黄河逆流，養命之下法；形如槁木，心若死灰，集神之小術。奈何古今奉道之士，苦苦留心，往往掛意。以咽津爲藥，如何得造化？聚氣爲丹，如何得停留？指肝爲龍而肺爲虎，如何得交合？認坎爲鉛而離爲汞，如何得抽添？四時澆灌，望長黄芽；一意不散，欲求大藥。差年錯月，廢日亂時，不識五行根蒂，安知三才造化？尋枝摘葉，迷惑後人，致使大道日遠日踈，異端並起，而[二]成風俗，以失先師之本意者，良由道聽塗説、口耳之學，而指訣於無知之徒，遞相訓式，節序而入於泉下，令人寒心。非不欲開陳大道，蓋世人業重福薄，不信天機，重財輕命，願爲下鬼。」

吕曰：「小法傍門，既已知矣。其於大道，可得聞乎？」鍾曰：「道本無問，問本無應。及乎真原一判，大朴已散。道生一，一生二，二生三。一爲體，二爲用，三爲造化。體用不出於陰陽，造化皆因於交媾。上、中、下，列爲三才，天、地、人，共得[三]於一道。道生二氣，二氣

〔一〕一：輯要本作「乙」。
〔二〕而：輯要本、精華録本作「遂」。
〔三〕得：精華録本作「爲」。

生三才，三才生五行，五行生萬物。萬物之中，最靈、最貴者，人也。惟人也，窮萬物之理，盡一己之性。窮理盡性以至於命，全命保生以合於道。當與天地齊其堅固，而同得長久。」

呂曰：「天長地久，亘千古以無窮。人壽百歲，至七十而尚稀。何道之獨在於天地，而遠於人乎？」鍾曰：「道不遠於人，而人自遠於道矣〔一〕。所以遠於道者，養命不知法。所以不知法者，下功不識時。所以不識時者，不達天地之機也。」

論天地〔二〕

呂曰：「所謂天地之機，可得聞乎？」鍾曰：「天地之機，乃天地運用大道而上下往來，行持不倦，以得長久堅固，未嘗〔三〕輕泄於人也。」

呂曰：「天地之於道也，如何謂之運用之機？如何謂之行持之機？運用如何起首？行持如何見功？」鍾曰：「大道既判而有形，因形而有數。天得乾道，以一爲體，輕清而在

〔一〕矣：精華録本作「耳」。

〔二〕論天地：輯要本、精華録本作「論天地第三」。

〔三〕嘗：輯要本作「可」。

上，所用者陽也；地得坤道，以二爲體，重濁而在下，所用者陰也。陽升陰降，互相交合。乾坤作用，不失於道。而起首有時，見功有日。」

呂曰：「天得乾道，所用者陽也；陽主升，何以交於地？地得坤道，所用者陰也；陰主降，何以交於天？天地不交，陰陽如何得合？陰陽不合，乾坤如何作用？乾坤既無作用，雖有起首之時、見功之日，大道如何可得也？」鍾曰：「天道以乾爲體，陽爲用，積氣在上；地道以坤爲體，陰爲用，積水在下。天以行道，以乾索於坤：一索之而爲長男，長男曰震；再索之而爲中男，中男曰坎；三索之而爲少男，少男曰艮。是此〔一〕，天交於地，以乾〔二〕道索坤道而生三陽。及乎地以行道，以坤索於乾：一索之而爲長女，長女曰巽；再索之而爲中女，中女曰離；三索之而爲少女，少女曰兑。是此〔三〕，地交於天，以坤道索乾道而生三陰。三陽交合於三陰而萬物生，三陰交合於三陽而萬物成。天地交合，本以〔四〕乾坤相索，而運

〔一〕此：輯要本、精華録本作「乃」。
〔二〕乾：原作「地」，據輯要本、精華録本改。
〔三〕此：輯要本、精華録本作「乃」。
〔四〕以：輯要本作「於」。

行於道。乾坤相索而生六氣，六氣交合而分五行，五行交合而生成萬物。方其乾道下行，三索既終，其陽復升，陽中藏陰，上還於天；坤道上行，三索既終，其陰復降，陰中藏陽，下還於地。陽中藏陰，其陰不消，乃曰真陰。真陰到天，因陽而生，所以陰自天降，陰中能無陽乎？陰中藏陽，其陽不滅，乃曰真陽。真陽到地，因陰而發，所以陽自地升，陽中能無陰乎？陽中藏陰，其陰不消，復到于地；陰中藏陽，其陽不滅，復到于天。周而復始，運行不已，交合不失於道，所以長久堅固者如此。」

呂曰：「天地之機，運行於道而得長久，乃天地作用之功也。惟人也，雖有聰明之性，留心於清静，欲以奉行大道，小則安樂延年，中則長生不死，大則脱質升仙。如何作用，運行大道，法動天機，而亦得長久堅固，浩劫常〔一〕存？」鍾曰：「大道無形，因彼之所得而爲形。大道無名，因彼之所有而爲名。天地得之而曰乾道坤道，日月得之而曰陰道陽道，人若得之，朝廷則曰君臣之道，閫門則曰夫婦之道，鄉黨則曰長幼之道，庠序則曰朋友之道，室家〔二〕則

〔一〕常：精華録本作「長」。
〔二〕室家：輯要本、精華録本作「家庭」。

曰父子之道。是此，見於外者，莫不有道也。至如〔一〕父母交會，其父則陽先進而陰後行，以真氣投〔二〕真水，心火與腎水相交，鍊爲精華。精華既出，逢母之陰，先進以水，滌蕩於無用之處；逢母之陽，先進以血，承受於子宫之前。精血爲胞胎，胞〔三〕含真氣而入母子宫。積日累月，真氣造化成人，如天地行道，乾坤相索，而生三陰三陽。真氣爲陽，真水爲陰。陽藏水中，陰藏氣中。氣主於升，氣中有真水。水主於降，水中有真氣。真水乃真陰也，真氣乃真陽也。真陽隨水下行，如乾索於坤，上曰震，中曰坎，下曰艮；以人比之〔四〕，以中爲度，自上而下，震爲肝，坎爲腎，艮爲膀胱。真陰隨氣上行，如坤索於乾，下曰巽，中曰離，上曰兑；以人比之〔五〕，以中爲度，自下而上，巽爲膽，離爲心，兑爲肺。形像既備，數足離母。既生之後，元陽在腎，因元陽而生真氣；真氣朝心，因真氣而生真液。真液

〔一〕如：精華録本作「於」。
〔二〕投：精華録本作「接」。
〔三〕胞：精華録本作「包」。
〔四〕以人比之：精華録本作「比之於人」。
〔五〕以人比之：精華録本作「比之於人」。

還元，上下往復，若無虧損，自可延年。如知時候無差，抽添有度，自可長生。若以造作無倦，修持不已，陰盡陽純，自可超凡入聖。此乃天機深造之理，古今不傳之事。公若信心而無猶豫，以名利若枷杻，恩愛如寇讎，避疾病若怕死亡之難，防失身於別殼，慮透靈於異類，委有清静之志，當且壯其根源，無使走失元陽，耗散真氣。氣盛而魂中無陰，陽壯而魄中有氣。一升一降，取法無出〔一〕天地；一盛一衰，往〔二〕來亦似〔三〕日月。」

論日月〔四〕

吕曰：「天地之理，亦粗知矣。其日月之躔度交合，於人可得比乎？願聞其説。」鍾曰：「大道無形，生育天地。大道無名，運行日月。日月者，太陰太陽之精，默紀天地交合

〔一〕出：輯要本作「出於」，精華録本作「出乎」。
〔二〕往：原作「其」，據輯要本、精華録本改。
〔三〕似：輯要本、精華録本作「似於」。
〔四〕論日月：輯要本、精華録本作「論日月第四」。

之度，助行生成萬物之功。東西出没，以分晝夜，南北往來，以定寒暑。晝夜不息，寒暑相催〔一〕，而魄中生魂，魂中生魄。進退有時，不失乾坤之數；往來有度，無差天地之期。」

呂曰：「東西出没，以分晝夜，何也？」鍾曰：「混沌初分，玄黄定位。天地之狀，其形如卵。六合於中，其圓如毬。日月出没，運行於一天之上、一地之下，上下東西，周行如輪。凡日之東出而西未没爲晝，西没而東未出爲夜。是此，日之出没，以分晝夜也。若月之出没，不同於日。載魄於西，受魂於東，光照於夜，而魂藏於晝。積日累時，或出或没，自西而東：其始也，魄中生魂，狀若彎弓，初夜而光照於西；其次也，魄中魂半，時應上弦，初夜而光照於南；其次，魄中魂滿，與日相望，初夜而光照於東；其次也，魂中生魄，狀如缺鏡，初晝而魂藏於西；其次也，魂中魄半，時應下弦，初晝而魂藏於南；其次也，魂中魄滿，與日相背，初晝而魂藏於東。是此，月之出没，以分晝夜也。」

呂曰：「南北往來，以定寒暑者，何也？」鍾曰：「冬至之後，日出辰初五十分，日没申末五十分。過此以往，出没自南而北，以夏至爲期。夏至之後，日出寅末五十分，日没戌初五十分。過此以往，出没自北而南，以冬至爲期。自南而北，以冬至夏，乃寒爲暑也。自北

〔一〕催：輯要本、精華録本作「推」。

而南，以夏至冬，乃暑爲寒也。夏之日乃冬之夜也，冬之日乃夏之夜也。冬至之後，月出自北而南，比於夏之日也。夏至之後，月出自南而北，比於冬之日也。是此，日月之往來，以定寒暑者也。」

吕曰：「天地之機，陰陽升降，正與人之行持無二等。若此日月之出没往來，交合躔度，於人可得比乎？」鍾曰：「天地之機，在於陰陽之升降。一升一降，太極相生，相生相成，周而復始，不失於道，而得長久。修持之士，若以取法於天地，自可長生而不死。若比日月之躔度、往來、交合，止於月受日魂，以陽變陰，陰盡陽純，月華瑩淨，消除暗魄，如日之光輝照耀於下土。當此時，如人之修鍊，以氣成神，脱質升仙，鍊就純陽之體也。」

吕曰：「修真奉道之士，其於天地陰陽升降之理，日月精華交合之度，下手用功，而於二者何先？」鍾曰：「始也法效天機，明〔一〕陰陽升降之理，使真水、真火，合而爲一，鍊成大藥，永鎮丹田，浩劫不死，而壽齊天地。如厭居塵世，用功不已，當取日月之交會，以陽鍊陰，使陰不生，以氣養神，使神不散。五氣朝元，三花聚頂，謝絶俗流，以歸三島。」

〔一〕明：精華録本作「用」。

吕曰：「若此之功驗，深達旨趣，所患不知〔一〕時節矣〔二〕。」鍾曰：「天地之陰陽升降，一年一交合。日月之精華往來，一月一交合。人之氣液，一晝一夜一交合矣。」

論四時〔三〕

吕曰：「天地日月之交合，年、月、日、時，可得聞乎？」鍾曰：「凡時有四等。人壽百歲，一歲至三十，乃少壯之時；三十至六十，乃長大之時；六十至九十，乃老耄之時；九十至百歲或百二十歲，乃衰敗之時也。是此，則曰身中之時，一等也。若以十二辰爲一日，五日爲一候，三候爲一氣，三氣爲一節，二節爲一時，時有春、夏、秋、冬。時當春也，陰中陽半，其氣變寒爲温，乃春之時也。時當夏也，陽中有陽，其氣變温爲熱，乃夏之時也。時當秋也，陽中陰半，其氣變熱爲涼，乃秋之時也。時當冬也，陰中有陰，其氣變涼爲寒，乃冬之時也。是此，則曰年中之時，二等也。若以律中起吕，吕中起律，凡一月三十日，三百六十辰，三千

〔一〕知：輯要本、精華録本作「得」。
〔二〕矣：輯要本、精華録本作「耳」。
〔三〕論四時：輯要本、精華録本作「論四時第五」。

刻，一十八萬分。月旦至上弦，陰中陽半；自上弦至月望，陽中陽；自月望至下弦，陽中陰半；自下弦至晦朔，陰中陰。是此，曰月中之時，三等也。若以六十分爲一刻，八刻二十分爲一時，一時半爲一卦，言其〔一〕卦定八方，論其正分四位，自子至卯，陰中陽半，以太陰中起少陽；自卯至午，陽中有陽，純少陽而起太陽；自午至酉，陽中陰半，以太陽中起少陰；自酉至子，陰中有陰，純少陰而起太陰。是此，則曰日中之時，四等也。迅〔二〕難得而易失者，身中之時也；去速而來遲者，年中之月也；急若〔三〕電光，速如石火者，日中之辰也。積日爲月，積月爲歲，歲月蹉跎，年光迅速。貪名求利，而妄心未除；愛子憐孫，而恩情又起。縱得回心向道，争奈年老氣衰，如春雪秋花，止有時間之景；夕陽曉月，應無久遠之光。奉道之士，難得者身中之時矣〔四〕。豔陽媚〔五〕景，百卉芬芳，水榭危樓，清風快意。月夜閑談，雪天

〔一〕言其：精華録本作「其言」。
〔二〕迅：輯要本作「盍」，精華録本無。
〔三〕若：精華録本作「於」。
〔四〕矣：精華録本作「也」。
〔五〕媚：精華録本作「烟」。

對飲。恣縱無窮之樂，消磨有限之時〔一〕。縱得回心向道，須〔二〕是疾病纏身。如破舟未濟，誰無求救之心？漏屋重完，忍絶再修之意？奉道之士，虚過者〔三〕年中之時也。鄰雞未唱，而出户嫌遲。街鼓徧聞，而歸家恨早。貪癡争肯暫休？妄想惟憂不足。滿堂金玉，病來著甚抵當？一眼兒孫，氣斷誰能替换？曉夜不停，世人莫悟。奉道之士，可惜者日中時也。」

呂曰：「身中之時，年中之時，月中之時，日中之時，皆是時也。尊師獨於〔四〕身中之時爲難得，又於〔五〕日中之時爲可惜者，何也！」鍾曰：「奉道者難得少年。少年修持〔六〕，根元完固，凡事易爲〔七〕見功，止於千日而可大成也。奉道者又難得中年。中年修持，先補

〔一〕時：精華録本作「情」。
〔二〕須：輯要本作「又」。
〔三〕者：原作「少」，據輯要本、精華録本改。
〔四〕於：精華録本作「以」。
〔五〕於：精華録本作「以」。
〔六〕修持：精華録本作「者」。
〔七〕爲：精華録本作「於」。

之〔一〕完備，次下手進功，始也返老還童，後即入聖超凡〔二〕也。奉道者少年不悟，中年不省，或因災難而留心清靜，或因疾病而志在希夷。晚年修持，先論救護，次説補益，然後自小成法積功以至中成，中成法積功止〔三〕於返老還童，鍊形住世。而五氣不能朝元，三陽難爲聚頂；脱質升仙，無緣而得成。是難得者，身中之時也。」

呂曰：「身中之時，固知難得矣。而日中之時可惜者，何也？」鍾曰：「人之一日如日月之一月，如天地之一年。大道生育天地，天地分位，上下相去八萬四千里。冬至之後，地中陽升，凡一氣十五日，上進七千里，計一百八十日，陽升到天，太極生陰；夏至之後，天中陰降，凡一氣十五日，下進七千里，計一百八十日，陰降到地，太極復生陽。周而復始，運行不已，而不失於道，所以長久。大道〔四〕運行日月，日月成形，周圍各得八百四十里。月旦之後，六中起九，凡一日計十二時。魄中魂進七十里，凡十五日，計一百八十時。魄中魂進

〔一〕之：精華録本作「益」。
〔二〕入聖超凡：精華録本作「超凡入聖」。
〔三〕止：精華録本作「至」。
〔四〕大道：原無，據輯要本補。

八百四十里，月望之後，九中起六，凡一日計十二時。魂中魄進七十里，凡十五日，計一百八十時，魂中魄進八百四十里。周而復始，運行不已，而不失於道，所以堅固。大道長養萬物，萬物之中最靈最貴者，人也，人之心腎，上下相遠八寸四分，陰陽升降與天地無二等。氣中生液，液中生氣。氣液相生，與日月可同途。天地以乾坤相索，而陰陽升降，一年一交合，不失於道，一年之後有一年。日月以魂魄相生，而精華往來，一月一交合，交合不失於道，一月之後有一月。人之交合，雖在一晝一夜。不知交合之時，又無採取之法，損時又不解補，益時又不解收。陰交時不解養陽，陽交時不解鍊陰。月中不知損益，日中又無行持。過了一年無一年，過了一日無一日。當風卧濕，冒暑涉寒，不肯修持，而甘心受病。虛過時光，而端坐候死。」

呂曰：「奉道之人，非不知年光虛度，歲月蹉跎，而疾病纏身，死限將至。蓋以修鍊不知法，行持不知時。是〔一〕致陰陽交合有差，時月行持無准。」鍾曰：「身中用年，年中用月，月中用日，日中用時。蓋以五藏之氣，月上有盛衰，日上有進退，時上有交合。運行五度，而氣傳六候。金、木、水、火、土，分列無差；東、西、南、北、中，生成有數。鍊精生真氣，鍊

〔一〕是：精華録本作「以」。

氣合陽神，鍊神合大道。」

論五行〔一〕

呂曰：「所謂五藏之氣，而曰金、木、水、火、土。所謂五行之位，而曰東、西、南、北、中。若此如何得相生相成，而交合有時乎？採取有時乎？願聞其説。」鍾曰：「大道既判而生天地，天地既分而列五帝：東曰青帝，而行春令，於陰中起陽，使萬物生；南曰赤帝，而行夏令，於陽中升陽，使萬物長；西曰白帝，而行秋令，於陽中起陰，使萬物成；北曰黑帝，而行冬令，於陰中進陰，使萬物死。四時各九十日，每時下十八日，黄帝主之：若於春時，助成青帝而發生；若於夏時，接序赤帝而長育；若於秋時，資益白帝而結立；若於冬時，制攝黑帝而嚴凛〔二〕。五帝分治，各主七十二日，合而三百六十日而爲一歲，輔弼天地以行於道。青帝生子而曰甲乙，甲乙東方木。赤帝生子而曰丙丁，丙丁南方火。黄帝生子而曰戊己，戊己中央土。白帝生子而曰庚辛，庚辛西方金。黑帝生子而曰壬癸，壬癸北方水。見

〔一〕論五行：輯要本、精華録本作「論五行第六」。

〔二〕凛：精華録本作「示」。

於時而爲象者：木爲青龍，火爲朱雀，土爲勾陳，金爲白虎，水爲玄武。見於時而生物者：乙與庚合，春則有榆，青而白，不失金木之色；辛與丙合，秋則有棗，白而赤，不失金火之色；己與甲〔一〕合，夏末秋初有瓜，青而黄，不失土木之色；丁與壬合，夏則有椹，赤而黑，不失水火之色；癸與戊合，冬則有橘，黑而黄，不失水土之色。以類推求，五帝相交而見於時者，生在物者，不可勝數。」

吕曰：「五行在時若此，五行在人如何？」鍾曰：「惟人也，頭圓足方，有天地之象。陰降陽升，又有天地之機。而腎爲水，心爲火，肝爲木，肺爲金，脾爲土。若以五行相生，則水生木，木生火，火生土，土生金，金生水。生者爲母，受生者爲子。若以五行相剋，則水剋火，火剋金，金剋木，木剋土，土剋水。剋者爲夫，受剋者爲妻。以子母言之，腎氣生肝氣，肝氣生心氣，心氣生脾氣，脾氣生肺氣，肺氣生腎氣。以夫妻言之，腎氣剋心氣，心氣剋肺氣，肺氣剋肝氣，肝氣剋脾氣，脾氣剋腎氣。腎氣者，心之夫，肝之母，脾之妻，肺之子。肝者，脾之夫，心之母，肺之妻，腎之子。心者，肺之夫，脾之母，腎之妻，肝之子。肺者，肝之夫，腎之母，心之妻，脾之子。脾者，腎之夫，肺之母，肝之妻，心之子。心之見

〔一〕甲：原作「庚」，前文已有「乙與庚合」，據文意及精華録本改。

於内者爲脉，見於外者爲色，以寄舌爲門户，受腎之制伏，而驅用於肺，蓋以夫婦之理如此；得肝則盛，見脾則減，蓋以子母之理如此。腎之見於内者爲骨，見於外者爲髮，以兩耳爲門户，受脾之制伏，而驅用於心，蓋以夫婦之理如此；得肺則盛，見肝則減，蓋以子母之理如此。肝之見於内者爲筋，見於外者爲爪，以眼目爲門户，受肺之制伏，而驅用於脾，蓋以夫婦之理如此；見腎則盛，見心則減，蓋以子母之理如此。肺之見於内者爲膚，見於外者爲毛，以鼻穴爲門户，受心之制伏，而驅用於肝，蓋以夫婦之理如此；得脾則盛，見腎則減，蓋以子母之理如此。脾之見於内者爲藏，均養心腎肝肺；見於外者爲肉，以唇口爲門户。呼吸定往來，受肝之制伏，而驅用於腎，蓋以夫婦之理如此；得心則盛，見肺則減，蓋以子母之理如此。此是人之五行，相生相剋而爲夫婦子母，傳氣衰旺，見於此矣。」

呂曰：「心，火也，如何得火下行？腎，水也，如何得水上升？脾，土也，土在中，而承火則盛，莫不下剋於水乎？肺，金也，金在上，而下接火則損，安得有生於水乎？相生者遞相間隔，相剋者親近難移。是此，五行自相損剋，爲之奈何？」鍾曰：「五行歸原，一氣接引。元陽升舉而生真水，真水造化而生真氣，真氣造化而生陽神。始以五行定位，而有一夫一婦。腎，水也。水中有金，金本生水，下手時要識水中金。

水本嫌土，採藥後須得土歸水。龍乃肝之象，虎本肺之神。陽龍出於離宮，陰虎生於坎位。五行順〔一〕行，氣傳子母，自子至午，乃曰陽時生陽。五行顛倒，液行夫婦，自午至子，乃曰陰中鍊陽。陽不得陰不成，到底無陰而不死。陰不得陽不生，到底陰絶而壽長。」

吕曰：「五行本於陰陽一氣，所謂一氣者，何也？」鍾曰：「一氣者，昔父與母交，即以精血造化成形。腎生脾，脾生肝，肝生肺，肺生心，心生小腸，小腸生大腸，大腸生膽，膽生胃，胃生膀胱。是此，陰以精血造化成形，其陽止在起首始生之處，一點元陽而〔二〕在二腎。且腎，水也，水中有火，升之爲氣，因氣上升，以朝於心；心，陽也，以陽合陽，太極生陰，乃積氣生液，液自心降，因液下降以還於腎。肝本心之母，腎之子，傳導其腎氣以至於心矣。肺本心之妻，腎之母，傳導其心液以至於腎矣。氣液升降，如天地之陰陽；肝肺傳導，若日月之往復。五行，名之數也。論其交合生成，乃元陽一氣爲本。氣中生液，液中生氣。腎爲氣之根，心爲液之源。靈根堅固，恍恍惚惚，氣中自生真水。心源清潔，杳杳冥冥，液中

〔一〕順：原作「逆」，據輯要本、精華録本改。
〔二〕而：精華録本作「乃」。

自有真火。火中識取真龍，水中認取真虎，龍虎相交，而變爲黄芽，合就黄芽〔一〕，而結成大藥，乃曰金丹。金丹既就，乃曰神仙。」

呂曰：「金丹就而脱質升仙，以返十洲，固可知矣。如何謂之黄芽？」鍾曰：「真龍真虎者是也。」

呂曰：「龍虎者何也？」鍾曰：「龍非肝也，乃陽龍，陽龍出在離宫真水之中。虎非肺也，乃陰虎，陰虎出在坎位真火之中。」

論水火〔二〕

呂曰：「人之長生者，鍊〔三〕就金丹。欲鍊金丹，先採黄芽。欲得黄芽，須得龍虎。所謂真龍出於離宫，真虎生於坎位，離坎之中而有水火。水火者，何也？」鍾曰：「凡身中以水言者，四海、五湖、九江、三島、華池、瑤池、鳳池、天池、王池、崑池、元潭、閬苑、神水、金

〔一〕合就黄芽：精華録本作「黄芽合就」。

〔二〕論水火：輯要本、精華録本作「論水火第七」。

〔三〕鍊：輯要本、精華録本作「在鍊」。

波、瓊液、玉泉、陽酥、白雪。若此名號，不可備陳。凡身中以火言者，君火、臣火、民火而已。三火以元陽爲本，而生真氣。真氣聚而得安，真氣弱而成病。若以耗散真氣而走失元陽，元陽盡，純陰成，元神離體，乃曰死矣。」

吕曰：「人身之中，以一點元陽而興舉三火。三火起於群水衆陰之中，易爲〔一〕耗散，而難炎熾。若此陽弱陰盛，火少水多，令人速於衰敗，而不得長生，爲之奈何也？」鍾曰：「心爲血海，腎爲氣海，腦爲髓海，脾胃乃〔二〕水穀之海，是此〔三〕四海者如此。五藏各有液，所主之位東西南北中，是此〔四〕五湖者如此。小腸二丈四尺，而上下九曲，乃曰〔五〕九江，小腸之下元潭之説如此。頂曰上島，心曰中島，腎曰下島，三島之内，根源閬苑之説如此。華池在黄庭之下，瑶池出丹闕之前，崑池上接玉京，天池正衝内院，鳳池乃心肺之間，玉

〔一〕爲：精華録本作「於」。
〔二〕乃：輯要本作「爲」。
〔三〕是此：輯要本作「此是」，精華録本作「所謂」。
〔四〕是此：輯要本作「此是」，精華録本作「所謂」。
〔五〕乃曰：輯要本作「此是」。

池在唇齒之内。神水生於氣中，金波降於天上。赤龍住處，自有瓊液玉泉；凡胎換後，方見白雪陽酥〔一〕。澆灌有時，以沃炎盛，先曰玉液，次曰金液，皆可以還丹。抽添有度，以應沐浴，先曰中田，次曰下田，皆可以鍊形。玉蘂金花，變就黄白之體；醍醐甘露，鍊成奇異之香。若此皆〔二〕水之功效。及夫民火上昇，助腎氣以生真水；腎火上昇，交心液而生真氣。小則降魔除病，大則鍊質燒丹。用周天則火起焚身，勒陽關則還元鍊藥。别九州之勢，以養陽神；燒三尸之累，以除陰鬼。上行則一撞三關，下運則消磨七魄。鍊形成氣，而輕舉如飛；鍊氣成神，而脱胎如蜕。若此皆火之功效也。

吕曰：「始也聞命，所患者火少水多，而易衰敗。次聽高論，水火有如此之功驗。畢竟如何造化，使少者可以勝多，弱者可以致强？」鍾曰：「二八陰銷，九三陽長，赫赤〔三〕金丹，指日可成。七返九還，而胎仙自化者也。真氣在心，心是液之源；元陽在腎，腎是氣之海。

〔一〕白雪陽酥：輯要本、精華録本作「陽酥白雪」。
〔二〕皆：原無，據輯要本、精華録本及下文補。
〔三〕赤：輯要本作「赫」。

膀胱爲民火，不止於民火不能爲用，而膀胱又爲津液之府。若以不達天機，罔測玄理，奉道之士，難爲造化，不免於疾病死亡者矣。」

呂曰：「所謂造化，使陽長陰消，金丹可成而胎仙自化者，何也？」鍾曰：「人之心腎相去八寸四分，乃天地定位之比也。氣液太極相生，乃陰陽交合之比也。一日十二時，乃一年十二月之比也。心生液，非自生也，因肺液降而〔一〕心液行；液行夫婦，自上而下，以還下田，乃曰婦還夫宫。腎生氣，非自生也，因膀胱氣升而腎氣行；氣行子母，自下而上以朝中元，乃曰夫返婦室。肝氣導引腎氣，自下而上以至於心。心，火也。二氣相交，薰蒸於肺，肺液下降，自心而來，皆曰〔二〕心生液；以液生於心而不耗散，故曰真水也。肺液傳送心液，自上而下以至於腎。腎，水也。二水相交，浸潤於膀胱，膀胱氣上升，自腎而起，皆曰〔三〕腎生氣；以氣生於腎而不消磨，故曰真火也。真火出於水中，恍恍惚惚，其中有物，視之不可見，取之不可得也。真水出於火中，杳杳冥冥，其中有精，見之不能留，留之不能住也。」

〔一〕而：原作「於」，據輯要本、精華録本改。
〔二〕皆曰：精華録本作「由」。
〔三〕皆曰：精華録本作「由」。

呂曰：「腎，水也。水中生氣，名曰真火，火中何者爲物？心，火也。火中生液，名曰真水，水中何者爲精？火中之物，水中之精，既無形狀可求，縱求之而又難得，縱得之而又何用？」鍾曰：「前古上聖道成，不離於此二物，交媾而變黄芽，數足胎完以成大藥，乃真龍真虎者也。」

論龍虎〔一〕

呂曰：「龍本肝之象，虎乃肺之神。是此，心火之中而生液，液爲真水，水之中，杳杳冥冥而隱真龍；龍不在肝，而出自離宮〔二〕者，何也？是此，腎水之中而生氣，氣爲真火，火之中，恍恍惚惚而藏真虎；虎不在肺，而生於坎位者，何也？」鍾曰：「龍，陽物也，升飛在天，吟而雲起，得澤而濟萬物，在象爲青龍，在方爲甲乙，在物爲木，在時爲春，在道爲仁，在卦爲震，在人身中五藏之内爲肝。虎，陰物也，奔走於地，嘯而風生〔三〕，得山而威制百蟲，在象爲白虎，在方爲庚辛，在物爲金，在時爲秋，在道爲義，在卦爲兑，在人身中五藏之

〔一〕論龍虎：輯要本、精華録本作「論龍虎第八」。
〔二〕宫：原作「當」，據輯要本、精華録本改。
〔三〕風生：輯要本互乙。

内爲肺。且肝，陽也，而在陰位之中，所以腎氣傳肝氣，氣行子母，以水生木，腎氣足而肝氣生，肝氣既生，以絶腎之餘陰，而純陽之氣上昇者也。且肺，陰也，而在陽位之中，所以心液傳肺液，液行夫婦，以火剋金，心液到而肺液生，肺液既生，以絶心之餘陽，而純陰之液下降者也。以其肝屬陽，以絶腎之餘陰，是以知氣過肝時，即爲純陽，純陽氣中，包藏真一之水，恍惚無形，名曰陽龍。以其肺屬陰，以絶心之餘陽，是知液到肺時，即爲純陰，純陰液中，負載正陽之炁，杳冥不見，名曰陰虎也。氣升液降，本不能相交。奈何氣中真一之水，見液相合；液中正陽之氣，見氣自聚。若也傳行之時，以法制之，使腎氣不走失，氣中收取真一之水；心液不耗散，液中採取正陽之炁。子母相逢，互相顧戀，日得黍米之大；百日無差，藥力全；二百日，聖胞堅；三百日，胎仙完；形若彈丸，色同朱橘，名曰丹藥，永鎮下田。留形住世，浩劫長生，以作陸地神仙。」

吕曰：「腎水生氣，氣中有真一之水，名曰陰虎，虎見液相合也。心火生液，液中有正陽之氣，名曰陽龍，龍見氣相合也。方以類聚，物以群分，理當然也。氣生時，液亦降，氣中真一之水，莫不隨液而下傳於五藏乎？液生時，氣亦升，液中正陽之氣，莫不隨氣而上〔一〕

〔一〕上：原無，據輯要本、精華録本補。

出於重樓乎？真水隨液下行，虎不能交龍。真陽隨氣上昇，龍不能交虎。龍虎不交，安得黄芽？黄芽既無，安得大藥？」鍾曰：「腎氣既生，如太陽之出海，霧露不能蔽其光。液下如踈簾，安足以勝其氣？氣壯則真一之水自盛矣。心液既生，如嚴天之殺物，呼呵不能敵其寒。氣升如翠幕，安足以勝其液？液盛則正陽之氣，或强或弱，未可必也。」

呂曰：「氣生液生各有時。時生氣也，氣盛則真一之水亦盛。時生液也，液盛則正陽之氣亦盛。盛衰未保，何也？」鍾曰：「腎氣易爲耗散，難得者真虎；心液難爲積聚，易失者真龍。丹經萬卷，議論不出陰陽；陰陽兩事，精粹無非龍虎。奉道之士，萬中識者一二，或以多聞廣記，雖知龍虎之理，不識交合之時，不知採取之法。所以今古達士，皓首修持，止於小成，累代延〔一〕年，不聞超脱，蓋以不能交媾於龍虎，採黄芽而成丹藥。」

論丹藥〔二〕

呂曰：「龍虎之理既已知矣，所謂金丹大藥，可得聞乎？」鍾曰：「所謂藥者，可以療

〔一〕延：輯要本作「歷」。

〔二〕論丹藥：輯要本、精華録本作「論丹藥第九」。

病；凡病有三等：當風卧濕，冒暑涉寒，勞逸過度，飢飽失時，非次不安，則曰患矣，患爲時病。及夫不肯修持，恣情縱意，散失元陽，耗損真炁，年高憔悴，則曰老矣，老爲年病；及夫氣盡體空，魂消神散，長吁一聲，四大無主，體卧荒郊，則曰死矣，死爲身病。且以時之有病，以春夏秋冬運行於寒暑温涼，陽大過而陰不足，當以涼治之也；陰大過而陽不足，當以温治之也。老者多冷而幼者多熱，肥者足〔一〕涎而羸者多積。男子病生於氣，婦人患本於血。補其虚而取其實，保其弱而損其餘。小則針灸，甚則藥餌。雖有非次不安，而時之有〔二〕患，委於明士良醫，對病服食〔三〕，悉得保愈。然而〔四〕老病如何醫？死病如何治？洗腸補肉，古之善醫者也；面皺髪白以返童顔，無人得會。换頂續支，古之善醫者也；留形住世，以得長生，無人得會。」

吕曰：「非次不安，因時成病，良醫名藥，固可治矣。虚敗年老之病，氣盡命終之苦，如何治之？莫有藥乎？」鍾曰：「凡病有三等，時病以草木之藥療之自愈。身病年病，所治

〔一〕足：輯要本作「多」。
〔二〕之有：精華録本作「病爲」，輯要本無。
〔三〕食：輯要本作「藥」。
〔四〕然而：精華録本作「若夫」。

之藥而有二等：一曰内丹，次曰外丹。」

吕曰：「外丹者，何也？」鍾曰：「昔高上元君傳道於人間，指論天地升降之理，日月往復之宜。自爾丹經滿世，世人得聞大道。廣成子以教黄帝。黄帝政治之暇，依法行持，久而不見功。廣成子以心腎之間而有真氣真水，氣水之間而有真陰真陽，配合爲大藥，可比於金石之中而隱至寶。乃於崆峒山中，以内事爲法而鍊大丹。八石之中惟用硃砂，砂中取汞；五金之中惟用黑鉛，鉛中取銀。汞比陽龍，銀爲陰虎。以心火如砂之紅，腎水如鉛之黑。年火隨時，不失乾坤之策；月火抽添，自分文武之宜。卓三層之鑪，各高九寸，外方内圓，取八方之氣，應四時之候。金鼎之象，包藏鉛汞，無異於肺液。硫黄爲藥，合和靈砂，可比於黄婆。三年小成，服之可絶百病。六年中成，服之自可延年。九年大成，服之而升舉自如。壯士展臂，可千里萬里。雖不能返於蓬萊，亦於人世浩劫不死。」

吕曰：「歷古已來，鍊丹者多矣，而見功者少，何也？」鍾曰：「鍊丹不成者有三也：不辨藥材真僞，不知火候抽添，將至寶之物，一旦消散於煙焰之中，而爲灰塵；廢時亂日，終無所成者，一也。藥材雖美，不知火候，火候雖知，而乏藥材；兩不契合〔一〕，終無所成者，

〔一〕契合：精華録本作「相契」。

二也。藥材可〔一〕美，火候合宜，年中不差月，月中不錯〔二〕日，加減有數，進退有時，氣足丹成，而外行不備。化玄鶴而淩空，無緣而得餌，此不成者，三也。又況藥材本天地秀氣結實之物，火候乃神仙修持得道之術。三皇之時，黄帝鍊丹九轉方成。五帝之後，混元鍊丹三年纔就〔三〕。迨夫戰國，凶氣凝空，流尸滿野，物不能受天地之秀氣，而世乏藥材。當得法之人，而逃難老死巖谷。丹方仙法，或有竹帛可紀者，久而朽壞，人世不復有矣。若以塵世有藥材，秦始皇不求於海島；若以塵世有丹方，魏伯陽不參於周易。或而〔四〕多聞强識，迷惑後人，萬萬破家，並無一成。以外求之，亦爲誤矣。」

吕曰：「外丹之理，出自廣成子，以内事爲法則。縱有成就，九年方畢。又況藥材難求，丹方難得。到底止能昇騰，不見超凡入聖，而返十洲者矣。敢告内藥者，可得聞乎？」

〔一〕可：精華録本作「優」。
〔二〕錯：精華録本作「差」。
〔三〕就：精華録本作「成」。
〔四〕而：精華録本作「者」。

鍾曰：「外藥非不可用也。奉道之人，晚年覺悟，根源不甚堅固。腎者，氣之根，根不深則葉不茂矣。心者，液之源，源不清則流不長矣。必也，假其五金八石，積日累月，鍊成三品，每品三等，乃曰九品龍虎大丹，助接其真氣，鍊形住世，輕舉如飛。若以修持内事，識交合之時，知採取之法，胎仙既就，指日而得超脱。彼人〔一〕不悟，執在外丹，進火加日，服之欲得上昇天界，誠可笑也。彼既不究外藥之源，當以〔二〕詳陳内丹之理。内丹之藥材出於心腎，是人皆有也。内丹之藥材本在天地常〔三〕，日得見也。火候取日月往復之數，修合效夫婦交接之宜。聖胎就而真氣生，氣中有氣，如龍養珠；大藥成而陽神出，身外有身，似蟬脱蛻。是此，内藥〔四〕本於龍虎交而變黄芽，黄芽就而分鉛汞。」

〔一〕人：精華録本作「乃」。
〔二〕當以：精華録本作「今當」。
〔三〕常：該字前原有「天地」二字，據輯要本、精華録本删。
〔四〕内藥：原作「藥内」，據輯要本、精華録本改。

論鉛汞〔一〕

吕曰：「内藥不出龍虎也。虎出〔二〕於坎宫，氣中之水是也；龍出於離宫，水中之氣是也。外藥取砂中之汞，比於陽龍；用鉛中之銀，比於陰虎。而〔三〕鉛汞，外藥也，何以龍虎交而變黄芽，黄芽就而分鉛汞？所謂内藥之中鉛汞者，何也？」鍾曰：「抱天一之質而爲五金之首者，黑鉛也；鉛以生銀，鉛乃銀之母。感太陽之氣而爲衆石之首者，硃砂也；砂以生汞，汞乃砂之子。難取者鉛中之銀，易失〔四〕者砂中之汞。銀汞若相合，煆鍊自成至寶。此鉛汞之理，見於外者如此。若以内事言之，見於人者，今古〔五〕議論，差别有〔六〕殊，

〔一〕論鉛汞：輯要本、精華録本作「論鉛汞第十」。
〔二〕出：精華録本作「生」。
〔三〕而：精華録本作「然而」。
〔四〕失：精華録本作「散」。
〔五〕今古：精華録本互乙。
〔六〕差别有：精華録本作「名」。

取其玄妙之説，本自父母交通之際，精血相合，包藏真氣，寄質於母之〔一〕純陰之宫，藏神在陰陽未判之内。三百日胎完，五千日氣足。以五行言之，人身本是精與血，先有水也。以五藏言之，精血爲形像，先生腎也。腎中之水〔二〕，伏藏於受胎之初，父母之真氣。真氣隱於人之内腎，所謂鉛者，此也。腎中正〔三〕氣，氣中真一之水名曰真虎，所謂鉛中銀者，此也。腎氣傳肝氣，肝氣傳心氣，心氣太極而生液，液中有正陽之氣。所謂硃砂者，心液也〔四〕；所謂汞者，心液之中正陽之氣是也。以氣中真一之水，顧戀和合於液中正陽之氣，積氣液爲胎胞，傳送在黄庭之内，進火無差，胎仙自化，乃比鉛銀合汞，煆鍊成寶者也。」

吕曰：「在五金之中，鉛中取銀。於八石之内，砂中出〔五〕汞。置之鼎器，配之藥餌，汞

〔一〕之：輯要本，精華録本作「腹」。

〔二〕腎中之水：原作「腎水之中」，據輯要本、精華録本改。下句句式亦可參證。

〔三〕正：輯要本作「生」，精華録本作「主」。

〔四〕也：輯要本作「是也」。

〔五〕出：輯要本、精華録本作「取」。

自爲砂，而銀自爲寶。然而，在人〔一〕之鉛，如何取銀？在人之砂，如何取汞？汞如何作砂？銀如何作寶也？」鍾曰：「鉛本父母之真氣，合而爲一，純粹而不離；既成形之後，而藏在腎中。二腎相對，同升於氣，乃曰元陽之氣。氣中有水，乃曰真一之水。水隨氣升，氣住水住，氣散水散，其水與氣如子母之不相離。善視者止見於氣，不見於水。若以此真一之水，合於心之正陽之氣，乃曰龍虎交媾而變黄芽，以黄芽而爲大藥。大藥之材，本以真一之水爲胎，内包正陽之氣，如昔日父母之真氣，即精血爲胞胎，造化三百日，胎完氣足，而形備神來，與母分離；形外〔二〕既合，合則形生形矣。奉道之人，腎氣交心氣。氣中藏真一之水，負載正陽之氣。以氣交氣〔三〕水爲胞胎，狀同黍米，温養無虧。始也即陰留陽，次以用陽鍊陰。氣變爲精，精變爲汞，汞變爲珠，珠變爲砂，砂變爲金丹。金丹既就，真氣自生，鍊氣成神，而得超脱，化火龍而出昏衢，驂玄鶴而入蓬島。」

呂曰：「以形交形，形合生形。以氣合氣，氣合生氣。數不出三百日。分形之後，男女

〔一〕人：精華録本作「内」。
〔二〕外：精華録本作「神」。
〔三〕氣：精華録本作「真」，疑是。

形狀之不同，自己丹砂色澤之何似也？」鍾曰：「父母之形交，父精先進而母血後行，血包於精而爲女。女者，内陽而外陰，以象母，蓋以血在外也。若以母血先進，而父精後行，精包於血而爲男。男者，内陰而外陽，以象父，蓋以精在外也。所謂血者，本生於心，而無正陽之氣。所謂精者，本生於腎，而有正陽之氣。正陽之氣乃汞之本也，即真一之水，和合而入黄庭之中。汞用鉛湯煑，鉛以汞火煎。鉛不得汞，不能發舉真一之水。汞不得鉛，不能變化純陽之氣。」

吕曰：「鉛在腎中，而生元陽之氣。氣中有真一之水，視之不可見也。鉛以得汞，汞有〔一〕正陽之氣。以正陽之氣燒鍊於鉛，鉛生氣盛，而發舉於真一之水，可以上升。然而汞本正陽之氣，即真一之水而爲胎胞，保送黄庭之中，已是龍虎交媾，陰陽兩停，亦以鉛湯煑之，莫不陰太過，耗散真陽，安得成大藥，而氣中生氣也？」鍾曰：「腎氣投心氣，氣極生液，液中有正陽之氣，配合真一之水，名曰龍虎交媾。日得之黍米之大，名曰金丹大藥，保送黄庭之中。且黄庭者，脾胃之下，膀胱之上，心之北而腎之南，肝之西而肺之東。上清下濁，外應四色，量容二升，路通八水。所得之藥，晝夜在其中。若以採藥不進火，藥必耗散而不能住。若以進火不採藥，陰中陽不能住，止於發舉腎氣而壯暖下元而已。若以採藥有時，

〔一〕有：原作「在」，據輯要本、精華録本改。

而進火有數，必先於鉛中作用〔一〕，借氣進火，使大藥堅固，永鎮下田，名曰採補之法。而鍊汞補丹田，延年而益壽，可爲地仙。若以採藥而〔二〕以元鉛抽之，於肘後飛金精〔三〕。既抽鉛，須添汞。不添汞，徒以還精補腦，而真氣如何得生？真氣不生，陽神如何得就也？既添汞，須抽鉛。不抽鉛，徒以鍊汞補丹田，汞〔四〕如何變砂？砂既不變，而金丹如何得就？」

論抽添〔五〕

吕曰：採藥必賴氣中之水，進火須借鉛中之氣，到底抽鉛成〔六〕大藥。若以添汞，止〔七〕

〔一〕用：原無，據輯要本、精華録本補。
〔二〕而：輯要本作「須」。
〔三〕精：精華録本作「晶」。
〔四〕汞：原無，據輯要本、精華録本補。
〔五〕論抽添：輯要本、精華録本作「論抽添第十一」。
〔六〕成：輯要本、精華録本作「方成」。
〔七〕止，原作「上」，據輯要本、精華録本改。

可以補丹田。所謂抽添之理，何也？」鍾曰：「昔者上聖傳道於人間，以太古之民淳而復朴，冥然無知，不可得聞大道。天地指諭〔一〕陰陽升降之宜，交換於〔二〕温涼寒暑之氣。而節候有期，一年數足〔三〕，周而復始，不失於道，天地所以長久。又〔四〕慮人之不知，而闇於大理，蔽在一隅。比説於日、月精華往來之理，進退在旦望弦朔之時，而出没無差，一月數足，運行不已，不失於道，日月所以長久。奈何寒來〔五〕暑往〔六〕，暑往寒來，世人不悟天地升降之宜；月圓復缺，月缺復圓，世人不悟日月往來之理。恣縱無窮之慾，消磨有限之時。富貴奢華〔七〕，筭

〔一〕天地指諭：輯要本作「指諭天地」，精華録本作「指諭於天地」。
〔二〕於：輯要本、精華録本作「在」。
〔三〕足：精華録本作「定」。
〔四〕又：原作「不」，據輯要本改。精華録本無「不」及以下共十五字。
〔五〕來：精華録本作「往」。
〔六〕往：精華録本作「來」。
〔七〕富貴奢華：精華録本作「奢華富貴」。

來只中裝點浮生之夢〔一〕；恩愛愁煩，到底做下來生之債〔二〕。歌聲未絶而苦惱早〔三〕來，名利正濃而紅顔已去。貪財貪〔四〕貨，將謂萬劫長存；愛子憐孫，顯〔五〕望永生同聚。貪癡不息，妄想長生，而耗散元陽，走失真氣。直待惡病纏身，方是歇心之日；大限臨頭，纔爲了首〔六〕之時。真仙上聖，憫其如此輪回已而歸墮落，深欲世人明悟大道比於天地日月之長久，始也備説天地陰陽升降之理，次以〔七〕比喻日月精華往來之理。彼以不達天機，罔測玄妙，以内藥比外藥，以無情説有情。無情者，金石。金石者，外藥也。有情者，氣液。氣液者，内藥也。大之天地，明之日月，外之金石，内之氣液，既採須添，既添須抽。抽添之

〔一〕只中裝點浮生之夢：輯要本、精華録本作「皆過眼之浮雲」。
〔二〕債：輯要本作「業債」，精華録本作「債負」。
〔三〕早：精華録本作「頻」。
〔四〕貪：精華録本作「黩」。
〔五〕顯：輯要本、精華録本作「指」。
〔六〕首：輯要本、精華録本作「手」。
〔七〕以：精華録本作「也」。

理，乃造化之本也。且冬至之後，陽升於地，地抽其陰。太陰抽而爲厥陰，少陽添而爲陽明；厥陰抽而爲少陰，陽明添而爲太陽。不然，無寒而變温，温而變熱者也。夏至之後，陰降於天，天抽其陽。太陽抽而爲陽明，少陰添而爲厥陰；陽明抽而爲少陽，厥陰添而爲太陰。不然，無熱而爲〔一〕涼，涼而變寒也〔二〕。是以〔三〕天地陰陽昇降而變六氣，其〔四〕抽添之驗也。若以月受日魂，日變月魄，前十五日，月抽其魄，而日添其魂，精華已滿，光照下土；不然，無初生而變上弦，上弦而變月望者也。若以月還陰魄，日收陽精，後十五日，日抽其魂，而月添其魄，光照已謝，陰魄已足；不然，無月望而變下弦，下弦而變晦朔者也。是此〔五〕，日月〔六〕往

〔一〕爲：輯要本、精華録本作「變」。
〔二〕也：輯要本、精華録本作「者也」。
〔三〕是以：輯要本作「此」。
〔四〕其：輯要本、精華録本作「乃」。
〔五〕此：精華録本作「以」。
〔六〕日月：精華録本作「日月精華」。

復而變九六，其〔一〕抽添之驗也。世人不達天機，罔測玄理。真仙上聖以人心所愛者，無病長生，將金石鍊大丹；以〔二〕人心所好者，黄金白銀，將鉛汞成至寶，本意欲世人悟其大理：無情之金石，火候無差，抽添有數，尚可延年益壽；若以己身有情之正陽之氣，真一之水，知交合之時，明採取之法，積日累月，氣中有氣，鍊氣成神，以得超脱，莫〔三〕不爲今古難得之事。人間天上，少得解悟。當以志〔四〕心行持，而棄絶外事，效天地日月長久，誘勸迷徒，留心於道，故有外藥之説。今古聖賢，或而陳説，得聞於世。世人又且〔五〕不悟，欺己罔人，以失先師〔六〕之本意，將砂取汞，以汞點鉛，即鉛乾汞，用汞變銅。不顧身命，狂〔七〕求財

〔一〕其：輯要本、精華録本作「又」。
〔二〕以：精華録本無「以」及以下共二十五字，而有「比喻内事鉛汞」六字。
〔三〕莫：輯要本、精華録本作「豈」。
〔四〕志：輯要本作「至」。
〔五〕且：精華録本作「復」。
〔六〕師：輯要本作「聖」。
〔七〕狂：輯要本作「枉」，精華本作「誑」。

物。互相推舉，以好道爲名，其實好利，而志在黄白之術。先聖上仙，不得已而隨緣設化，對物教人，而有鉛汞之説，比喻於内事。且鉛汞自出金石，金石無情之物，尚有造化而成寶。若以有情自己所出之物，如鉛汞之作用，莫不亦有造化；既有造化，莫不勝彼黄白之物也。奉道之士，當以深究之，而勿執在外丹與丹竈之術。且夫人之鉛也，乃天地之始，因太始而有太質，爲萬物之母，因太質而有太素。其體也，爲水中之金。其用也，爲火中之水。五行之祖，而大道之本也。既以〔一〕採藥爲添汞，添汞須抽鉛，所以抽添〔二〕非在外也。自下田入上田，名曰肘後飛金晶，又曰起河車而走龍虎，又曰還精補腦而長生不死。鉛既後抽，汞自中降，以中田還下田：始以龍虎交媾而變黄芽，是五行顛倒；繼〔三〕以抽鉛添汞而養胎仙，是三田返覆。五行不顛倒，龍虎不交媾，三田不返覆，胎仙不氣足。抽鉛添汞，一百日藥力全，二百日聖胎堅，三百日胎仙完而真氣生。真氣既生，鍊氣成神。功滿忘形，而胎仙自化，乃曰神仙。」

吕曰：「出於金石者，外鉛外汞，抽添可以爲寶。出於己身腎中所藏父母之真氣而爲

〔一〕既以：精華録本作「凡」。

〔二〕添：原作「鉛」，據輯要本、精華録本改。

〔三〕繼：原作「此」，據輯要本、精華録本改。

鉛，真一正陽所合之藥變而爲汞，抽添可以生神。所謂真鉛真汞，亦有抽添乎？」鍾曰：「始也得汞須用鉛，用鉛終是錯。故以抽之而入上宮，無鉛〔一〕元氣不傳。還精入腦，曰〔二〕得之汞，陰盡陽純，精變爲砂，而砂變爲金，乃曰真鉛。真鉛者，自身之真氣合而得之也。真鉛生真氣之中，炁中真一之水，五氣朝元，而三陽聚頂。昔者金精下入丹田，升之鍊形，而體骨金色。此者真鉛升之内府，而體出白光。自下而上，自上而下，還丹鍊形，皆金精往復之功也；自前而後，自後而前，焚身合氣，皆真氣造化之功也。若以不抽不添，止於日用採藥進火，安有如此之功驗？」

呂曰：「凡抽之添之，如何得上下有度，前後無差？」鍾曰：「可昇之時不可降，可抽之時不可添。上下往來，無差毫釐，河車之力也。」

論河車〔三〕

呂曰：「所謂河車者，何也？」鍾曰：昔有〔四〕志智人，觀浮雲蔽日可以取陰而作蓋，觀落

〔一〕無鉛：原無，據輯要本、精華録本補。
〔二〕曰：精華録本作「所」。
〔三〕論河車：輯要本、精華録本作「論河車第十二」。
〔四〕有：輯要本、精華本作「者」。

葉浮波可以載物而作舟，觀飄蓬隨風往來運轉而不已，退而作車。且車之爲物，蓋軫有〔一〕天地之象，輪轂如〔二〕日月之比。高道之士，取喻於車〔三〕。且車行於地，而轉於陸〔四〕；今以河車者，亦有説矣。蓋人身之中，陽少陰多，言水之處甚衆，車則取意於般運。河乃主象於多陰，故此河車不行於地，而行於水。自上而下，或後或前，駕在〔五〕於八瓊之内，驅馳於四海之中，昇天則上入崑崙，既濟則下奔鳳闕。運載元陽，直入於離宫；般負真氣，曲歸於壽府。往來九州，而無暫停；巡歷三田，何時〔六〕休息。龍虎既交，令黄婆駕入黄庭；鉛汞纔分，委金男般入金闕。玉泉千泒，運時止半日工夫；金液一壺，般過只片時〔七〕功迹。五行非此車

〔一〕有：精華録本作「象」。
〔二〕如：精華録本作「象」。
〔三〕車：精華録本作「河車」。
〔四〕車行於地而轉於陸：精華録本錯檢於「高道之士」句前。
〔五〕在：精華録本作「載」。
〔六〕何時：輯要本作「靡時」，精華録本作「而無」。
〔七〕片時：原作「時間」，據精華録本改。

般運也，難得生成；二氣非此車般運也，豈能交會？應節順時而下功，必假此車而般之，方能有驗；養陽鍊陰而立事，必假此車而般之，始得無差。乾坤未純，其或陰陽而往來〔一〕之，是此車之功也；宇宙未周，其或氣血而交通〔二〕之，是此車之功也。自外而内，運天地純粹之氣，而接引本宫之元陽；自凡而聖，運陰陽真正之氣，而補鍊本體之元神。其功不可以備紀。」

吕曰：「河車如此妙用，敢問河車之理，必竟人身之中何物而爲之？既得之而如何運用？」鍾曰：「河車者，起於北方正水之中。腎藏真氣，真氣之所生之正氣乃曰河車。河車作用，今古罕聞，真仙祕而不説者也。如乾再索坤而生坎，坎本水也，水乃陰之精；陽既索於陰，陽返負陰而還位，所過者艮、震、巽；以陽索陰，因陰取陰，般運入離，承陽而生，是此河車般陰入於陽宫。及夫坤再索於乾而生離，離本火也，火乃陽之精；陰既索於陽，陰返抱陽而還位，所過者坤、兑、乾；以陰索陽，因陽取陽，般運入坎，承陰而生，是此河車運陽入〔三〕於陰宫。及夫採藥於九宫之上，得之而下入黄庭；抽鉛於曲江之下，般之而上昇内

〔一〕陰陽而往來：精華録本作「往來其陰陽」。
〔二〕氣血而交通：精華録本作「交通其氣血」。
〔三〕入：原無，據上文及精華録本補。

院。玉液、金液本還丹，般運可以鍊形，而使水上行；君火、民火本鍊形，般運可以燒丹，而使火下進。五氣朝元，般運各有時；三花聚頂，般運各有日。神聚魔多〔一〕，般真火以焚身，則三尸絶迹；藥就海枯，運霞漿而沐浴，而〔二〕入水無波。若此〔三〕，河車之作用也。」

呂曰：「河車本北方之正氣，運轉無窮，而負載陰陽，各有成就，所用工不一也，尊師當爲細説。」鍾曰：「五行巡還，周而復始，默契顛倒之術，以龍虎相交而變黄芽者，小河車也。肘後飛金精，還精入泥丸，抽鉛添汞而成大藥者，大河車也。若以龍虎交而變黄芽，鉛汞交而成大藥，真氣生而五氣朝中元，陽神就而三神超内院。紫金丹成，常如玄鶴對飛；白玉汞就，正〔四〕似火龍踴起。金光萬道，罩俗骨以光輝；琪樹一株，現鮮葩而燦爛。或出或入，出入自如；或去或來，往來無礙。般神入體，且混時流，化聖離俗，以爲羽客，乃曰紫河車也。是此三車之名，而分上、中、下三成。故曰三成者，言其功之驗證，非比夫釋教之三

〔一〕魔多：原作「多魔」，據精華録本乙。
〔二〕而：輯要本作「則」。
〔三〕若此：輯要本作「皆」，精華録本作「此」。
〔四〕正：原作「鎮」，據輯要本、精華録本改。

乘車而曰羊車、鹿車、大牛車也。以道言之，河車之後更有三車：凡聚火而心行意使，以攻疾病，而曰使者車；凡既濟自上而下，陰陽正合，水火共處，静中聞雷霆之聲，而曰雷車；若以心爲境役，性以情牽，感物而散〔一〕真陽之氣，自内而外，不知休息，久而氣弱體虚，以成衰老，或而〔二〕八邪五疫返以般入，真氣元陽難爲抵當，既老且病而死者，曰破車。」

吕曰：「五行顛倒而龍虎相交，則小河車已行矣。三田返復而肘後〔三〕飛金精，則大河車將行矣。然而紫河車，何日得行焉？」鍾曰：「修真之士既聞大道，得遇明師，曉達天地昇降之理，日月往來之數，始也匹配陰陽，次則聚散水火，然後採藥進火，添汞抽鉛，則小河車固當行矣。及夫肘後金精入頂，黄庭大藥漸成，一撞三關，直超内院，後起前收，上補下鍊，則大河車固當行矣。及〔四〕夫金液玉液還丹，而後鍊形，鍊形而後鍊氣，鍊氣而後鍊神，鍊神合道，方曰道成，以出凡類入仙品，當時乃曰紫河車也。」

〔一〕散：該字下原有「於」字，據輯要本、精華録本删。
〔二〕而：輯要本無，精華録本作「者」。
〔三〕後：精華録本於此字下有「復」字。
〔四〕及：精華録本作「若」。

論還丹〔一〕

呂曰：「鍊形成氣，鍊氣成神，鍊神合道，未敢聞命，所謂還丹者，何也？」鍾曰：「所謂丹者，非色也，紅黄不可以致〔二〕之。所謂丹者，非味也，甘和不可以合之。丹乃丹田也。丹田有三：上田神舍、中田氣府、下田精區。精中生氣，氣在中丹。氣中生神，神在上丹。真水真氣，合而成精，精在下丹。奉道之士，莫不有三丹。然而氣生於腎，未朝於中元，神藏於心，未超於上院。所謂精華不能返合，雖三丹終成〔三〕無用。」

呂曰：「玄中有玄，一切之人，莫不有命。命中無精，非我之氣也，乃父母之元陽。無精則無氣，非我之神也，乃父母之元神。所謂精、氣、神，乃三田之寶。如何可得而常在於上、中、下三宫也？」鍾曰：「腎中生氣，氣中有真一之水；使水復還於下丹，則精養靈根，氣自生矣。心中生液，液中有正陽之氣；使氣復還於中丹，則氣養靈源，神自生矣。集靈

〔一〕論還丹：輯要本、精華録本作「論還丹第三」。

〔二〕致：輯要本作「象」。

〔三〕成：精華録本作「爲」。

爲神，合神入道以還上丹，而後超脱。」

吕曰：「丹田有上、中、下。還者，既往而有所歸，曰還丹〔一〕。還丹之理，奥〔二〕旨淵〔三〕微，敢告〔四〕細説。」鍾曰：「有小還丹，有大還丹，有七返還丹，有九轉還丹，有金液還丹，有玉液還丹，有以下丹還上丹，有以上丹還中丹，有以中丹還下丹，有以陽還陰丹，有以陰還陽丹。不止於名號不同，亦以時候差别，而下手處各異也。」

吕曰：「小還丹〔五〕者，何也？」鍾曰：「小還丹者，本自下元。下元者，五藏之主，三田之本。以水生木，木生火，火生土，土生金，金生水。既相生也，不差時候，當生而引未生，如子母之相愛也。以火剋金，金剋木，木剋土，土剋水，水剋火。即相剋也，不失分度，當剋而補未剋，如夫婦之相合也。氣液轉行，周而復始，自子至午，陰陽當生；自卯至酉，陰陽

〔一〕曰還丹：精華録本無。
〔二〕奥：輯要本、精華録本作「其」。
〔三〕淵：精華録本作「深」。
〔四〕告：輯要本作「望」，精華録本作「請」。
〔五〕小還丹：輯要本、精華録本作「所謂小還丹」。

當停。凡一晝一夜，復還下丹，巡還一次而曰小還丹也。奉道之士，於中採藥進火，以成下丹，良由此矣[一]。」

呂曰：「小還丹既已知矣，所謂大還者，何也？」鍾曰：「龍虎相交而變黄芽，抽鉛添汞而成大藥。玄武宫中而金精纔起，玉京山下而真氣方升。走河車於嶺上，灌玉液於中衢。自下田入上田，自上田復下田。後起前來，循環已滿，而曰大還丹也。奉道之士，於中起龍虎而飛金精，養胎仙而生真炁，以成中丹，良由此矣。」

呂曰：「大還丹既已知矣，所謂七返還丹，而九轉還丹者，何也？」鍾曰：「五行生成之數，五十有五。天一地二，天三地四，天五地六，天七地八，天九地十。一、三、五、七、九，陽也，共二十五。二、四、六、八、十，陰也，共三十。自腎爲始，水一、火二、木三、金四、土五，此則五行生之數也，三陽而二陰。自腎爲始，水六、火七、木八、金九、土十，此則五行成之數也，三陰而二陽。人身之中，共有五行生成之道：水爲腎，而腎得一與六也[二]；火爲心，而心得二與七矣；木爲肝，而肝得三與八矣；金爲肺，而肺得四與九矣；土爲脾，而脾得五與十矣。每藏各有陰陽，陰

[一] 矣：輯要本作「也」。
[二] 也：輯要本作「矣」。

以八極而二盛，所以，氣到肝而腎之餘陰絶矣；氣到心，太極而生陰，以二在心而八在肝也。陽以九盡而一盛，所以，液到肺而心之餘陽絶矣；液到腎，太極而生陽，以一在腎而九在肺也。奉道之士，始也交媾龍虎，而採心之〔一〕正陽之氣。正陽之氣，乃心之七也。七返中元而入下田，養就胎仙，復還於心，乃曰七返還丹者也。二八陰消〔二〕，真氣生而心無陰以絶二也，大藥就而肝無陰以絶八也。既二八陰消，而九三陽〔三〕可〔四〕長矣。肝以絶陰〔五〕助於心，則三之肝氣盛矣。七既還心以絶肺液，而肺之九轉而助心，則九三之陽長〔六〕，九轉〔七〕還丹也。」

〔一〕之：輯要本作「中」。

〔二〕陰消：精華録本作「陰消者」。

〔三〕九三陽：輯要本、精華録本作「九三之陽」。

〔四〕可：精華録本作「自」。

〔五〕陰：原作「陽」，據輯要本、精華録本改。前文有「氣到肝而腎之餘陰絶矣」，可參證。

〔六〕則九三之陽長：輯要本作「則九之肺氣盛矣」。精華録本「長」字後有「矣」字，皆句前有「九之肺氣盛而陽長」句。

〔七〕九轉：輯要本作「此所謂九轉」，精華録本作「是爲九轉」。

呂曰：「七返者，以其心之陽復還於心，而在中丹。九轉者，以其肺之陽本自心生，轉而復還於心，亦在中丹。七返九轉既已知矣，所謂金液、玉液，上、中、下相交，陰與陽往復而還丹者，何也？」鍾曰：「前賢往聖，多以肺液入下田，而曰金液還丹；心液入下田，而曰玉液還丹。此論非不妙矣，然而未盡玄機。蓋夫肺生腎，以金生水，金入水中，何得謂之還丹？腎剋心，以水剋火，水入火中，何得謂之還丹？金液乃肺液也，肺液爲胎胞，含龍虎，保送在黄庭之中，大藥將成，抽之肘後，飛起其肺液以入上宫，而下還中丹。自中丹而還下田，故曰金液還丹也。玉液乃腎液也，腎液隨元氣以上升而朝於心，積之而爲金水，舉之而滿玉池，散而爲瓊花，鍊而为白雪。若以納之，自中田而入下田，有藥則沐浴胎仙。若以升之，自中田而入四支，鍊形則更遷塵骨。不升不納，周而復還〔一〕，故曰玉液還丹者也。陰極陽生〔二〕，陽中有真一之水，其水隨陽上升，是陰還陽丹者也。陽極生陰〔三〕，陰中有正陽之氣，其氣隨陰下降，是陽還陰丹者也。補腦鍊頂，以下還上。既濟澆灌，以上還中。燒丹

〔一〕還：精華録本作「始」。
〔二〕陽生：輯要本互乙。
〔三〕生陰：精華録本互乙。

進火，以中還下。鍊質焚身，以下還中。五行顛倒，三田返復，互相交换，以至鍊形化氣，鍊氣成神。自下田遷而〔一〕至中田，自中田遷而至上田，自上田遷而出天門。棄下凡軀，以入聖流仙品，方爲三遷功成，自下而上，不復更有還矣。」

論鍊形〔二〕

呂曰：「還丹既已知矣，所謂鍊形之理，可得聞乎？」鍾曰：「人之生也，形與神爲表裏。神者形之主，形者神之舍。形中之精以生氣，氣以生神。液中生氣，氣中生液，乃形中之子母也。水以生木，木以生火，火以生土，土以生金，金以生水。氣傳子母，而液行夫婦，乃形中之陰陽也。水化爲液，液化爲血，血化爲津，以陰得陽而生也；若以陰陽失宜，則涕、泪、涎、汗横出，而陰失其生矣。氣化爲精，精化爲珠，珠化爲汞，汞化爲砂，以陽得陰而成也；若以陰陽失宜，則病、老、死、苦，而陽不得成矣。陰不得陽不生，陽不得陰不成。奉道之士，豈可〔三〕修陽而不修陰，鍊己

〔一〕遷而：輯要本作「遷」，精華録本作「而遷」。以下兩處同。
〔二〕論鍊形：輯要本、精華録本作「論鍊形第十四。」
〔三〕豈可：原無，據輯要本、精華録本補。

而不鍊物？以〔一〕己身受氣之初，乃父母真氣兩停，而即精血爲胎胞，寄質在母純陰之宫〔二〕，陰中生陰，因形造形，胎完氣足，而〔三〕堂堂六尺之軀，皆屬陰也，所有〔四〕五點元陽而已。必〔五〕欲長生不死，以鍊形住世，而刦刦長存；必欲〔六〕超凡入聖，以鍊形化氣，而身外有身。」

吕曰：「形象陰也，陰則有體。以有爲無，使形化氣，而超凡軀以入聖品，乃鍊形〔七〕之上法也。因形留氣，以氣養形，小則安樂延年，大則留形住世，既老者返老還童，未老者定顔長壽。以三百六十年爲一歲，三萬六千歲爲一劫，三萬六千劫爲一浩劫。浩浩之劫，不

〔一〕以：輯要本、精華録本作「夫」。

〔二〕宫：精華録本作「中」。

〔三〕而：輯要本、精華録本作「是」。

〔四〕所有：精華録本作「所有者」。

〔五〕必：輯要本作「誠」。

〔六〕欲：輯要本作「在」。

〔七〕形：原無，據輯要本、精華録本補。

知歲月之幾何，而與天地長久，乃鍊形驗證也如此。然而〔一〕鍊形之理，造化之機，而有如此之驗，可得聞乎？」鍾曰：「人之成形，三百日胎完。既生之後，五千日氣足。五尺五寸爲本軀，以應五行生成之數。或有大小之形而不齊者，以寸定尺，長短合宜。心之上爲九天，腎之下爲九地。腎到心八寸四分，心到重樓第一環八寸四分，重樓第一環到頂八寸四分，自腎到頂凡二〔二〕尺五寸二分。而元氣一日一夜盈滿者，三百二十度，每度二尺五寸二分，計八十一丈元氣，以應九九純陽之數。心腎相去，以合天地懸隔〔三〕之宜。自腎到頂，共二尺五寸。又按五行，五五純陽之數，故元氣隨呼而出；既出也，榮衛皆通。天地之正氣，應時順節，或交或離，丈尺無窮，隨吸而入；既入也，經絡皆闢。一呼一吸，天、地、人三才之真氣，往來於十二樓前。一往一來，是曰一息。晝夜之間，人有一萬三千五百息。分而言之：一萬三千五百呼，所呼者，自己之元氣，從中而出；一萬三千五百吸，所吸者，天地之正氣，自外而入。根源牢固，元氣不損，呼吸之間，可以奪天地之正氣。以氣鍊氣，散

〔一〕然而：輯要本作「至其所以」，精華録本無此二字。
〔二〕二：原作「三」，據輯要本、精華録本改。
〔三〕隔：精華録本作「格」。

滿四大。清者榮而濁者衛，悉皆流通。縱者經而横者絡，盡得舒暢。寒暑不能爲害，勞苦不能爲虞，體輕骨健，氣爽神清，永保無疆之壽，長爲不老之人。苟或根源不固，精竭氣弱，上則元氣已泄，下則本宫無補，所吸天地之氣浩浩而出，八十一丈元氣九九〔一〕而損，不爲己之所有，反爲天地所取，何能奪於天地之正氣？積而陰盛陽衰，氣弱而病，氣盡而死，復〔二〕入輪迴。」

吕曰：「元氣如何不走失以鍊形質，可奪天地之正氣，而留〔三〕浩劫長存者也？」鍾曰：「欲戰勝者在兵强，欲民安者在國富。所謂兵者，元氣也。其兵在内，消形質之陰；其兵在外，奪天地之氣。所謂國者，本身也。其身之有象者，豐足而常有餘；其身之無形者，堅固而無不足。萬户長開而無一失之虞，一馬誤〔四〕行而有多多之得〔五〕。或前或後，乃所

〔一〕九九：輯要本作「久久」。

〔二〕復：精華録本作「墮」。

〔三〕留：輯要本作「能」，精華録本無。

〔四〕誤：輯要本、精華録本作「運」。

〔五〕多之得：輯要本、精華録本作「得之妙」。

以鍊質焚身；或上或下，乃所以養陽消陰。燒乾坤自有時辰，煅氣液能無日候？以玉液鍊形，仗〔一〕甲龍以〔二〕升飛，而〔三〕白雪滿於塵肌；以金液鍊形，逐雷車而下降，則金光盈於卧室。」

呂氏：「鍊形之理，亦粗知矣。金液、玉液者，何也？」鍾曰：「金液鍊形，則骨朝金色，而體出金光。金花片片，而空中自現，乃五氣朝元，三陽聚頂。欲超凡體之時，而金丹大就之日。若以玉液鍊形，則肌泛陽酥，而形如琪樹，瓊花玉蘂，更改凡體，而光彩射人，乘風而飛騰自如，形將爲氣者也。奉道之士，雖知還丹之法，而鍊形之功，亦不爲小矣。當玉液還丹，以沐浴胎仙而升之上行，以河車般於四大：始於肝也，肝受之則光盈於目，而目如點漆；次於心也，心受之口生靈液，而液爲白雪；次於脾也，脾受之則肌若疑脂，而瘢痕盡除；次於肺也，肺受之則鼻聞天香，而顏復少年；次於腎也，腎受之則丹〔四〕還本府，耳中

〔一〕仗：輯要本作「伏」。
〔二〕以：輯要本作「而」。
〔三〕而：輯要本、精華録本作「則」。
〔四〕丹：原作「再」，據輯要本、精華録本改。

常聞絃管之音，鬢畔永絶班白之色。若此玉液之鍊形也。及〔一〕夫金液鍊形，不得比此。始還丹而未還，與君火相見而曰既濟；既還丹而復起，與真陰相敵而曰鍊質。土本剋水，若金液在土，使黄帝回光以合於太陰；火本剋金也，若金液在火，使赤子同鑪而自生於紫氣。於水中起火，在陽裏消陰。變金丹於黄庭之内，鍊陽神在五氣之中。於肝則青氣沖，於肺則白色出，於心則赤光現，於腎則黑氣升，於脾則黄色起〔二〕。五氣朝於中元，從君火以超内院。下元陰中之陽，其陽無陰，升而聚在神宮。中元陽中之陽，其陽無生，升而聚在神宮。黄庭大藥，陰盡純陽〔三〕，升而聚在神宮。五液朝於下元，五氣朝於中元，三陽朝於上元。朝元既畢，功滿三千，或而鶴舞頂中，或而龍飛身内，但聞嘹喨樂聲，又覩仙花亂墜，紫庭盤桓，真香馥郁。三千功滿，不爲塵世之人；一炷香消，已作蓬瀛之客。乃曰超凡入聖，而脱質升仙者也。」

〔一〕及：精華録本作「若」。
〔二〕起：原無，據輯要本補，精華録本作「聚」。
〔三〕純陽：輯要本作「陽純」。

論朝元〔一〕

吕曰：「鍊形之理，既已知矣。所謂朝元者，可得聞乎？」鍾曰：「大藥將就，玉液還丹而沐浴胎仙。真氣既生，以沖玉液上升而更改塵骨，而曰玉液鍊形。及夫肘後飛起金精，河車以〔二〕入内院，自上而中，自中而下，金液還丹，以鍊金砂而五氣朝元，三陽聚頂，乃鍊氣成神，非止於鍊形住世而已。所謂朝元，今古少知。苟或知之，聖賢不説。蓋以是真仙大成之法，默藏天地不測之機，誠爲三清隱秘之事，忘言忘象之玄旨，無問無應之妙理。恐子之志不篤而學不專，心不寧而問不切，輕言易語，反遺〔三〕我以漏泄聖機之愆，彼此各爲無益。」

吕曰：「始也悟真仙而識大道，次以知時候而達天機。辨水火真原，知龍虎不生肝肺；察抽添大理，審鉛汞非是坎離。五行顛倒之術，已蒙指教；三田反復之機，又謝敷陳。熟曉還丹鍊形之理，深知長生不死之術。然而脱凡入聖之原，脱質升仙之道，本於

〔一〕論朝元：輯要本、精華録本作「論朝元第十五」。
〔二〕以：精華録本作「搬」。
〔三〕遺：原無，據輯要本補，精華録本作「增」。

鍊氣而朝元。所謂朝元，敢告〔一〕略爲指訣？」鍾曰：「道〔二〕本無形，及乎大原示朴，上清下濁，合而爲一。大朴既分，混沌初判，而爲天地。天地之内，東西南北，而列五方。每方各有一帝，每帝各有二子，一爲陽而一爲陰，乃曰二氣。二氣〔三〕相生相成，而分五行。五行相生相成，而定六氣，乃曰三陰三陽。以此推之，如人之受胎之初，精氣爲一，及精氣既分，而先生二腎；一腎在左，左爲玄，玄以升氣而上傳於肝；一腎在右，右爲牝，牝以納液而下傳膀胱。玄牝本乎無中來，以無爲有，乃父母之真氣納於純陰之池。故曰：『谷神不死，是謂玄牝。玄牝之門，可比〔四〕天地之根。』玄牝，二腎也。自腎而生，五藏六府全焉。其中肝爲木，曰甲乙，可比於東方青帝；心爲火，曰丙丁，可比於南方赤帝；肺爲金，曰庚辛，可比於西方白帝；脾爲土，曰戊己，可比於中央黄帝；腎爲水，曰壬癸，可比於北方黑帝。人之初生，故無形象，止於一陰一陽。及其胎完而有腸胃，乃分六氣，三男

〔一〕告：輯要本作「望」。
〔二〕道：輯要本作「夫道」。
〔三〕二氣：原無，據輯要本、精華録本補。
〔四〕可比：精華録本作「是爲」。

三女而已，一氣運五行，五行運六氣。先識者陰與陽，陽有陰中陽，陰有陽中陰。次識者金木水火土，而有水中火，火中水，水中金，金中木〔一〕，木中火，火中土。在人〔二〕者互相交合，所以二氣分而爲六氣，大道散而爲五行。如冬至之後，一陽生五方之地，而陽皆生也，一帝當其行令，而四帝助之：若以春令既行，黑帝不收其令，則寒不能變温；赤帝不備其令，則温不能變熱。及夫夏至之後，一陰生五方之天，而陰皆降也，一帝當其行令，而四帝助之：若以秋令既行，赤帝不收其令，則熱不能變凉；黑帝不備其令，則凉不能變寒。冬至陽生於地，以朝氣於天也；夏至陰生於天，以朝氣於地也。奉道之士，當深究此理。而日月〔三〕之間，一陽始生，而五藏之氣朝於中元；一陰始生，而五藏之液朝於下元；陰中之陽，陽中之陽，陰陽之中之陽，三陽上朝内院，心神以返〔四〕天宫，是皆朝元者也。」

呂曰：「陽生之時，而五氣朝於中元。陰生之時，而五液朝於下元。使陽中之陽，陰中

〔一〕木：輯要本作「水」，疑誤，涉形近而誤。
〔二〕在人：精華録本作「五」，疑是。
〔三〕月：輯要本作「用」，疑誤，涉形近而誤。
〔四〕返：精華録本作「返於」。

之陽，陰陽之中之陽，以朝上元。若此修持，常常之士亦有知者，如何得超脱以出塵俗？」

鍾曰：「若以元陽之氣，以一陽始生之時，上朝中元，是人皆如此。若以積氣生液，以一陰始生之時，下朝下元，是人皆如此。若此行持，故不〔一〕能超脱。然而〔二〕欲超凡入聖，脱質升仙，當先龍虎交媾而成大藥，大藥既成而生真氣。真氣既生，於年中用月，月上定興衰；月中用日，日上數直事；日中用時，時上定息數。以陽養陽，陽中不得留陰；以陽鍊陰，陰中不得散陽。凡以春則肝旺而脾弱，夏則心旺而肺弱，秋則肺旺而肝弱，冬則腎旺而心弱；人以腎爲根本，每時一季，脾旺而腎弱，獨腎於四時有損。人之多疾病者，此也。凡以甲乙在肝直事，防脾氣不行；丙丁在心直事，防肺氣不行；戊己在脾直〔三〕事，防腎氣不行；庚辛在肺直事，防肝氣不行；壬癸在腎直事，防心氣不行。一氣盛而一氣弱，一藏旺而一藏衰。人之多疾病者，此也。凡以〔四〕心氣萌於亥而生於寅，旺於巳而弱於申；肝氣

〔一〕故不：精華録本作「鮮」。
〔二〕然而：精華録本作「若」。
〔三〕直：輯要本「直」及以下共八十二字誤爲注釋。
〔四〕以：輯要本作「人」。

萌於申而生於亥，旺於寅而弱於巳；肺氣萌於寅而生於巳，旺於申弱於亥；腎氣萌於巳而生於申，旺於亥而弱於寅；脾氣春隨肝而夏則隨心，秋隨肺而冬則隨腎。人之不知日用，莫曉生旺强弱之時，所以多疾病者，此也。若此日月時，三陽既聚，當鍊陽而使陰不生。若此月日時〔一〕，三陰既聚，當養陽而使陽不散。又況真氣既生，以純陽之氣鍊五藏之氣，不〔二〕息而出〔三〕本色，一舉而到天池。始以腎之無陰，而九江無浪；次以肝之無陰，而八關永閉；次以肺之無陰，而金火同鑪；次以脾之無陰，而玉户不開；次以真氣上升，四炁聚而爲一。縱有金液下降，杯水不能勝輿薪之火。水火相包，而合之〔四〕爲一，以入神宫。定息内觀，一意不散。神識俱妙，静中常聞樂聲。如夢非夢，若在虚無之境。風光景物，不比塵俗；繁華美麗，勝及〔五〕人世。樓臺宫闕，碧瓦凝煙；珠翠綺羅，馨香成陣。當此之

〔一〕若此月日時：輯要本無，精華録本作「若日月時」。
〔二〕不：輯要本、精華録本作「無」。
〔三〕出：輯要本、精華録本作「非」。
〔四〕而合之：輯要本、精華録本作「合而」。
〔五〕及：精華録本作「於」。

時，乃曰超内院。而陽神方得聚會而還上丹，鍊神成仙以合大道。一撞天門，金光影裏以現法身，鬧花深處而坐凡體。乘空如履平川，萬里若同展臂。若也復回，再入本軀，神與形合，天地齊其長久。若也厭居塵世，寄下凡胎而返十洲，於紫府太微真君處，契勘鄉原，對會名姓，校量功行之高下，得居於三島而遨遊，永在於〔一〕風塵之外，名〔二〕曰超塵脱凡。」

吕曰：「鍊形止於住世，鍊氣方可升仙。世人不達玄機，無藥而先行胎息，强留在腹，或積冷氣而成病，或發虚陽而作疾。修行本望長生，似此執迷，尚不免於疾病。殊不知胎仙就而真氣生，真氣生而自然胎息。胎息以鍊氣，鍊氣以成神。然而鍊氣必審年中之月，月中之日，日中之時，端居静室，忘機絶迹，當此之時，心境未除者，悉以除之。或而妄想不已，智識有漏，志在升仙而心神不定，爲之奈何？」鍾曰：「交合各有時，行持各有法。依時行法，即法求道，指日成功，易如反掌。古今達士，閉目冥心，以入希夷之域，良以〔三〕内觀

〔一〕在於：輯要本、精華録本作「出」。
〔二〕名：精華録本作「乃」。
〔三〕以：精華録本作「由」。

而神識自在〔一〕矣。」

論内觀〔二〕

吕曰：「所謂内觀之理，可得聞乎？」鍾曰：「内觀坐忘存想之法，先賢後聖有取而〔三〕有不取者，慮其心猿意馬，無所停留，恐因物而〔四〕喪志。而無中立象，使耳不聞而目不見，心不狂而意不亂，存想事物，而内觀坐忘不可無矣。奈何少學無知之徒，不知交合之時，又不曉行持之法，必〔五〕望存想，而決要成功，意内成丹，想中取藥。鼻搐口咽，望有形之日月，無爲之天地，留止腹中，可謂兒戲。所以達士奇人，而〔六〕於坐忘存想一旦毁之，乃曰夢

〔一〕在：精華録本作「住」。
〔二〕論内觀：輯要本、精華録本作「論内觀第十六」。
〔三〕而：精華録本作「者」。
〔四〕而：輯要本、精華録本無。
〔五〕必：精華録本作「但」。
〔六〕而：輯要本、精華録本無。

裏得財，安能濟用？畫地爲餅，豈可充飢？空中又空，如鏡花水月，終難成事。然而有可取者，蓋以易動者片心，難伏者一意。好日良時，可採可取也。雖知清静之地，奈何心爲事役，志以情移？時比電光，寸陰可惜。毫末有差，而天地懸隔。積年累月而不見功，其失在心亂而意狂者也。善視者志在丹青之美，而不見泰華；善聽者志在絲竹之音，而不聞雷霆。耳目之用小矣，尚以〔一〕如此。況一心之縱横六合，而無〔二〕不該？得時用法之際，能不以存想内觀而致之乎？」

吕曰：「所謂存想内觀，大略如何？」鍾曰：「如陽升也，多想爲男、爲龍、爲火、爲天、爲雲、爲鶴、爲日、爲馬、爲煙、爲霞、爲車、爲駕、爲花、爲氣；若此之類，皆内觀存想，如是以應陽升之象也。如陰降也，多想爲女、爲虎、爲水、爲地、爲雨、爲龜、爲月、爲牛、爲泉、爲泥、爲船〔三〕、爲葉。若此之類，皆内觀存想，如是以應陰降之象也。青龍白虎，朱雀玄武，既有此名，須有此象。五嶽九州，四海三島，金男玉女，河車重

〔一〕以：輯要本、精華録本作「旦」。
〔二〕無：精華録本作「無所」。
〔三〕船：精華録本作「鉛」，當誤。

樓，呼名比類，不可具述。皆以無中立象，以定神識。未得魚則筌不可失矣，未獲兔則蹄不可無矣。後車將〔一〕動，必履前車之迹；大器已成，必爲後器之模。則内觀之法，行持不可闕矣。亦〔二〕不可執之於悠久，絶〔三〕之於斯須，皆不可也〔四〕。若以絶念無想，是爲真念，真念是爲真空。真空一境，乃朝真遷化而出昏衢，超脱之漸也。開基創始，指日進功，則存想可用。況當〔五〕爲道日損，以入希夷之域。法自減省，全在内觀者矣。」

吕曰：「若以龍虎交媾而匹配陰陽，其想也何似？」鍾曰：「初以交合配陰陽而定坎離，其想也，九皇真人引一朱衣小兒上升，九皇真母引一皂衣小女下降，相見於黄屋之前，有一黄衣老嫗接引，如人間夫婦之禮，盡時歡悦。女子下降，兒子上升，如人間分離之事。

〔一〕將：精華録本作「持」，疑誤。
〔二〕亦：精華録本作「第」，疑誤。
〔三〕絶：精華録本作「不可絶」。
〔四〕皆不可也：輯要本、精華録本無此四字，疑是。
〔五〕況當：精華録本作「若」。

既畢，黄嫗抱一物，形若朱橘，下抛入黄屋，以金器盛留。然此兒者，是乾索於坤，其陽復〔一〕還本位，以陽負陰而會本鄉；是此女者，是坤索於乾，其陰復還本位，以陰抱陽而會本鄉。是曰〔二〕坎離相交，而匹配陰陽者〔三〕也。若以炎炎火中見一黑虎而上升，滔滔浪裏見一赤龍而下降，二獸相逢，交戰在樓閣之前。朱門大啓，浡浡煙焰之中，有王者指顧於大火焚天，而上有萬丈波濤，火起復落，煙焰滿於天地。龍虎一盤一遶，而入一金器之中，下入黄屋之間，似置在籠櫃之中。若此，龍虎交媾而變黄芽之想也。」

吕曰：「匹配陰陽，而龍虎交媾〔四〕，内觀存想既已知之矣。所謂進火燒鍊丹藥〔五〕者，所〔六〕想如何？」鍾曰：「其想也，一器如鼎如釜，或黄或黑，形如車輪，左青龍而右白虎，前

〔一〕復：輯要本「復」及以下共四十六字爲小字注釋，當爲正文誤入注釋。
〔二〕曰：輯要本作「此」，精華録本無。
〔三〕者：輯要本、精華録本作「之想」。
〔四〕而龍虎交媾：精華録本作「交龍虎」。
〔五〕燒鍊丹藥：精華録本作「燒丹鍊藥」。
〔六〕所：輯要本、精華録本作「甚」。

朱雀而後玄武。傍有二臣，衣紫袍，躬身執圭而立。次有僕吏之類，執薪然火於器。次有一朱衣王者，乘赤馬，駕火雲，自空而來，舉鞭指呼，唯恐火小焰微〔一〕。炎炎亘空，撞天欲出。天關不開，煙焰復下。周圍四匝，人物器釜，王者大臣，盡在紅焰之中，互相指呼，爭要進火。器中之水，無氣而似凝結；水中之珠，無明〔二〕而似光彩。若此，進火燒丹藥之想也。」

呂曰：「內觀存想，止於採藥進火而有邪？逐法逐事而有邪〔三〕？」鍾曰：「雲雷下降，煙焰上起。或而天雨奇花，祥風瑞氣，起於〔四〕殿庭之下〔五〕。或而仙娥玉女，乘綵鳳祥鸞，自青霄而來。金盤中捧玉露霞漿，而下獻於王者。若此，乃金液還丹而既濟之想也。若以龍虎曳車於火中，上衝三關。三關各有兵吏，不計幾何，器仗戈甲，恐懼於人。先以龍虎

〔一〕微：原作「發」，據輯要本、精華録本改。
〔二〕明：原作「暗」，據精華録本改。
〔三〕邪：精華録本作「也」。
〔四〕起於：精華録本作「自」。
〔五〕之下：精華録本作「而起」。

撞之不開，次以大火燒之方啓，以至崑崙不住，及到天池方止。或而三鶴沖三天，或而雙蝶入三宫。或而五彩雲中，捧朱衣小兒而過天門；或而金車玉輅，載王者而超三界。若此〔一〕，肘後飛金精，而大河車之想也。及夫朱衣使者，乘車循行，自冀州入兗州，自兗州入青州，自青州入徐州，自徐州入楊州，自楊州入荆州，自荆州入梁州，自梁州入雍州，自雍州復還冀州。東西南北，畢於豫州停留，而後循行。所得之物金玉，所幹之事凝滯。一吏傳命，而九州通和。周而復始，運行不已。或而遊五嶽，自恒山爲始；或而泛五湖，自北沼〔二〕爲始。或而天符勑五帝，或而王命詔五侯。若此〔三〕，還丹之想也。及夫珠玉散擲於地，或而雨露濟澤於物〔四〕，或而海潮而滿百川，或而陽生而發萬〔五〕彙，或而火發以遍天地，或而煙

〔一〕若此：輯要本、精華録本作「若此乃」。
〔二〕沼：精華録本作「湖」。
〔三〕若此：輯要本作「此乃」。
〔四〕濟澤於物：精華録本作「而澤萬物」。
〔五〕萬：精華録本作「品」。

霧〔一〕而充宇宙；若此〔二〕，鍊形之想也。及夫或如鶴之辭巢，或如龍之出穴，或而五帝朝天，或而五色雲起，或而跨丹鳳而沖碧落，或如夢寐中而上天衢，或而天花亂墜，仙樂嘈雜，而金光繚繞，以入宮殿繁華之處；若此，皆朝元之想也。朝元之後，不復存想，方號內觀。」

呂曰：「內觀玄理不比前法，可得聞乎？」鍾曰：「古今修道之士，不達天機。始也不解依法行持，欲以速求超脱。多入少出而爲胎息，冥心閉目以行內觀。止於定中以出陰神，乃作清靈之鬼，非爲純陽之仙。真仙上聖，所以〔三〕採藥進火，抽鉛添汞，還丹鍊形，朝元合炁，苦語詳言而深説，惟恐世人不悟，而於內觀，未甚留意。殊不知，內觀之法乃陰陽變換之法，仙凡改易之時，奉道之士，勿得輕示〔四〕而小用之矣。且以前項之事，交會有時日，行持有法則，凡所〔五〕謹節信心，依時行法，不差毫末，而指日見功。若此內觀，一無時

〔一〕霧：精華録本作「露」。
〔二〕若此：輯要本作「此乃」。
〔三〕所以：精華録本作「于」。
〔四〕示：精華録本作「視」。
〔五〕所：精華録本作「能」。

日，二無法則，所居深静之室，晝夜端拱，識認陽神，趕逐陰鬼。達磨面壁九年，方超内院；世尊冥心六載，始出凡〔一〕籠。故於内觀，誠爲難事。始也自上而下，紫河車搬入天宫。天宫富貴，孰不欽羨？或往或來，繁華奢侈。人所不得見者，悉皆有之。奉道之士，平日清淨而守，於瀟灑寂寞既已久矣。功到數足，輒受快樂。樓臺珠翠，女樂笙簧，珍羞異饌，異草奇花，景物風光，觸目如畫。彼人不悟，將謂寔到天宫。不知自身内院認作真境，因循而不出入〔二〕，乃曰困在昏衢，而留形住世，不得脱質以爲神仙。未到天宫，方在内觀。陰鬼外魔，因意生像，因像生境，以爲魔軍，奉道之人〔三〕因而狂蕩而入於邪中，或而失身於外道，終不能成仙。蓋以三尸七魄，唯願人死而自身快樂；九蟲六賊，苦以〔四〕人安則存留無處。」

〔一〕凡：輯要本作「樊」。
〔二〕出入：輯要本作「能出」。
〔三〕人：輯要本作「士」。
〔四〕以：輯要本作「於」，精華録本無。

論魔難〔一〕

吕曰：「内觀以聚陽神，鍊神以超内院，上踴以出天門，直超而入聖品。既出既入，而來往無差；或來或往，而遠近不錯。欲住世則神與形合，欲升仙則遠遊蓬島。若此，功滿三千而〔二〕自内觀以得超脱。不知陰鬼邪魔如何制使奉道之人不得升神仙者也〔三〕。」鍾曰：「奉道之士，始有〔四〕信心，以恩愛利名，一切塵勞之事，不可變其大志。次發苦志，以勤勞寂寞，一切清虚之境，不可改其初心。苦志必欲了於大成，止於中成而已；必欲了於中成，止於小成而已。又況不識大道，難曉天機。所習小法，而多好異端。歲月蹉跎，不見其功，晚年衰老，復入輪回，致使後來好道之士，以長生爲妄説，超脱爲虚言，往往聞道而不信心〔五〕，縱信之而無苦志，對境生心，以物喪志，終不能出於十魔九難之中矣。」

〔一〕論魔難：輯要本、精華録本作「論魔難第十七」。
〔二〕若此功滿三千而：精華録本作「皆」。
〔三〕不得升神仙者也：精華録本作「得以升仙」，當誤。
〔四〕有：輯要本作「發」，精華録本作「立」。
〔五〕信：精華録本作「悟」。

呂曰：「所謂九難者，何也！」鍾曰：「大藥未成，而難當寒暑；於一年之内，四季要衣。真氣未生，而尚有飢渴；於一日之間，三飧要食。奉道之士，所患者衣食逼迫，一難也。及夫〔一〕宿緣業重，流〔二〕於今世填還，忙裏偷閑，猶爲尊長約束，於〔三〕尊親曰〔四〕不忍逃〔五〕離，一向清閑而〔六〕難爲得暇。奉道之士，所患者尊長邀〔七〕攔，此二難也。及夫〔八〕愛者妻兒〔九〕，惜者父母〔一〇〕，恩枷情杻，每日增添，火院愁車，無時休歇，縱有清浄之心，難敵愁煩之境。奉道

〔一〕及夫：輯要本作「或者」。
〔二〕流：輯要本作「留」。
〔三〕於：輯要本作「制於」。
〔四〕曰：輯要本作「而」，精華録本無。
〔五〕逃：精華録本作「拋」。
〔六〕一向清閑而：精華録本作「欲清修」。
〔七〕邀：辑要本作「阻」。
〔八〕及夫：辑要本作「或者」。
〔九〕妻兒：精華録本作「父母」。
〔一〇〕父母：精華録本作「妻兒」。

之士，所患者恩愛牽纏，三難也。及夫〔一〕富兼萬户，貴極三公，妄心不肯暫休，貪者惟憂不足。奉道之士，所患者名利縈絆，四難也。及夫〔二〕少年不肯修持〔三〕，一以氣弱成病，頑心絶無〔四〕省悟，一以陰報成災〔五〕，見世一身〔六〕受苦，而與後人爲誡。奉道之士，所患者災禍横生，五難也。及夫〔七〕人以生死事大，急於求師〔八〕，不擇真僞，或師於辨辭利口，或師於道貌古顔，始也自謂得遇神仙〔九〕，終久〔一〇〕方知好利之輩。奉道之士，所患者盲師約束，六

〔一〕及夫：輯要本作「或者」。
〔二〕及夫：輯要本作「或者」。
〔三〕少年不肯修持：精華録本此句下有「老大徒傷落魄音托」几字。
〔四〕絶無：精華録本作「尚不」。
〔五〕陰報成災：精華録本作「命薄招災」。
〔六〕一身：精華録本作「已經」。
〔七〕及夫：輯要本作「或者」。
〔八〕師：該字下原有「之人」二字，據輯要本、精華録本删。
〔九〕得遇神仙：精華録本作「遇得道仙流」。
〔一〇〕終久：精華録本作「久後」。

難也。及夫〔一〕盲師狂友，妄指傍門，尋枝摘葉，而終無契合；小法異端，而互相指訣。殊不知，日月不出，出則大明，使有目者皆見；雷霆不震，震則大驚，使有耳者皆聞。彼以爝火之光，井蛙之語，熒熒唧唧，而豈有合同？奉道之士，所患者議論差别，七難也。及夫〔二〕朝爲而夕改，坐作而立忘，悦於須臾，而厭爲持久；始於憂勤，而終於懈怠〔三〕。奉道之士，所患者志意懈怠，八難也。及夫〔四〕身中失年，年中失月，月中失日，日中失時。少將〔五〕名利不忘於心，老而兒孫嘗〔六〕在於意。年光有限，勿謂今年已過以待明年；人事無涯，勿謂今日已過以待明日。今日尚不保明日，老年争却〔七〕得少年。奉道之士，所患者歲

〔一〕及夫：輯要本作「或者」。
〔二〕及夫：輯要本作「或者」。
〔三〕懈怠：精華録本作「怠惰」。
〔四〕及夫：輯要本作「或者」。
〔五〕將：輯要本、精華録本作「則」。
〔六〕嘗：輯要本、精華録本作「常」。
〔七〕却：精華録本作「再」。

月蹉跎，九難也。免此九難，方可奉道。九難之中，或有一二不可行持，但以徒勞而不能成功者也。」

吕曰：「九難既已知矣，所謂十魔者，可得聞乎？」鍾曰：「所謂十魔者，凡有三等：一曰身外見在，二曰夢寐，三曰内觀。如滿目花芳，滿耳笙簧，舌於〔一〕甘味，鼻好異香，情思舒蕩〔二〕，意氣洋洋。如見，不得認，是六賊魔也。如瓊樓寶閣，畫棟雕梁，珠簾綉幕，蕙帳蘭房，珊瑚遍地，金玉滿堂。如見，不得認，是富魔也。如金鞍寶馬，重蓋昂昂，侯封萬户，使節旌幢，滿門青紫，靴笏盈牀。如見，不得認，是貴魔也。如輕煙蕩漾，暖日舒長，暴風大雨，雷震電光，笙簧嘹喨，哭泣悲傷。如見，不得認，是六情魔也。如親戚患難，眷屬災傷，兒女疾病，父母喪亡，兄弟離散，妻妾分張。如見，不得認，是恩愛魔也。如失身火鑊，墮落高岡，惡蟲爲害，毒藥所傷，路逢兇黨，犯法身亡。如見，不得認，是患難魔也。如十地當陽，三清玉皇，四神七曜，五嶽八王，威儀節制，往復翱翔。如見，不得認，是聖賢魔也。如雲屯士馬，兵刃如霜，戈矛鬭舉，弓箭齊張，争來殺害，驍捷難當。如見，不得認，是刀兵魔

〔一〕於：輯要本作「求」，精華録作「嗜」。
〔二〕蕩：精華録本作「暢」。

也。如仙娥玉女，羅列成行，笙簧嘹喨，齊舉霓裳，雙雙紅袖，争獻金觴。如見，不得認，是女樂魔也。如幾多姝麗，艷質濃粧，蘭臺夜飲，玉體輕裳，殢人驕態，争要成雙。如見，不得認，是女色魔也。是〔一〕此十魔，惟〔二〕有不認者是也。既認則著，既著則執，所以不成道者，良以此也。若以奉道之人，身外見在而不認不執，則心不退而志不移。夢寐之間不認不著，則神不迷而魂不散。内觀之時，若見如是，當審其虚實，辨其真僞，不可隨波逐浪，認賊爲子，急〔三〕起三昧真火以焚身一揮，群魔自散，用紫河車搬運自己之陽神，超内院而返〔四〕天宫，然後以〔五〕求超脱。今古好道之流，有清浄之心，對境改志，往往難逃於十魔九難，空有好道之虚名，終不見得道之實迹。或而出離塵勞，幽居絶迹，而志在玄門，於九難不能盡除，在十魔或著一二，非不得道也，而於道中或得中成，或得小成，而於仙中或爲

〔一〕是：精華録本作「有」。
〔二〕惟：原作「難」，據輯要本改。
〔三〕急：精華録本作「及」。
〔四〕返：輯要本、精華録本作「上」。
〔五〕以：精華録本作「可」。

人仙，或爲地仙。若以盡除魔難，序證驗而節節升遷，以内觀合就陽神，指日而歸三島。」

論證驗〔一〕

呂曰：「嫌者病，而好道之人求無病而長安。怕者死，而好道之人欲不死而長生。舉世人在世中，而好道之人欲升仙遊物外。舉世人在地上，而好道之人欲超凡而入洞天。所以甘於勞苦，而守於貧賤。遊心在清淡瀟灑之中，潛迹於曠野荒僻之地。一向行持，不知功之深淺。法之交換，難測改易之早晚。所謂下功之後，而證驗次序如何？」鍾曰：「苦志行持，終不見功者，非道負人。蓋奉道之人，不從明師而所受非法。依法行持，終不見功者，非道負人。蓋奉道之人，不知時候，而以不成〔二〕。若已遇明師而得法，行大法以依時，何患驗證而不有也。」

呂曰：「所謂法者，有數乎？所謂時者，有數乎？」鍾曰：「法有十二科：匹配陰陽第一，聚散水火第二，交媾龍虎第三，燒鍊丹藥第四，肘後飛金精第五，玉液還丹第六，玉液鍊

〔一〕論證驗：輯要本、精華録本作「論證驗第十八」。
〔二〕而以不成：輯要本作「以致無成」，精華録本作「所以不成」。

形第七，金液還丹第八，金液鍊形第九，朝元鍊炁第十，内觀交换第十一，超脱分形第十二。其時則年中法天地陰陽升降之宜，月中法日月往來之數。日中有四正八卦，十干十二支，一百刻，六十分。依法區分，自一日之後，證驗次序，以至脱質升仙，無差毫末。始也婬邪盡罷，而外行兼修，凡採藥之次，而金精充滿，心境自除，以煞陰鬼。次心經上湧，口有甘液。次陰陽擊搏，時時腹中聞風雷之聲。次魂魄不定，夢寐多有恐悸之境。次六府四肢，或生微疾小病，不療自愈。次丹田夜則自暖，形容晝則清秀。次居暗室而目有神光自現。次夢中雄勇，物不能害，而人不能欺，或若〔一〕抱得嬰兒歸。次金關玉鎖封固，以絶夢泄遺漏。次鳴雷一聲，關節通連而驚汗四溢。次玉液烹漱以成凝酥。次靈液成膏，漸畏腥羶，以充口腹。次塵骨將輕而變神室〔二〕，步趁奔馬，行止如飛。次對境無心而絶嗜慾。次真氣入物可以療人疾病。次内觀明朗而不暗昧。次雙目童人如點漆，皺臉重舒而紺髮再生，已少者永駐童顔。次真氣漸足而似常飽，所食不多，而飲酒無量，終不見醉。次身體光澤，神氣秀媚，聖丹生味，靈液透香，真香異味常在口鼻之間，人或知而聞之。次以目

〔一〕若：輯要本、精華録本作「如」。
〔二〕神室：輯要本作「陽神」。

視〔一〕，百步而見秋毫。次身體之間舊痕殘靨，自然消除，涕淚涎汗，亦不見有。次胎完氣足，以絶飲食。次内志清高，以合〔二〕太虚，凡情凡愛，心境自絶，下盡九蟲，上死三尸。次魂魄不遊，以絶夢寐，神彩清爽，更無晝夜。次陽精成體，神府堅固，四體不畏寒暑。次生死不能相干，而坐忘内觀，以遊華胥神仙之國，女樂樓臺，繁華美麗，殆非人世所有也。次功滿行足，陰功報應，密授三清真籙，陰陽變化，可能預知人事舉止，先見災福。次觸目塵冗，以厭〔三〕往還，潔身静處，胎仙可現，身外有身，是爲神聖。次真氣純陽，吁〔四〕呵可乾外汞。次胎仙常欲騰飛，祥光生於卧室。次静中時聞樂聲。次常人對面，雖彼富貴之徒，亦聞腥穢，蓋凡骨俗體也。次神彩自可變移，容儀成而仙姿可比玉樹，異骨透出金色。次行止去處，常有神祇自來朝現，驅用指呼，一如己意。次静中外觀，紫霞滿目，頂外下視，金光罩體。次身中忽化火龍飛，或而玄鶴起，便是神靈以脱凡骨而超出俗流，乃曰超

〔一〕視：精華録本作「覩」。
〔二〕以合：精華録本作「合乎」。
〔三〕以厭：精華録本作「厭與」。
〔四〕吁：輯要本作「嘘」。

脱。次超脱之後，彩雲繚繞，瑞氣紛紜，天雨奇花，玄鶴對飛，異香散而玉女下降，授天書紫詔既畢，而仙冠仙衣之屬具備，節制威儀，前後左右，不可勝紀，相迎相引，以返蓬萊，而於紫府朝見太微真君，契勘鄉原名姓，校量功行等殊，而於三島安居，乃曰真人仙子。」

呂曰：「今日特蒙尊師開説希夷大理，天地玄機，不止於耳目清明，而精神秀媚，殘軀有託，終不與糞壤同類。然而知之者未必能行，行之者未必能得。念以生死事大，而時光迅速，雖知妙理，未得行持，終不成功，與不知無異。敢告〔一〕指教以交會之時，行持之法，如何下手？如何用功？」鍾曰：「僕有靈寶畢法，凡十卷一十二科，中有六儀：一曰金誥，二曰玉書，三曰真原〔二〕，四曰比喻，五曰真訣，六曰道要，包羅大道，引喻三清，指天地陰陽之升降爲範模，將日月精華之往來爲法則，實五仙之指〔三〕趣，乃三成之規式，當擇日而授於足下。」

〔一〕告：精華録本作「請」。

〔二〕原：精華録本作「元」。

〔三〕指：精華録本作「旨」。

附録

一、書目著録

南宋陳振孫直齋書録解題卷一二神仙類

鍾吕傳道記三卷，施肩吾撰，叙鍾離權雲房、吕岩洞賓傳授論議。

（據一九八七年上海古籍出版社版徐小蠻、顧美華點校本）

元馬端臨文獻通考卷二二五經籍考

鍾吕傳道記三卷，陳氏曰：「施肩吾撰，叙鍾離權雲房、吕岩洞賓傳授論議。」

（據一九八六年中華書局影印本）

元脱脱等撰宋史卷二〇五藝文志

施肩吾，真仙傳道集二卷。

（據一九七七年中華書局點校本）

二、序跋題記

盧溪文集卷四八書傳道集後

世傳吕先生受道于鍾離先生，有傳道集，其書秘，世或罕見。近歲轉相傳寫，往往人皆有之，而不甚寶。惜字多駁謬，烏焉成馬者，俗莫能辯。因借此本于清真道士楊應存，愛其字小楷可觀，爲竄定百餘處，尚有闕誤可疑者，不敢私意改之，以俟後人是正。余特哀夫蓬心蒿目者之遠于道也，蓋道不遠人。讀此書則知道之在我而已。紹興癸亥中元日盧溪真逸書。

（據文淵閣四庫全書本）

道藏輯要本鍾吕傳道集題記

初赴雲房召，相與抵掌，而談於翠虚之洞。洞賓在側，老人一見，望而知其道器之深，因叩其藏相，爲談論歌謡，一一夙契本根。玄哉，玄哉。大道傳人，端有屬矣。因與談示上證之機，終曲，峰青鶴唳鸞飛，各拱手别去。迨後其師若弟回寓終南之嶺，對榻坐論，無不澈之玄，無不傳之秘，後遂爲鍾吕傳道集云。老人因識鑒於厥始，迺記其事於卷端。鐵杖老人題。

（據一九九五年巴蜀書社影印清光緒丙午成都二仙庵本）

道藏輯要本鍾吕傳道集高時明跋

愚讀鍾吕傳道集畢，隨於道藏中檢閲，至太清部志字函，果有秘傳正陽真人靈寶畢法十卷，共三册，謹詳味辭旨，意見多不可解，恐初入門者或難曉焉，遂不遑録及。倘同志之士異日參閲至此，則愚録不録之意可概見矣。

時天啓二年歲次壬戌仲春朔日復初道人高時明薰沐稽首敬書。

（據一九九五年巴蜀書社影印清光緒丙午成都二仙庵本）

道藏輯要本鍾吕傳道集後跋

嘗思萬化之源，惟道爲尊。道以覺世，則玄妙之秘旨，性命之要法也。兹册淵源所自，肇起天仙之真傳。凡後世一切元機奥窔，總不出此範圍焉。蓋世人只知依文解義，用識解推測，則於經内所論真仙、大道、天地、日月、四時、五行、水火、龍虎、丹藥、鉛汞、抽添、河車、還丹、鍊形、朝元、内觀、魔難、證驗，以爲如是如是，而豈知不僅如是如是。夫言外有義，義外有神。非第闢合，更多玄妙。微乎，微乎，殆不可以章句詮，不可以心思度乎？是殆五祖七真一切聖賢之要典乎？由唐迄今，千百餘年，所共尊奉而循行者乎？現届重訂全書，宗正小子鳩工庀材，實督任剞劂之事。而於此經，竊欲誌一言，爰作數語，附於篇末，至此經之精微，則宏教真君恩大祖師言之祥且賅矣。夫何庸再贅爲哉？純陽法嗣正化子恩洪謹跋。

（據一九九五年巴蜀書社影印清光緒丙午成都二仙庵本）

道藏精華録本鍾吕傳道集按語

案：宋史藝文志作真仙傳道集。近刻本又作鍾吕二仙傳道集。凡鍾曰、吕曰，皆改作鍾祖曰、吕祖曰。

（據影印上海醫學書局無錫丁氏排印一九八九年浙江古籍出版社本）

道藏精華録本鍾吕傳道集跋

始雲房於終南石壁間得靈寶經三部，上部曰元始金誥，中部曰元皇玉書，下部曰太上真原義，凡數千卷，雲房撮其要爲畢法，分十六科及六義，蓋明陰中有陽，陽中有陰，天地升降之道，氣中生水，水中生氣，心腎交合之機，以八卦運十二時，而其要在艮，以三田互相反復，而其要在泥丸，至下手工夫，姑借嚥氣漱液爲喻，而真氣口訣，實在口傳心授，不在文字間也。

（據影印上海醫學書局無錫丁氏排印一九八九年浙江古籍出版社本）

吕祖全書本修真傳道集小序

昔虞廷十六字，爲傳心之祖，嗣後孔門授受，亦止一貫一言。若是乎，傳道固無庸多説也。然子貢曰：「夫子之言性與天道不可得聞。」中庸一書所述仲尼之言，多論語所不載，意當時性天之説緊詳，多秘而不傳者。世傳吕祖授道于正陽帝君，以「恐誤五百年後人」一語，而三千功行已完，何其直捷。及閲修真傳道集，指陳天人性命之旨，不憚曲折反覆，詳哉言之，獨異于虞廷十六字，孔門一貫一言者則又何也？集傳于華陽施肩吾，肩吾唐元和年間進士，隱洪州西山，矢志不仕，嘗有詩曰：「氣本延年藥，心爲使氣神。能知行氣主，便是得仙人。」足以知其所養矣。吕祖遊睦，見其趨尚煙霞，授以還丹大道。此集之傳所自來也。但當年問道，應尚有秘密口訣，不能筆之于書者，所謂口口相傳不記文，今皆不可得見矣。原本多訛，今將舛音喘。錯者改正，其餘闕疑，分十八篇爲上下二卷。

題名按語

吕祖開修真工夫要訣，正陽祖師因述金丹大道，口授吕祖，吕祖集成卷，華陽真人施肩吾希聖傳之於世。

（據清乾隆本）

西山群仙會真記

目録

附　録……………………………………………………………………………一三九

前言

西山群仙會真記，和鍾呂傳道集一樣，是兩宋之際鍾呂金丹派尤其是施肩吾一系内丹學的重要著作〔一〕，是鍾呂金丹派形成過程中最重要的丹經，在内丹史和道教宗派史上具有不容忽視的奠基性地位，而且語言淺易流暢，對其後的道教哲學、丹道都産生了深遠影響。下面對作者、思想内容及版本問題加以介紹。

一、作者考辨

道藏本西山群仙會真記題「清虚洞天華陽真人施肩吾希聖撰，三仙門弟子天下都閑客李竦全美編」，這就涉及施肩吾與李竦兩個人物。有關施肩吾的情況，我們在上篇鍾呂傳道集的前言中有過專門的考辨，這裏就不再贅述了。下面就李竦的情況做一個簡單的介紹。李竦這個人，現存資料不多，但亦不蕪雜。三洞群仙録卷一四「李竦閑客」條注引指元圖序云：「僕遊江南，于南京應天遇華陽施真人肩

〔一〕朱越利鍾呂金丹派的形成年代考，天問丙戌卷，江蘇人民出版社，二〇〇六年。張廣保唐宋内丹道教，上海文化出版社，二〇〇一年。

吾希聖者，青巾紫履，皂袍寬帶，光彩射人，望之俨然可畏……遂授僕修真元圖一十五式，顯然明白，可謂真仙之秘本矣。」由文中提到的「南京應天」地名可知，李竦其人大約生活于北宋大中祥符前後。參之會真記所題作者的信息推測，施肩吾一系下應該有分支稱「三仙門」，李竦其人字全美，是施肩吾一系的弟子傳人，而其他的情況我們已無從考證。

二、思想内容

在鍾呂傳道集的整理前言中，我們已提到過，鍾呂傳道集與西山群仙會真記是鍾呂金丹派形成的重要標誌，在很大程度上標誌着鍾呂金丹派已跳出傳統的内修術，形成了自己作爲一個流派的重要的理論基礎和體系構架，爲以後内丹道的發展提供了堅實的平臺。當然，鍾呂傳道集和西山群仙會真記在一些具體的細節和强調重點上還是有一些細微的差别。但從他們開始，在人體内形成金丹的觀念和方法，在道教徒中開始真正牢固地樹立起來。下面我们就对西山群仙會真記的具體的思想内容進行一個系統的介紹。

西山群仙會真記的書名是「西山群仙對登真之道的觀點彙集」的意思，這是華陽子施肩吾對鍾呂丹道的總結提鍊。施肩吾稱：「知五行顛倒，方可入道，至於抽添，則爲有道之人也。得三田返復，方爲得道。至於超脱，則爲成道之人也；每卷五篇，應一炁純陽之義。」又説：「欲論得道而超脱者，西山十餘人矣，遂從前聖後聖秘密參同，一集五卷，取五行正體之數；每卷五篇，應一炁純陽之義。」故共二十五篇。全書的章節從「識」、「養」、「補」、「真」、「鍊」五個角度，每個角度又分五個方面，對内丹道進行了系統的闡釋。「五識」爲識道、識法、識人、識時、識物，「五養」爲養生、養形、養炁、養心、養壽，「五補」爲補内、補炁、補精、補益、補損，「五真」爲真水火、真龍虎、真丹藥、真鉛汞、真陰陽，「五鍊」爲鍊法入道、鍊形化氣、鍊氣成神、鍊神合道、鍊道入聖。

「五識」中所謂的識道，就是排斥儒佛而標舉道門爲正道：「釋子殢于頑空，乃以今世求于後世；儒者執于見在，遂以少年榮爲老年。殊不知，先聖之行道，存乎一心也。」所謂的識法，就是通過對各家功法，包括搬運、服氣、休糧、採日精月華之法、以人補人、服食外丹、多入少出聚氣成胎、澆濯以長黄芽、執静絶迹、以内視爲身如槁木心如死灰，以及開頂縮龜、住山識性、燒鍊讀誦、佈施供養的批判，説他們「皆無益也」，來標舉鍾吕道法在道門中的正統地位。實際上，這是一種批判繼承的方式。會真記所列舉的各家雜修術，都是源于古代的道經。這些道術在民間得到發揮發展，並産生各種新變。施肩吾從鍾吕丹道的立場上對這些雜修術進行了逐一的批駁，這也從一個側面上説明了鍾吕丹道正是在疏濬清理各家雜修法的基礎上形成的。識人主要説修道法要找對老師。這一節先説明「務學而不如務求師」即學道者必有師的觀點，然後列舉了張夢乾遇劉海蟾、解志一見許旌陽、王猛見長壽大仙、梅福遇大洞真君、黄帝師赤松子、劉安從王道原、陰長生師馬明生、葛稚川師鄭思遠等例子説明求道必須有師。關于識人求師，文章還提出了要「有知人之鑑」的觀點：「勿以人而廢言，防其大辯若訥者；勿以言而用人，防其善爲説辭者。或大醇而小疵，始愚而終聖。」所謂識時，指修鍊鍾吕内丹，要嚴格按照陰陽五行天干地支的時間要求進行操練，認爲「人爲萬物之貴，一氣之靈」，遵循「大運隨天」、「小運隨日」的原則，提出「鍊形住世，以氣爲先，用五行相尅之時；鍊氣超凡，以時爲先，使三田返復之候」的思想。所謂識物，是指認識内丹的真藥物。這一部分對鍾呂内丹道具有奠基意義。這一部分把外丹的修鍊術語和人體内的臟器對應結合起來，同時，這一部分把八卦、四象、龍虎等外丹燒鍊理論也挪移進鍾呂内丹道中，比如「五行顛倒術，龍從火裏出；五行不順行，虎向水中生」，並把大河車、小河車、紫河車、真鉛、真汞的理論，都對應到内丹道中，使内丹道具有了系統的物質基礎。

「五養」，是按照遞進的邏輯層層深入的。養生否定了所謂的古今以少私寡欲爲養心、絕念忘機爲養神、飲食有節爲養形、務逸有度爲養亂、入清出濁爲養氣、絕淫戒色爲養精的看法，認爲「養生之道，不在于此」，提出了善養生必須得時的觀點：「所生微也，善養者從微至著；所生小也，善養者自小及大。當旺時養而取之，當衰時養而補之」，並以「真氣隨天大運」的理念叙述了在不同的季節對心肝脾肺腎五氣的鍊養之法，以此爲「養生之道」。這裏明確提出了身爲鼎爐、心爲火的三田反復的内丹思想。養形叙述了未寒先衣、未暖先解的綢繆和春夏不慎則秋冬病、秋冬不慎則春夏患以及沐浴不可過度等思想，闡述了善養形要適度的原則，提出了「人以陽養陽，陽不耗散；以陰鍊陽，陽不損弱」、「一年内，春夏養陽，秋冬養陰，是借陰養陽，以陽消陰也。一日内，午前鍊乾以炁，前起鍊形，後起金晶，午後鍊坤以藥」的養形理念。養炁認爲，善養形還一定要重視養炁。本部分首先對保炁、換炁、聚炁、閉炁、惜炁等方法進行了批判，認爲這些法門「皆非養炁」，提出了「養炁之道，生時養之使不衰，弱時養之使不散」的適時養炁原則，提出「炁者，不可有所傷也」、「才所不敏，强思，傷也；力所不及，强舉，傷也」以及喜怒哀樂不可過度的適度養炁原則和「未鍊先採之，未採先養之」的觀點。養心認爲，人以形爲舍，心爲主。「真人上仙，教人修道，即修心也，教人修心，即修道也」，提出應該虛心、無心、定心、安心、静心、正心、清心、浄心，要求少思、少念、少欲、少事、少語、少愁、少樂、少喜、少怒、少好、少惡，「得靈光不亂，神炁不狂，方可奉道保生」的觀點。養壽提出「集靈資道，神炁相合而爲壽，定矣」的觀點，認爲「知修鍊之方，不知養壽之道，則修亦無驗」。關于養壽，提出了不多言、寢不張口、勿臨危登峻、勿玩殺看鬥、勿吊死問疾、勿卧濕當風、勿入古廟凶祠、勿戲狂禽異獸、勿對三光濡溺、綺語妄言、飲宴勿褻聖像、坐卧勿近于丘墓、不可息于枯木大樹、不可過深水大澤、不可食不時之果等注意事項。

「五補」中，補内提出，「以精爲母，以炁爲主。五臟中各有精，精中生炁；五臟中各有炁，炁中生神。欲壽無窮，長生住世，鍊精爲丹，養氣爲神」。這裏明確提出了「養」是長生之道。不過，在此基礎上，進一步提出無論是「善養命」還是「善養形」，都受到限制，還需要「補」：「五臟各有時，一臟旺而一臟弱，一炁盛而一炁衰。損有餘，補不足，五臟既和，百骸自理」。關于補内，會真記提出依據「真炁大運隨天，元炁小運隨日」，依照季節和時辰，對五臟進行補養的原理。補炁認爲，腎水生炁，但是「如煙似線」，同時，炁有受到六欲七情以及「上則重樓走失，下則金龜抛泄」的損耗，故而務必知曉補炁之道。關于補炁之道，會真記提出：「天皇聖胎秘用神訣，補炁之上法。達麼胎息至理，補炁之中法。其後因胎住息，因息就胎，扁鵲靈樞、葛洪注胎息，補炁之下法。此外皆非法也。」補精提出精之所生，概因心炁之所在的説法，云：「心炁在肝，肝自生精……心炁在肺，肺自生精……心炁在腎，腎自生精……心炁在脾，脾自生精。」認爲：「腎爲精海，心爲炁館。真精在腎，餘精自還下田；真炁在心，餘氣自朝中元。」補精的「補精説」明確反對房中，「補下精之道，非但絕色，而房中最急，慎之」，並在對所謂的上聖之「還精」之説進行肯定之後，否定了陰丹術和外丹術。補精指出，人的「精」對于人體是非常重要的，如果無故泄精，就會產生很嚴重的後果，「一泄一炁弱，百泄一神去，千泄一臟損，已至枯竭，四大無主，乃曰死矣」。所以，「真仙上聖，有還精之道」，其具體的辨法就是：「腎炁交心炁，積炁生液，如懸珠垂露，顆顆還于丹田，火候無差，自然凝結，形若彈丸，色同朱橘。炁中生炁，鍊炁成神；身外有身，超凡人聖。」補益首先列舉了多種補益之道，然後詳細闡説了以午前鍊乾、午後鍊坤的方法，最後提出「補益形者不若補益精，補益精者不若補益炁，補益炁者不若補益神。補益于神，則形炁永安」的觀點。補損認爲，男之炁、女之血都有損衰的自然之理數，提出：「一日之忌，暮無大醉；一歲之忌，暮無遠行；終身之忌，暮無燃燭行房。此補損之大略也。」要求一年四季和一日三餐，「審達五行生尅，調和其炁，無過不及，而陰陽自正，依時對節，下手行功，默契天機，混合玄理」。

「五真」中，真水火是會真記中最重要的部分，也是鍾呂内丹道得以走向成熟和獨立的關鍵支撑。首先，真水火提出：「腎，水也，水中生炁，炁爲火矣；心，火也，火中生液，液爲水矣。」這是鍾呂内丹道關于身體内水火互相轉换的基本觀點。之後，真水火提出了自然界中的「真水火」的問題：「霧露之氣，天之所出，陰而真水也」，「雲雨之氣，地之所出，陽而真火也。」這裏顯然是一種陰陽互根的觀點。真水火論真水火，當然不是爲了説明自然界中真水火的性質。它的用意是闡釋内丹修鍊中的身内的真水火：「人亦若是。受胎之初，父精母血。二炁相合，陽炁上升，心爲炁館，炁中暗藏真水在心也；陰氣下降，腎爲水府，水中暗藏真炁在腎也。」真水火認爲，人有三火八水。關于「八水」，真水火説，五臟之中的水爲初級的水，稱爲「色水」：「水者，一炁傳一炁，積炁生液，而五臟各有液，名曰色水。」對于腎中之水，真水火稱之爲「真水」：「腎炁之中，暗藏真一之水，而爲陰虎者，名曰真水。」這個真水在經過肘後飛金晶，與真火相遇之後又成爲「神水」，神水可以對有病的人治病。神水經過得病人「閉口納炁，一口復一口，定中送在病處，皆可痊安，名曰法水」。在色水、真水、神水、法水的基礎上，真水火提出「玉液還丹」的概念：「丹就真炁生，澆灌而爲沐浴之法；鍊形真炁升，還返而爲還丹之法。……是玉液還丹也。」關于「三火」，真水火提出火有民火、臣火、君火之别：「膀胱民火，腎爲臣火，心爲君火。」而「凡所無知，爲物所擾；而怒且憂者，則爲無明之火」。在分别界説身内的水火之後，真水火進一步從内丹修鍊的角度把外丹的燒丹、河車、鍊形、焚身等概念進行了嫁接挪移，搭建了内丹修鍊的基本框架：「若（筆者注：指身内之火）降而下燒丹田，一意不散，至誠守之，而曰燒鍊丹藥。火之升上，起後過雙關，而曰河車；升之前起，上過重樓，而曰鍊形；前後俱起，遍滿四大，炎炎焚身。此火之大概矣。九仙經曰：病小用水，病大用火。病大者，無常之限也，若人誤犯天神，或身不寧，急入静室，散髮披衣，閉目冥心，正坐握固，叩齒集神，升身起火，微以留息，少入遲出，默想如臍下火輪大如斗，須臾焰起，自身可比輪蓋，罩定自身，令陰鬼邪魔不敢近也。」要得這樣的「真水火」，「須是久絶嗜慾，丹元堅固」，真龍虎也是會真記中非常重要的一個章節，本部分引述了崔希範入藥鏡裏的話：「因看崔公入藥鏡，令人心地轉分明。陽龍言向離中出，陰虎還于坎上生。二物會時爲道本，五方行盡得丹名。修真上士如知此，定跨赤龍歸玉京。」這裏明確提出了會真記的「龍虎」觀念是承繼入藥鏡〔一〕的。入藥鏡中篇稱：「至遊子曰：吾得崔公之書二焉，皆言：『元炁者，鉛汞也。鍊之九轉，斯成仙矣。』」〔二〕入藥鏡的九轉之説是指採藥、木汞金鉛、至藥抽添、龍虎鉛汞、海底求陽、符星入元宮、火得純陽、陰陽拘制、奔騰瑞氣。會真記真龍虎在入藥鏡的基礎上，對内丹道的「龍虎」進一步的發揮：「腎中生炁，炁中暗藏真一之水，名曰陰虎；心中生液，液中暗藏正陽之炁，名曰陽龍。龍虎非肝肺也。」以此作爲鍾呂丹道「採取之法」，進行龍虎交會，則會成「金液玉液之還丹」。會真記提出所謂的「真龍虎」就是，金液玉液久行于經絡則變陽酥，凝于中府則積白雪，之後經過鍊質焚身，「三百日養成内丹，而命中有晶，乃得與天地齊其壽筭矣」。真丹藥立場鮮明地認爲内丹高于外丹，認爲外丹即使有功效也要憑借内丹之功，否則就會「氣弱神衰，天地秀炁，不

〔一〕入藥鏡是一部把身體作爲鼎爐，以心爲鏡、爲火，以精炁神爲藥物的鍊養著作。在一定意義上，可以把入藥鏡看作内修術嫁接外丹觀念的開始。而從入藥鏡與其後會真記和傳道集的理論比較看，後兩部丹經在大方向上的確是沿着入藥鏡指出的方向前進，只是在細節上更加系統、更加精致（參看道樞入藥鏡，上海古籍出版社，一九八九年，第三九一—三九三頁）。

〔二〕道樞入藥鏡，第三九八頁。

能停留，返爲害不細矣」。真丹藥認爲，內丹是「天地升降之宜、日月往來之數」，認爲：「內之丹藥乃爲真藥，外之丹藥止可療治病，安樂而已。內丹小則長生不老，大則超凡入聖。始乎二炁交而凝結在丹田，豈外丹之可比耶！」提出「以龍交虎媾，結成玄珠，火候無差，燒成大藥」，並指出外丹是黃帝修內丹道無功而進行的無奈嘗試：「依法行持，久不見功，蓋以日有萬機，根元不甚堅固，乃于崆峒山中，凡以內事爲法則，以金石相配合，而曰外丹。」真丹藥還指出，廣成子以朱砂鍊的九轉神丹、陳七子以七寶丹砂鍊的九轉靈丹、劉安以童便鍊的七轉還丹，都是外丹。這就對傳統各家的外丹丹藥進行了輪廓上的清算。真鉛汞以內丹爲基本框架，大量借用外丹的術語，來闡述內丹修鍊中鉛汞的真正含義。對于內丹的鉛汞，本部分做了明確的界定。腎水轉化爲「真鉛」：「腎中生炁，炁中生水，以腎水合心液之上正陽之炁，凝結于黃庭而爲丹，則曰真鉛也。」鍊養腎炁結成玄珠，還于下丹田就是身體中的「汞」。如果腎炁在下丹田能結成玄珠，那麼就是內丹形成了，但還不是「真汞」。真汞是經過腎炁入頂、真水下降的過程後，二者在十二重樓之前，按照既濟之道一升一降後，再還于下丹田，才是鍾呂內丹道的「真汞」。真陰陽首先提出了「三花」的觀念：「三華者，三陽。」所謂的「三陽」，指腎炁，此爲陰中之陽；丹中真炁，此爲真陽之陽；心液之炁，此爲陽中之陽。並提出「所貴陰盡陽純」的「純陽」觀念和通過純陽結成聖胎的觀念。真陰陽雜糅了達摩、扁鵲、葛洪等人關于胎息的說法，提出：「陰息投陽胎，而生真炁，真炁生元神，神形合爲一，與天地齊年，離而爲二，身外有身，而爲羽客仙子，不在塵世，以返三島十洲者也。」這是胎息之功。真陰陽提出，胎息的補炁之功遠勝于噏炁、行炁、收炁、養炁、運炁等各種炁法。會真記認爲：「若定百息，通關除百病。若定千息，炁血不交，陰陽自媾。若定萬息，炁住神藏，大乘之功，不可言也。」這樣的胎息之妙術，才是真陰陽。可見，會真記真陰陽的内丹功法顯然是受到了古代中醫、道教和中古以來佛教心性學説的影響。

「五鍊」中，鍊法入道認爲，從前爲了治療各種疾病而静坐鍊養之術，「皆法也，而與道不同」，「道本一陰一陽而已」。鍊法入道認爲，鍊養要突破「法」的水平達到「入道」的高度，就是要知曉每天中的四個關鍵時辰：「于一日之間，丑末寅初，陽合陰也，辰末巳初，陽交陽也，未末申初，陰合陽也，戌末亥初，陰交陰也，悟陰陽交合，何道之遠哉？」鍊形化氣中首先提出「故鍊形之道，非真炁不可」的觀點，認爲鍊形化炁之法可以分爲採炁之法和聚炁之法，在不同的時辰可分别進行聚炁還丹和收炁鍊丹。鍊形化炁指出，先前彭真人、元真人等提出的丹功，「悟其交合，而無採取之法」。鍊形化炁進一步指出，在子時到午時之間，是「炁生之時，而用聚炁還丹之法」。這時腎炁和肝炁交于心炁，可以「積炁生液，還于丹田，而曰玄珠。若火候無差，乃成大藥」。只要這顆玄珠不走失，一百天藥力可全，二百天聖胎可堅，三百天則「胎仙完而真氣生」，達到這個階段，就可以「鍊炁成神」。這是所謂的「採氣」之法。而「及自午至子，而用收炁鍊丹之法者」。在談到「收氣鍊丹」之時，鍊形化炁認爲，自午至子這個時段，把陽息投于陰胎可得金丹。但是，廣成子傳于黄帝的這個時段的「胎成息住」的功法，只是可以「留形住世」。此進火得時，亦無聚炁之法」，進而提出「于離卦採藥，乾卦進火。三百日結就内丹」的「鍊形化炁」原則。鍊炁成神認爲，「以炁鍊形，形化炁而體骨輕健」，提出「以神鍊炁，炁鍊成神」，不在乎陰交陽會，而在乎抽鉛添炁和換骨鍊形。關于鍊炁化神之法，鍊炁成神提出，在經過三百日的採藥達到「胎仙完而真氣生」之後，就不用再採藥了。應該突破肘後飛金晶之用腎炁補腦的層次，進入鍊藥的階段，「午後降真火以鍊丹藥，致陰盡陽純也」。鍊氣成神指出，用真火鍊氣是古來的法門，所謂「一燒增一炁，十燒增一神，百燒延萬年，千燒出塵世」，只是古聖賢擔心修道者太過，才推出所謂的「澆灌之法」，就是玉液還丹和金液還丹。通過澆灌之法而丹成之後，則可以用真炁鍊五臟之炁。這時，要謹守每天不同的時辰鍊養不同的臟炁，才能使真炁自聚，河車開運。如果有邪魔爲梗，可用調神出谷之法，以三昧真火驅之。最後在鍊神合道和鍊道入聖章中，會真記提出在氣滿功盈之後，進入三花聚頂和五炁朝元的狀態。但是，僅僅停留于三花聚頂和五炁朝元還未得「調神出谷」之法的妙處，因爲此時還處于陽神「因循不出」的狀態，「是爲困于昏衢」（鍊神合道）。若要陽神出，應該起真火于其中而化，火龍躍出于昏衢，「乃棄殼之法最妙者也」（鍊神合道）。至于所謂的「尸解」之術，會真記認爲是陰神出殼，「非道也」。會真記認爲，在陽神已出，所謂「真炁既成，而煅鍊陽神……功成神遷棄殼」之後，「須傳流積行于人間，行滿功成，受紫詔天書，而居洞天矣」（鍊道入聖）。這才是鍊道入聖。

三、版本考述

（一）現存版本述略

現在見到的最早的版本是收于道藏洞真部方法類中的，名爲西山群仙會真記，共五卷，二十五篇，前有華陽真人施肩吾希聖的序。每卷的卷首都題有作者信息「清虛洞天華陽真人施肩吾希聖傳，三仙門弟子天下都閑客李竦全美編」的字樣，無後記、跋等。後來，四庫全書存目叢書子部道家類據涵芬樓正統道藏本影印收載。

第二個版本收在道藏輯要翼集中，目録中作群仙會真記，正文中作西山群仙會真記，不分卷，共二十五篇，前有華陽真人施肩吾希聖的序。

第三個版本是收在道藏精華録第十集中，名爲西山群仙會真記，不分卷，共二十五篇，前有華陽真人施肩吾希聖的序，無後記、跋等，頁脚標有「守一子校正本」字樣。

第四個版本收在道藏精華第一集之六，名爲西山群仙會真記，不分卷，共二十五篇。

另外，道樞中有會真篇，是對西山群仙會真記各篇的節選。

(二)西山群仙會真記與太上玉函玄秘群書的關係考辨

中國國家圖書館藏的明抄本真仙上乘中收有太上玉函玄秘群書這一係列的書。卷末後記中有「萬曆五年九月望日重録之于養心齋文川居士」的字樣，當爲萬曆五年（一五七七）文川居士之手寫本。版式爲十行二十二—二十六字，藍格，白口，四周雙邊。後被巴蜀書社出版的藏外道書收録。從内容上看，太上玉函玄秘群書是删節版的西山群仙會真記。根據後記，此書傳自月鼎翁，即莫月鼎。

莫月鼎爲元朝著名的道士，如果此序不是托名，那麼此書就應該是元代流傳下來的。田誠陽在藏外道書書目略析中認爲：「又太上玉函玄秘群書一種，包括道書十册，查對道藏本西山群仙會真記，乃知缺少九天洞玄録與九仙秘訣兩册，而將太上老君内觀經與太上洞玄靈寶定觀經竄入頂替。卷中内丹書目，似爲全書之總目録，但與其實際書目不符，可見本書已然散亂。此本的抄寫年代，在正統道藏之後、萬曆續道藏之前，其中文本多係宋元流傳下來，且與道藏本有所不同，可作校勘，有着不可低估的古本價值。」〔一〕

但關于太上玉函玄秘群書的成書年代，還有一種可能性。後記中注明此套書重刻于萬曆年間，屬于晚明時代。明代，尤其是中晚期刻書，隨意竄改古書之風頗盛，正如四庫全書總目卷六一説：「明代刊書者往往竄亂舊本，而没所由來，諸版竞出，混淆彌甚，其風熾于萬曆以後。」曹之中國古籍版本學就舉了這樣的例子，云：「例如明杜思刻别本革朝遺忠録係由郁衮革除遺忠録改竄而成，删去郁書讚語，書首僞冠張芹備遺録、黄佐草除遺亭、敖英備遺續録三序，序文與内容毫無關係。又如明本薛暄薛子道論係由薛暄讀書録中摘出，别成一書。」〔二〕太上玉函玄秘群書這套書雖然書名不是會真記，但其命運遭際很可能就是晚明竄刻陋習的縮影。

朱越利先生在鍾吕金丹派的形成年代考中也指出：「藏外道書收録有太上玉函玄秘群書（又稱玉函秘書十種），署『清虚洞天華陽施真人集録』。太上玉函玄秘群書有序，署『清虚洞天華陽真人施

〔一〕田誠陽藏外道書書目略析，中國道教一九九五年第一期，第三七—四二頁。
〔二〕曹之中國古籍版本學（教材），武漢大學出版社，二〇〇二年，第三五〇頁。

肩吾希聖書，三山門弟子天下都閑客李竦校正』。序後列書目十種，實有書八種，闕兩種，用内觀經和定觀經頂替。太上玉函玄秘群書有文川居士于萬曆五年所題後記，稱白雲道人于永樂庚子年將此書授予其高伯祖。所謂華陽施真人集録太上玉函玄秘群書並書序，以及李竦校正之説，蓋托名。太上玉函玄秘群書的八種書蓋爲明代人撰著或編輯。」〔一〕太上玉函玄秘群書與流行的會真記出入雜糅的情況十分複雜，而且版本較早。質量雖然不高，但是文獻學的價值還是不容忽視。現介紹其框架如下。

太上玉函玄秘群書題爲「清虚洞天華陽施真人集録」。題後爲會真記序文的節選，後署名「清虚洞天華陽真人施肩吾希聖書」，「三山門弟子天下都閑客李竦校正」。署名之後開列十書目録，分別是：玉華靈書、太上隱書、太上玄鏡、上清玄格、九天洞玄録、九仙秘訣、三清真録、中黄秘訣、西山會真記、群仙通秘記。但是，叢書正文中所收書籍與其開列的十書目録並不完全一致。

第一本書爲太上玄秘玉華靈書，副標題爲修識上經，之後的正文分爲識道章、識法章、識人章，都是會真記這三章的節選。

第二部書是太上老君内觀經。

第三部書是太上洞玄靈寶定觀經。

〔一〕朱越利鍾吕金丹派的形成年代考，天問丙戌卷，第三六九頁。

第四部書是玉函玄秘太上隱書，副標題爲修識下篇。這篇文章分上下兩篇，上篇爲識時章、下篇爲識物章，内容上也是對會真記中這兩篇的節選。其中識時章只比會真記中的識時少了第一段，其他完全相同。

第五部書是石室玉函秘藏太上玄鏡，副標題爲修養篇，分爲養生篇、養形篇、養炁篇、養心篇、養壽篇，内容上是對會真記中這些篇目的節選，並在一些細微的地方有差别。如會真記養形中有「古人以陽養陽」，養形篇中爲「太虚真人曰『以陽養陽』」。養炁篇中把「太上隱書曰」改爲「太白真人曰」等。

第六部書是石室玉函秘藏上清玄格，副標題爲修補上經。正文分爲補内篇、補精篇、補炁篇，内容是對會真記相關篇目的節選，另外把會真記中的補炁和補精的順序做了調整。

第七部書是太上玉函玄秘三清真録，副標題爲修真中經。正文爲真丹藥篇、真鉛汞篇，是對會真記中相應篇目的節選和删改。

第八部書是太上玉函玄秘中黄秘訣，副標題爲修真下經，正文爲真陰陽篇，是對會真記相應篇目的節選。

第九部書是石室玉函玄秘西山群仙會真篇，副標題爲修鍊上經，正文分爲鍊法入道、鍊形化炁、鍊炁成神三部分，其中，鍊炁成神篇除了把「西山記曰」改爲「西山真人秘訣」外，全篇基本一致。

第十部書是石室玉函西山真人通玄記，副標題爲修鍊下經。正文分爲鍊神合道、鍊道入聖篇。後有文川居士寫的一個簡短的後記，記録這部書的來歷，云：「永樂庚子七月朔日，余高伯祖倥侗公于金陵旅舍偶遇白雲道人，以倥侗公神清氣爽，似有山間林下之風，因授此書十册二十五篇。相傳其師月鼎翁之秘訣也，得此可以長生，幸勿輕示與人。萬曆五年九月望日重録之于養心齋。」

與太上玉函玄秘群書中所列的十種書的目録相比，藏外道書中太上玉函玄秘群書所竄録的會真記中，没有收録九天洞玄録、九仙秘訣這兩篇。對比以上八本書所收篇目與會真記中的篇目，在石室玉函秘藏上清玄格的補兂篇後缺了補益、補損、真水火、真龍虎這幾篇。從書目順序及篇目順序看，九天洞玄録、九仙秘訣兩書中的内容當爲補益篇、補損篇、真水火篇、真龍虎篇。合起來一共二十五篇，與後記中所載相同，與會真記中的篇目也相當。

綜上所述，關于西山群仙會真記的版本問題，我們可以得出以下的結論：

首先，除道藏精華録和藏外道書明確標明版本來源外，其他都無版本來源的信息。但除藏外道書版外，從内容看差别不大，當都出自正統道藏這一系統。從内容上看，道藏精華録也極有可能出自正統道藏這一系統。

其次，太上玉函玄秘群書不論是「宋元留傳下來」的「古本」，還是明人「編輯」或「竄改」的，都與正統道藏一系有很大差别，具有很高的校勘價值。太上玉函玄秘群書本雖然本身就是殘本，相對于道藏本來説，缺失和删減的内容較多，但其中像道樞中那樣着意添加的成分很少或者説没有，除上文中提到的個别字詞的修改外，還是大致能保存原版的面貌。同時，太上玉函玄秘群書本中的一些内容和段落，可以明顯補正道藏本中的訛誤，所以，太上玉函玄秘群書本可以成爲一個重要的參校本。

總之，據上考述，本次整理，以明正統道藏本爲底本，以太上玉函玄秘群書本及道藏精華録本爲參校本；在校記中，太上玉函玄秘群書本和道藏精華録本分别簡稱爲「太上本」和「精華録本」。另外，有關西山群仙會真記的書目著録和底本之外的序跋題記均收作附録。

西山群仙會真記序

序曰：性非生知，學道者必資於切問。道難言傳，立教者不尚於明文。藏機隱〔一〕意，恐輕泄於聖言。比物囑〔二〕辭，乃密傳於達士。世有讀書而五行俱下，開卷則一覽無遺。聲名喧世，孰〔三〕知不死之方？頭角摩天，豈悟希夷之理？必也訪道尋真，求師擇友。覽仙經之萬卷，不出陰陽；得尊師之一言，自知真僞。水、火、木、金、土，五〔四〕行也，相生而爲子母，相尅而爲夫婦，舉世皆知也；明〔五〕顛倒之法，知抽添之理者，鮮矣。上中下精、炁、神，三〔六〕田

〔一〕隱：太上本作「引」。
〔二〕囑：精華録本作「屬」。
〔三〕孰：太上本作「誰」。
〔四〕五：太上本作「爲五」。
〔五〕明：太上本該字上有「而」字。
〔六〕三：太上本作「爲三」。

也。精中生炁，炁中生神，舉世皆知也〔一〕；得返復之義〔二〕，見超脱之功者，鮮矣。知五行顛倒，方可入道，至於抽添，則爲有道之人也。得三田返復，方爲得道，至於超脱，則爲成道之人也。古先〔三〕達士，無不道成，委成道者，百無一二。今來後學，徒有道名，委入道者，十無八九。欲論得道而超脱者，西山十餘人矣〔四〕，遂從前聖後聖秘密參同，一集五卷，取五行正體之數；每卷五篇，應一炁純陽之義，開明至道，演説玄機。因誦短篇〔五〕，發明鍾、吕、太上至言。庶得將來有悟〔六〕，勤而行之，繼僕以出塵寰〔七〕，爲〔八〕蓬瀛之

〔一〕也：太上本作「而」。
〔二〕義：太上本作「道」。
〔三〕先：太上本作「仙」。
〔四〕矣：太上本作「而已」。
〔五〕因誦短篇：太上本作「因集成編」。
〔六〕庶得將來有悟：太上本作「庶後人之有悟」。
〔七〕繼僕以出塵寰：太上本作「繼僕之踵，遂出塵寰之表」。
〔八〕爲：精華録本作「實爲」，太上本作「同爲」。

侶〔一〕。華陽真人〔二〕施肩吾，希聖。序。

〔一〕蓬瀛之侶：太上本作「蓬島之人」。

〔二〕華陽真人：太上本作「清虚洞天華陽真人」。

西山群仙會真記卷之一

清虚洞天華陽真人施肩吾希聖撰
三仙門弟子天下都閑客李竦全美編

識道〔一〕

葛仙翁曰：天下無二道，殊途而同歸；聖人無兩〔二〕心，百慮而一致。古今一道，聖賢同心。逮夫道原既判〔三〕，心識自〔四〕分，談道者强自分别，同流異派，摘葉尋枝，自爲見解，以獨立教門。萬物之理，既不能窮，一己之性，胡爲而盡？如釋子彈于頑空，乃以今世求於後

〔一〕識道：太上本作「識道章」。
〔二〕兩：太上本作「二」。
〔三〕判：太上本作「起」。
〔四〕自：太上本作「離」。

世，儒者執於見在，遂以少年榮爲老年。殊不知，先聖之行道，存乎一心也。

西山記曰：呂先生言：「幼習儒業，長好性宗。修天爵而棄人爵，鄙頑空而悟真空。」天爵止於人事，真空不離因緣。

葛仙翁曰：「以五常言道，止〔一〕得其緒餘；用三乘見性，難窮其根蔕。是知，道不踈於儒釋，儒釋自踈於大道。歷古及今〔二〕，聰明有識之士，莫不留心清虛，而志在玄元也。迨〔三〕以安樂延年，次以長生不死。默盜天機，當爲己用。自人昇仙而爲天官〔四〕，何止儒者之虛榮於當年？由百歲延而〔五〕及萬年〔六〕，何同釋子之因報于後世？修真者，邪正不可不〔七〕辨

〔一〕止：精華録本作「正」，疑誤。
〔二〕歷古及今：太上本作「自古」。
〔三〕迨：太上本作「一」。
〔四〕自人昇仙而爲天官：太上本作「自世人而昇爲天官」。
〔五〕延而：太上本作「而延」。
〔六〕年：太上本作「歲」。
〔七〕不：原無，據太上本、精華録本補。

也。欲識大道，三教中太上爲先。一身之外，更何求也〔一〕？」

識法〔二〕

太上隱書曰：法本無法，理歸自然。心因境亂，法本心生。立法之意，救補已失而防於未萌。故三千六百法，養命數十家。三千六百法者，十年之期。養命數十家者，天一地二、天三地四、天五地六、天七地八、天九地十。一、三、五、七、九，五行之陽數。二、四、六、八、十，五行之陰數。大道分而爲二炁，二炁裂而爲五行。大而爲天地，明而爲日月，靈而爲人，莫不稟二炁而生五行，運五行而貫三才也。

西山記曰：華佗觀五禽之戲，而作導引，以爲人之久逸，而炁滯血凝，故屈體勞形，使榮衛通暢。後人因之名爲般運，欲求超脱，誤矣。昔陳義遺女於道，久餓而學龜之吐納，得終年不死。後人因之名爲服炁，欲求丹藥，誤也。張紹審五味之亂人真液，一臟好而一臟惡，一炁盛而一炁弱，故罷五味而素且淡之。後人因以名爲休糧，誤也。劉洞知真陽真陰

〔一〕也：太上本作「乎」。

〔二〕識法：太上本作「識法章」。

有餘則引其子，不足則殺其鬼，補且瀉之也。後世因以採日精月華，取天地正炁，誤也。

昔廣成子教黃帝房中之術，恐走失真炁，而虧修養之宜。止欲禦敵可欲之境，不説採戰有功而奪婦人之炁。後人因之以謂人補人，採炁還精，損人害己，以望長生，誤也。

廣成子教黃帝依法修養，久不見功。於崆峒山凡以内事爲法則，鍊外丹以補久虚積傷之損。後人因之，以無情金石，煅鍊于煙焰之中，分胎見寶，欲餌之以求上昇或不死延年，誤也。

扁鵲解靈樞，以鼻引清炁，口吐濁炁，留之二十四息，爲一兩火，以鍊真鉛如戲蘂，而曰陽胎，鍊真汞如含蓮，而曰陰胎。胎在息住，息住神存，可以留形住世，積而入聖超凡。後人因之，以多入少出，欲聚炁爲胎，閉息爲法，誤也。

九仙經言：病大用火，病小用水。用火則納炁復升於身，真炁遍于四大，陰鬼邪魔，望之不敢近也。用水則納炁而復升於身，炁透水如湧泉，定中以意送在所病之處，炁血通流，自無滯礙。後人因之，而獨坐閉炁，以舌爲轆轤，左旋右攪，收斂餘津，漱而咽之，復隨〔一〕腸胃傳送于外，乃曰澆灌，以長黃芽，欲爲大藥，誤也。

〔一〕隨：精華録本作「從」。

通玄真經云：守無爲之道，得自然之理。清而不濁，静而後動。移神於希夷之域，保形於仁壽之途。一念不生，萬惑[一]俱息。長生延年，安閑自樂。後人因之不悟，擇[二]静絶跡，默默忘機，終年竟不見[三]功[四]，誤[五]也。

靈寶内觀經曰：外境不入，内境不出，神識自守。閉目内視，降君火于下田，布黄雲于四大。笙簧車騎，羅列往來，自得壺中之趣。後人因之，形如槁木，心若死灰，謹守頑空，失於昏寂，陰靈出于天門，止于投胎就舍，誤[六]也。

又有開頂縮龜，住山識性，燒鍊看讀，布施供養。非徒無益，而又害之。是[七]少識無

[一] 惑：太上本、精華録本作「感」。
[二] 擇：太上本作「持」。
[三] 不見：太上本作「無」。
[四] 功：太上本作「功效」。
[五] 誤：太上本作「以自悮」。
[六] 誤：太上本作「亦爲悮」。
[七] 是：太上本作「是乃」。

知之徒，自生小法旁門，互相授受，迷惑後來〔一〕，致使大〔二〕道日遠日踈。殊不知，仰視俯察，默合天地陰陽升降之宜〔三〕，日月魂魄往來之理。一炁初浮，識自己之陰陽；五行既分，交自己之水火。火中有水，水中有火。火上負陰，恍恍惚惚，其物爲真一之水；水上抱陽，杳杳冥冥，其精爲正陽之炁。二炁交媾，結成内藥，養就金丹，可爲〔四〕陸地神仙者也。

識人〔五〕

上清玄格〔六〕曰：大道似不肖，盛德若不足，韜光晦迹，自衛其身，人不知也。道未足

〔一〕後來：太上本作「後來人」。
〔二〕大：精華録本作「是」。
〔三〕宜：太上本作「理宜」，疑「理」字當爲衍文。
〔四〕可爲：太上本作「至此可爲」。
〔五〕識人：太上本作「識人章」。
〔六〕格：精華録本作「裕」，疑誤。

於己，言己輕於人，事未充於内，驕已見乎〔一〕外，好勝於人，人不知也。修真之士，識人爲先務。當其取士也，聽其言而觀其行；及其求法也，察其理而驗其功。勿以人而廢言，防其大辯若訥者；勿以言而用人，防其善爲説辭者。或大醇而小疵，始愚而終聖。修真之士，亦〔二〕有知人之鑑，不可不奉〔三〕無上之道也。

西山記曰：古今賢聖，雖有兼人之智，普照之明，未嘗不先求于人，謂務學而不如務求師。師〔四〕，人之模範也。黄帝求赤松子，半年方得中戒經，止于防外行之失。劉安王〔五〕師王道原，終年始得小術法，又不言修養之事。陰長生不以馬明生久病而怠其志，葛稚川不以鄭思遠家法而誨于人。耳朱度胡氏而始終如一，方昉遇金華而遠近相隨。張夢乾三遇海蟾，方得三乘〔六〕

〔一〕乎：太上本作「于」。
〔二〕亦：太上本作「須」。
〔三〕不奉：太上本作「无奉」。
〔四〕師：太上本作「師者」。
〔五〕劉安王：太上本作「淮南王」。
〔六〕乘：太上本作「成」。

之法；解志一一見旌陽，盡授九轉之功。王猛見長壽大仙，談笑之間而識破大道；梅福遇大洞真君，步趨之次而訣盡天機。歷古非無神仙以入南洲，然修真之士不遇者，於〔一〕識人之際不明也。其或道貌古顏，辯辭利口者，始謂得〔二〕神仙，悠久始〔三〕知常俗之輩。學〔四〕而不遇，一也〔五〕。或業重福薄，不信天機，輕命重財，甘爲下鬼。録人纖惡，棄人大善，雖見其人，不聽其言，雖聽其言，不納其理，終無所得，仙凡自隔。遇〔六〕而不得，二也〔七〕。或博學篤志，切問近思，縱得真訣，自生懈怠，悦須臾，厭持久，朝爲夕改，坐望立成。得〔八〕而不守，

〔一〕於：太上本作「在」。

〔二〕謂得：太上本作「如」，精華録本作「得謂」。

〔三〕始：太上本作「方」。

〔四〕學：太上本作「此學」。

〔五〕一也：太上本作「者也」。

〔六〕遇：太上本作「此遇」。

〔七〕二也：太上本作「者也」。

〔八〕得：太上本作「此得」。

三也〔一〕。又况交結狂徒，搜尋異論，廢時亂日，何以成功？古人上士，始也博覽丹書，次以遍參道友，以道對言，所參無異論，以人合道，所師無狂徒。嗟！愚而自專，賢否不辯；賤而自用，邪正不分。論識人之去就，不可勝舉也。故古今上聖真人，未修鍊，先修養。故曰：沐浴不可當風，若幽室静房，閉目冥心，伸身正坐，使元炁上昇，通滿四大，上入泥丸，此真沐真浴，萬倍于外之水火也。又曰〔二〕：不欲遠唾以損炁，不欲疾步以損筋，不欲極視而昏精，不欲極聽而傷腎，不欲久立而傷骨，不欲久卧而傷肉〔三〕。多睡濁神，頻醉散炁；多汗損血，力困傷形。奔車走馬，炁亂而神驚；望高〔四〕登峻〔五〕，魄散而魂飛。養形之道，安而不勞，勞而不乏其力；静而不撓，撓而不亂其炁。外有所補，内有所益，然後識五行，以保全沖和之炁。外固内真，兩皆得〔六〕趣，

〔一〕三也：太上本作「者也」。
〔二〕又曰：太上本作「通真秘訣云」。
〔三〕肉：太上本作「内」，疑誤。
〔四〕高：太上本作「遠」。
〔五〕峻：太上本作「高」。
〔六〕皆得：太上本作「得其」。

可以長久矣。

識　時〔一〕

洞玄經曰：有形者不能無名，有名者難逃於數。大則天地陰陽，昇降不失其宜；明則日月魂魄，往來自有其度。差之毫末，失之顛倒。陰陽有愆伏，則四序亂而不能生成萬物；寒暑無〔二〕代謝，則八候差而不能運轉一炁。人爲萬物之貴，一炁之靈，大則取象乎天地，無乖升降之宜，明則取法乎日月，不亂經營之度，定之以時，應之以數，於道也，夫何遠哉？

西山記曰：大道無形，生育天地，温涼寒暑，一〔三〕年一交合，交合不失其時，一年之後有〔四〕一年。大道無情，運行日月，弦望晦朔，一月一往來，往來不失其時，一月之後有〔五〕

〔一〕識時：太上本作「上篇識時章」。
〔二〕無：原無，據精華録本補。
〔三〕一：原作「以」，據太上本改。
〔四〕有：太上本作「復」。
〔五〕有：太上本作「復」。

一月。大道無名，長養萬物，勿謂春生夏長也，而梅豔菊芳，勿謂秋收冬藏也，而柏實松茂，因時日受炁，因炁發生。無知之草木如是〔一〕，最靈而爲人者，胡〔二〕不順養真性，而修鍊形軀耶〔三〕？鶴知夜半，燕識戊己，因陰感陽，緣水避土。蛇於巳日不過道，鶯於春時自出谷。無識之禽獸如是〔四〕，最貴而爲人者，何〔五〕不順時養元陽，而收藏真氣耶〔六〕？嗟，無知之徒，自炁足之後，走失耗散，八百一十丈元炁，久久而損。豈知真炁大運隨天：春在肝，夏在心，秋在肺，冬在腎。元炁小運隨日：子在腎，卯在肝，午在心，酉在肺。天地之春夏秋冬，日月之弦望晦朔，人之子午卯酉，正相合也。冬，陰也；陰中陽生而爲温，則曰春也，是陽爲主而陰爲客；陽中又陽生而爲熱，則曰夏也。夏，陽也；陽中陰生而爲凉，則曰

〔一〕如是：太上本作「尚如此而況」。
〔二〕胡：太上本作「何」。
〔三〕耶：太上本作「乎」。
〔四〕如是：太上本作「尚如此而況」。
〔五〕何：精華録本作「胡」。
〔六〕耶：太上本作「乎」。

秋也，是陰爲主而陽爲客；陰中又陰生而爲寒，則曰冬也。此天地之四時矣〔一〕。旦則暗也，魄中魂生而爲明，則曰〔二〕上弦；上弦之後，魂爲體而魄爲用，魂中又魂生而曰〔三〕望矣，望則明也。魂中魄生而爲暗，則曰〔四〕下弦；下弦之後，魄爲體而魂爲用，魄中又魄生而曰〔五〕晦矣。是〔六〕日月之四時矣。天地有三百六十日，日月有三百六十時，人有三百六十度。天地有二十四炁，日月有二十四度，人有二十四時。自子至午，炁生之時，陽也；自午至子，炁謝之時，陰也。寅、辰、午、申、子、戌，陽生之六時；卯、巳、未、酉、亥、丑，陰生之六時。甲、丙、戊、庚、壬，五行之陽時；乙、丁、己、辛、癸，五行之陰時。辰則太陽，而卯則陽明。寅則少陽，而丑則太陰。子則少陰，而亥則厥陰。戌則太陽，而酉則陽明。申則少陽，而未則太陰。午則少陰，而巳則厥

〔一〕矣：太上本作「也」。
〔二〕則曰：太上本作「爲」。
〔三〕而曰：太上本作「爲」。
〔四〕則曰：太上本作「爲」。
〔五〕曰：太上本作「爲」。
〔六〕是：太上本作「此」。

陰。午則腎炁交心炁，以下而上，三陽炁聚之時；子則心炁交腎炁，以上而下，三陰炁聚之時。魂爲陰中之陽，其炁生于卯初；魄爲陽中之陰，其炁生于酉末。養陽不在春夏，春夏所以養陽者，以炁在心與肝也；養陰不在秋冬，秋冬所以養陰者，以炁在腎與肺。夏至之後，真汞積于絳宮；冬至之後，真鉛積于丹田。木運交天靈二十五度，是時巽也，以陽交陽，當此收之而〔一〕成大藥；金運交靈符二十五度，是時〔二〕乾也，以陰交陰，當此鍊之而號還丹。鍊形起火，須在炁升之前〔三〕；聚火還元，必用〔四〕陰降之際。鍊形住世，以炁爲先，用五行相尅之時；鍊炁超凡，以時爲先，使三田返復之候〔五〕。修真之士不見功者，以旺時不收，損時不補，散時〔六〕不聚，合時〔七〕

〔一〕而：太上本作「以」。
〔二〕時：原無，據太上本補。
〔三〕前：太上本作「時前」。
〔四〕用：太上本作「在」。
〔五〕候：太上本作「後」，疑誤。
〔六〕時：太上本作「而」。
〔七〕時：太上本作「而」。

不取，無時不求，還時不鍊。不知交會之時，又無採取之法，蹉時亂日，不見尺寸之功，安得比〔一〕天地長久，日月堅固哉？

識　物〔二〕

洞天語録曰：以言言道，得其緒餘，故得道所以忘言；以象求意，得其髣髴，故得意所以忘象。然道不在言也，以先知覺後知，非言不足以求理；然意在象也，以大明決小明，非象不足以陳義。言以示其理，象以顯其義，則大道玄意，默會無象無言之間。始也詳言密語，恐彼〔三〕之不悟；比物立象，恐彼之不知。及夫目擊道存，不在言也，心同意會，不在象也。

西山記曰：形而上者道，形而下者器，上以下爲基，道以器爲用。如鍾離祕訣〔四〕曰：

〔一〕比：太上本作「與」。
〔二〕識物：太上本作「下篇識物章」。
〔三〕彼：原作「以」，據精華録本改。
〔四〕訣：太上本作「記」。

以心爲天，腎爲地，肺爲月，肝爲日，日月天地，物之大明者也。崔玄真祕訣曰：以腎氣爲嬰兒，心液爲姹女。肝炁，陰中之陽，爲日中之魂；肺氣，陽中之陰，爲月中之魄。兒女魂魄，物之靈而神者也。如心爲朱雀，腎爲玄武，肝爲青龍，肺爲白虎，亦是〔一〕四象也。

葛仙公〔二〕曰：嬰兒爲心液之上正陽之炁，姹女是腎炁之中真一之水。金公乃肺之老陽，黄婆其陽微弱，當使之復還下田。餘液是老陰，腎液到脾液，真陽近少陰，其陰衰弱，當使之復還下田。此四象之説詳矣。

太白真人曰：五行顛倒術，龍從火裏出；五行不順行，虎向水中生。龍本東方甲乙之物，而出於火中者，心液之上，正陽之炁也，則曰陽龍出自離宫；虎乃西方庚辛之物，而生於水中者，腎炁之中，真一之水也，則曰陰虎生於坎位。然而龍是陽物，昇舉〔三〕自在，而在〔四〕水中，乃陰中之陽，故比心液之上，正陽之炁也。虎是陰物，奔馳自在，而居

〔一〕亦是：太上本作「是亦」。
〔二〕公：太上本作「翁」。
〔三〕舉：太上本作「降」。
〔四〕在：太上本作「居」。

陸地，乃陽中之陰，故比腎炁之中，真一之水也。老君言〔一〕「恍恍惚惚，其中有物」者，爲〔二〕炁中之有水，而負陰者是也；「杳杳冥冥，其中有精」者，爲〔三〕液中之有炁，而抱陽者是也。

陰真君曰：北方正炁號河車。車〔四〕謂運載物於陸地，往來無窮。而曰河車者，取意於人身之内，萬陰之中，有一點元陽上升，薰蒸其胞絡。上生元炁，自腎炁傳肝炁，肝炁傳心炁，心炁傳肺炁，肺炁傳腎炁，而曰小河車也；肘後飛金晶，自尾閭冗起，從下關過中關，中關過上關，自上田至中田，中田至下田，而曰大河車也。純陰下降，真水自來；純陽上昇，真火自起。一昇一沉，相見于十二樓前，顆顆還丹，而出金光萬道，則曰紫河車也。故車行于河，如炁在血絡之中，炁中暗藏真水，如車載物。所謂河車者，詳矣。

廣成子以内事教黃帝，久不見功，乃於崆峒山鍊大藥。五金之中，鉛爲黑金，黑金之中而取

〔一〕言：太上本作「玄」。
〔二〕爲：太上本作「謂」。
〔三〕爲：太上本作「謂」。
〔四〕車：太上本作「河車者」。

銀；八石之中，砂爲赤石，赤石之中而取汞。以汞合銀爲寶，故〔一〕有鉛汞之説。鉛者，腎之所藏真炁。汞者，陰陽所合，自己之真精也。真陰真陽，以成大藥。火候無差，精變爲汞，汞變〔二〕爲砂，砂變爲丹，而曰真鉛是也。金晶肘後，飛入上宫，自頂而入下田；真火前起，昇入泥丸，自心而過重樓。一陰一陽，上水下火，而爲既濟，奔于元海，而曰紫金丹，故曰真汞者是也。此鉛汞之理詳矣。以物推求，陽比象〔三〕動，而昇舉之〔四〕。於陰比於〔五〕静，而凝滯之〔六〕。物不必多識，象不必多求。止於純陰純陽，二炁交結而爲大藥。然陽中有真陰，陰中有真陽。乃〔七〕陽交陰，陰

〔一〕故：太上本作「猶」。
〔二〕變：太上本作「變成」。
〔三〕象：太上本作「汞」。
〔四〕之：太上本該字下有「象」字。
〔五〕於：太上本作「㕣」。
〔六〕之：太上本該字下有「物」字。
〔七〕乃：太上本作「方」。

交陽，陽交陽，陰交陰，陰陽有四交也。及乎陰合陽，陽合陰，陰合陰[一]，陽合陽[二]，陰陽有四合也。四交四合，大應天地之八節，明應日月之八候。廣記多識，不止損神傷炁，而且議論差別，適以廢時亂日，終無益也。

[一] 陰合陰：太上本作「陽合陽」。

[二] 陽合陽：太上本作「陰合陰」。

西山群仙會真記卷之二

清虛洞天華陽真人施有吾希聖撰
三仙門弟子天下都閑客李竦全美編

養　生〔一〕

三無真經曰：人物異形，受生惟一。炁魂得之於天，體魄得之於地。無形無象，自空中來，即父精母血，以無爲有。三百日胎完，胎完炁足則生，是由無而有；不善養生，則以有還無矣。血炁方剛，以所有之神炁，復與於兒女；血炁既衰，將己有之魂魄，復還於天地。故生中起滅，以滅止生，炁斷神散而無生矣。善人君子，莫不欲生，而不知養生之時，以天地爲法，日月爲本：陰絶陽生，陽絶陰生，生生不〔二〕窮，天地所以長久；魄往魂來，來

〔一〕養生：太上本作「養生篇」。
〔二〕不：太上本作「無」。

往不已，日月所以長久。是知炁在養而不弱，形在養而不悴，内外養之無差，故得與天地日月同長久也。

西山記曰：古今聖賢談養生之理者，著養生論者，不爲少矣。又曰「少私寡欲」，少私寡欲者，可以養心。又曰「絶念忘機」，絶念忘機者，可以養神。又曰「飲食有節」，飲食有節者，可以養形。又曰「務逸有度」，務逸有度者，可以養亂；又曰「入清出濁」，入清出濁者，可以養炁；又曰「絶淫戒色」，絶淫戒色者，可以養精。養生之道，不在於此。所生微也，善養者從微至著；所生小也，善養者自小及大。當旺時養而取之，當衰時養而補之，如春養脾，秋養肝，夏養肺，冬養心。鍊形則起火，還丹則聚炁，此年中用月，不失養生之道也。及春夏養陽，以真炁隨天大運，在肝與心；心肝者，炁升之所。秋冬養陰，以真炁隨天大運，在肺與腎；腎肺〔一〕者，液降之所。此陰陽傳送，不失養生之道也。及腎炁生於子時，一陽生於二陰之中，當此之時，若澄心靜慮，閉目昇身，想火輪起於丹田，是炁生而養之有法也。及肝炁生於卯時，一陽生於二陰之下〔二〕。當此之時，若孤坐閉目，多入少出，存

〔一〕腎肺：太上本互乙。
〔二〕之下：太上本作「中」。

兒女相見於黄屋之中，而産就嬰兒，是陽生而養之有法也。及心炁生於午時，一陰生於二陽之中，當此之時，若志言絶念，滿口含津，攻〔一〕心炁不散，存龍虎交媾於煙焰之中，而盤金鼎奔流于下，是丹田炁生而養之有法也。及肺炁生於酉時，一陰生於二陽之上，當此之時，若閉目冥心，以腹肚微脅，存大火炙于鼎中，鼎中有三昧，炎炎不絶，三昧齊發，是陰生而養之有時也。及夫三百日胎完而真炁生，養其真炁而鍊之生神，五炁朝元，三花聚頂；五百日陽神生，養其陽神而鍊之合道。是生形已〔二〕來，養之而生真炁，自生炁以來，養之而生法身，身外有身，超凡入聖。養生之道，備於此矣。

養　形〔三〕

玉華靈書曰：神以炁爲母，炁以形爲舍。鍊炁成神，鍊形成炁。陽神未聚，三花不入泥丸；真炁未朝，五彩不生丹闕。無形籠絡，神炁兩離。故天地大也，未免輕清重濁之

〔一〕攻：太上本作「故」。
〔二〕已：太上本作「以」。
〔三〕養形：太上本作「養形篇」。

象；日月明也，難逃圓明缺暗之形。積陽生神，上以麗乎天者，星與辰也；積陰生形，下以壯乎地者，土與石也。水中炁升而爲雨爲雲，炁中水降而爲霧爲露。萬象群生，不能無形。惟人也，集靈以生，資道以成。不知養形之端，精魄耗散而陰殻空存。未死之前，已如槁木。餘喘既絶，盡爲糞壤。養形之道，可不深思？

西山記曰：仲夏仲冬之月，善養形者，處于深堂，避其大寒大熱之炁，而伏其肌膚。非特此也。先寒而衣，衣不得頓多；先暖而解，解不得頓少。久勞則安閑，以保極力之處；久逸則導引，以行稍滯之炁。暑不當風，當風則榮閉而衛結；夏不卧濕，卧濕則氣散而血注。冬不極熱，極熱則腎受虚陽，而春夏肝與心有壅蔽之疾也；夏不極涼，極涼則心抱浮寒，而秋冬肺與腎有沉滯之患也。不可極飢而食，食不過飽，飽則傷神，飢則損胃；不可極渴而[一]飲，飲不過多，多則損炁，渴則傷血。沐用旬，浴用五。夫五則五炁流傳遍，浴之榮衛通暢；旬則數滿復還，真炁在腦，沐之則耳目聰明。若頻頻浴者，血凝而炁散，雖肌體光澤，久而炁自損矣。故有癱瘓之疾者，炁不勝血，神不勝形也。若頻頻沐者，氣壅於上，腦

[一] 渴而：原無，據精華録本補。

滯于中，令人體重形疲，久而經絡不能通暢。故古人〔一〕以陽養陽，陽不耗散，以陰鍊陽，陽不損弱。如一年内〔二〕，春夏養陽，秋冬養陰，是借陰養陽，以陽消陰也。一日内，午前鍊乾以炁，前起鍊形，後起金晶；午後鍊坤以藥，有藥則聚炁鍊丹，無丹則收火煑海，皆以真陽見用于自身。不然斂身聚之，可以無中養就真炁昇身，真炁以滅魔陰焉。奉道之士，廣覽多學，徒以勞損，不知陰陽爲之總領之元也。真陰真陽爲胎，凝于丹田，次以真陰爲炁，真陽成形，身外有身，超凡入聖矣。

養炁〔三〕

太上隱書〔四〕曰：天地以清濁爲質，非炁不足以運陰陽；日月以明暗分形，非炁不足以交魂魄。以〔五〕槖籥之用，呼吸之理，是炁使之然也。禽一沖而制在炁，履空如實；魚

〔一〕古人：太上本作「太虛真人曰」。
〔二〕内：太上本作「四季」，精華録本無。
〔三〕養炁：太上本作「養炁篇」。
〔四〕太上隱書：太上本作「太白真人」。
〔五〕以：太上本作「夫」。

一躍而制在水，穿水如無。衆植[一]凋殘，獨松柏而[二]常茂者，氣堅也；群動滅寂，惟龜鶴之不悴者，氣任[三]也。形爲留炁之舍，炁爲保形之符[四]，欲留形住世，必先養炁。至大至剛，充塞乎天地之間，炁聚神靈，遨遊[五]風塵之外。善養生者養其形，善養形者養其炁。

西山記曰：古今養炁之士，不免於疾病死亡者，不知其道也。昔人以志士不語爲養炁，此保炁也，失之昏；以入清出濁爲養炁，此換炁也，失之虚。昏者炁散神狂，真靈日厭，終無所歸矣；虚者丹田無寶，徒勞而吐納，終不能住矣。多入少出，攻病可也，認爲胎息，誤矣；上咽下搐，聚炁可也，指作還丹，誤矣。綿綿若存，用之不勤，委炁而和神也；息息要住，納之不出，閉炁而鍊形也。一咽復一咽，雙收兩夾，以噓咽爲法，是借炁取水灌溉之

〔一〕植：太上本作「卉」。
〔二〕而：太上本作「之」。
〔三〕任：太上本作「在」。
〔四〕符：太上本作「府」。
〔五〕遊：太上本作「遊乎」。

術也；正坐昇身，炁滿四大，血絡通行，榮衛和暢，是布炁焚身之法也。若此皆非養炁矣。養炁之道，生時養之使不衰，弱時〔一〕養之使不散。如古行屯者，是陽初生，屈而未伸，故朝屯以取，養炁之茂也；如古行蒙者，是一陽處群陰之中，暗而不明，故暮蒙以取，求陽之義也。非特此也。才所不敏，强思，傷也；力所不及，强舉，傷也。悲哀憔悴，傷也；喜樂過度，傷也；汲汲所欲，傷也；戚戚所懷，傷也。或久談言笑，寢息失時，拽弓引弩，耽酒嘔吐，飽食便卧，跳步喘息，歡呼哭泣，陰陽不交，積傷至盡，則早亡矣。故善養者，淡然無欲，處乎寂寞之境，自有希夷之趣。冬則陽生，至春分之後，陽盛而陰散，防其餘陰入腹，而爲苦寒之疾；夏則陰生，至秋分之後，陰盛而陽散，防其餘陽入腹，而爲酷暑之患。勿觀死者，防死炁觸生炁；不近穢處，防穢炁觸真炁。真炁未壯而朝不虚，食常充口；真炁欲絶而暮不實，食常減口。然而調炁、和炁、布炁、咽炁、聚炁、行炁、保炁、换炁，皆不出養炁之道。夫〔二〕炁如線，觸之則斷；炁如煙，擾之則〔三〕散。不能養者，失保形之道。然養炁未及採藥，採藥未

〔一〕時：太上本作「而」。
〔二〕夫：太上本作「知夫」。
〔三〕則：太上本作「即」。

及鍊炁。採炁還元，結成金丹，鍊之出殼，遷變羽客〔一〕。未鍊先採之，未採先養之。

養　心〔二〕

通玄經曰：人以形爲舍，心爲主，主於國則君臣之分，主於家則父子之禮。心爲君父，炁爲臣子，身爲家國。心氣一注，無炁不從，在五行爲火，南方盛陽之精，宿應熒惑，神受朱雀。狀垂三葉，色若朱蓮。神明依泊，變化莫測。混合陰陽，大包天地，細入毫芒。制之則止，放之則狂。清静道生，濁躁神亡。但能空寂，得之有常。永保無爲，其身則昌。惟狂克念，可以作聖。惟聖罔念，可以作狂。古今達士，養以寡欲，務於至誠。真源湛然，靈光自瑩於丹臺也。不爲事惑物役，可以超凡入聖。

西山記〔三〕曰：從道受生謂之性，自一稟形謂之命，所以任〔四〕物謂之心，心有所憶謂

〔一〕羽客：太上本作「無時」。
〔二〕養心：太上本作「養心篇」。
〔三〕西山記：太上本作「海蟾真君」。
〔四〕任：太上本作「在」。

之意，意有所思謂之志，事無不周謂之智，智周萬物謂之慮，動而榮〔一〕身謂之魂，静以鎮身謂之魄，流行骨肉謂之血，保形養炁謂之精，氣清而快謂之榮，炁濁而遲謂之衛，總括百骸謂之身，衆象備見謂之形，塊然有閡謂之質，形貌可則謂之體，小大有分謂之軀，衆思不礙〔二〕謂之神，漠然變化謂之靈，炁來入身謂之生，炁去于〔三〕形謂之死，所以通生謂之道。道者，有而無形，無而有精，變化不測，通神群生。真人上仙，教人修道，即修心也，教人修心，即修道也。道不可見，因心以明之；心不可常，用道以守之。故虚心遺其實〔四〕，無心除其有也，定心令不動也，安心令不危也，静心令不亂，正心令不邪，清心令不濁，浄心令不穢。此皆已有，令以除之。心直不返復也，心平無〔五〕高下也；心明不暗昧也，心通無窒礙也。此皆固有，因以然之。又在少思、少念、少欲、少事、少語、少笑、少愁、少樂、少喜、少怒、少好、少惡，故得靈光不亂，神炁不狂，方可奉道

〔一〕榮：太上本作「营」。
〔二〕礙：太上本作「得」，疑誤。
〔三〕于：太上本作「乎」。
〔四〕實：太上本作「質」。
〔五〕無：太上本作「不」。

保生。嗟，無知者多思神殆，多念志散，多欲損炁，多事役形，多語弱炁，多笑損臟，多愁攝血，多樂溢意，多喜則交錯，多怒則百脉不定，多好則昏迷不理，多惡則憔悴無歡。故其源不潔，和炁自耗，不得延年，失於養心之故也。故古喻之如猿，狂而不定，比之如賊，盜其所有也。

養壽〔一〕

三清真録〔二〕曰：父母之真陰真陽二炁，以精血爲胞胎，胎完炁足而爲形矣。集靈資道，神炁相合而爲壽，定矣。大〔三〕壽一萬二千歲，守朴住真〔四〕，雖亡而道不亡也。中壽一千二百歲，留形住世，道在而身亦在也。下壽一百二十歲。知之修鍊，可以安樂延年，不知修鍊，走失耗散，在我者不爲我之所有，而又外觸禁忌，暗除年筭。一筭爲三百日壽，一歲爲本數之壽，一紀爲正紀之壽。無知少學，以小惡爲無傷，積惡以至於滅身，以小損爲無

〔一〕養壽：太上本作「養壽篇」。
〔二〕三清真録：太上本作「劉明真人」。
〔三〕大：太上本作「上」。
〔四〕住真：原作「任具」，據太上本改。

害，積損以至於滅生。始以減一筭，次以除本數，終以除一紀，未及中年，夭之大半。仙子真人〔一〕，憫而哀之。雖有超脱之法，必先養壽之方，審而用之，可延至大〔二〕壽。不憚修持千日，自有超凡之道。

西山記曰：雖知養生之理，不悟修行之法，則生亦不長；雖知修鍊之方，不知養壽之道，則修亦無驗。故〔三〕養壽者，凡〔四〕以禁忌而防其禍。行不多言，恐神〔五〕散而損炁；睡不張〔六〕口，恐炁泄而損神。臨危登峻〔七〕則魂飛，翫〔八〕殺看鬬則炁結，弔死問病則喜神自散，

〔一〕仙子真人：太上本作「上古至人」。
〔二〕大：太上本作「上」。
〔三〕故：太上本作「夫」。
〔四〕凡：太上本作「切」。
〔五〕神：太上本作「陽」。
〔六〕張：太上本作「開」。
〔七〕臨危登峻：太上本作「臨高」。
〔八〕翫：太上本作「觀」。

卧濕當風則真炁日弱。古廟凶祠不可〔一〕入，入之則神驚；狂禽異獸不可〔二〕戲，戲而〔三〕則神恐。對三光濡溺，折人年壽；賀四重深恩，滅人大數。飲宴于聖像之側，魂魄不安；坐卧於墓塚之間〔四〕，精神自散。枯木大樹〔五〕之下不可息，防〔六〕九〔七〕陰之炁觸人陽神；深水大澤〔八〕不可〔九〕渡，恐〔一〇〕至寒之性逼人真炁。出衆華卉不可折，防招妖狂入室；非時

〔一〕不可：太上本作「弗」。

〔二〕不可：太上本作「勿」。

〔三〕而：精華録本作「之」。

〔四〕坐卧於墓塚之間：太上本作「臨墳墓而坐卧」。

〔五〕枯木大樹：太上本作「大木」。

〔六〕防：太上本作「恐」。

〔七〕九：太上本作「大」。

〔八〕大澤：太上本作「中」。

〔九〕可：太上本作「宜」。

〔一〇〕恐：太上本作「慮」。

果實不可〔一〕食，防帶邪炁入腹。妄言綺〔二〕語，非患難不可頻説，説之減人正壽；肥甘醇酒，非會合不可頻欲，餌之除人本禄。負賢忘恩，必有禍應；輕財毁物，自無福生。大山勿深入，入之必凶；美物勿〔三〕酷愛，愛之勿吉。損人傷物，以冤報冤；嫉賢妬能〔四〕，以怨起怨。虚傳妄授，慢友輕師。此類或有觸犯，雖得正訣，遇異人，大道未就，先爲此除其壽，以罪當功，竟不能速成也。善養壽者，以法修其内，以理驗其外。修内則秘〔五〕精養炁，安魂清神，形神俱妙，與天地齊年，鍊神合道，超凡入聖也；驗外則救〔六〕貧濟〔七〕苦，慈物利〔八〕

〔一〕不可：太上本作「勿」。
〔二〕綺：太上本作「妄」。
〔三〕勿：太上本作「毋」。
〔四〕嫉賢妬能：太上本作「妬賢嫉能」。
〔五〕秘：精華録本作「閉」。
〔六〕救：太上本作「周」。
〔七〕濟：太上本作「恤」。
〔八〕利：太上本作「愛」。

人，孝于家，忠于國〔一〕，順於上，憫於下，害不就利，忙〔二〕不求閑。凡〔三〕以方便〔四〕爲心，勿以人我〔五〕介意，方始奉道，多遇至人〔六〕，自得真法。及夫下功之後，少有患難，速得圓成，然是修養所致，亦是陰德報之。苟不達養壽之宜，安得内外齊〔七〕成乎？

〔一〕孝于家忠于國：太上本作「忠君孝親」。
〔二〕忙：太上本作「冗」。
〔三〕凡：太上本作「必」。
〔四〕方便：太上本作「仁義」。
〔五〕我：太上本作「物」。
〔六〕方始奉道多遇至人：太上本作「如此必遇至人」。
〔七〕齊：太上本作「皆」。

西山群仙會真記卷之三

清虚洞天華陽真人施肩吾希聖撰
三仙門弟子天下都閑客李竦全美編

補内〔一〕

九天秘籙曰：三清之下有三太，三太之内有二儀，二儀既判而列五帝，五帝既立而同一區。此天地之内，上下有陰陽升降，東西有日月往來，周而復始，運而不已，代謝循環，終無走〔二〕失。惟人也，以精爲母，以炁爲主。五臟中各有精，精中生炁；五臟中各有炁，炁中生神。欲壽無窮〔三〕，

〔一〕補内：太上本作「補内章」。
〔二〕走：太上本作「所」。
〔三〕窮：太上本作「極」。

長生住世，鍊精爲丹，養炁爲神。真仙上聖〔一〕修真，補内〔二〕不補外〔三〕也。内真外應，無施不可，有作必成，自凡而入聖也。

西山記〔四〕曰：男子先生右腎，以外精而内血，陰爲裏也；女子先生左腎，以外血而内精，陽爲裏也。腎生脾，脾生肝，肝生肺，肺生心，心生小腸，小腸生大腸，大腸生膽，膽生膀胱〔五〕，膀胱生三元，三元生三焦，三焦生八脉，八脉生十二經，十二經生十二〔六〕絡，十二〔七〕絡生一百八十係絡，一百八十係絡生一百八十纏絡，一百八十纏絡生三萬六千孫絡，三萬六千孫絡生三百六十五骨，三百六十五骨生八萬四千毛竅，胎完炁足，靈光入體，與母分離而

〔一〕真仙上聖：太上本作「古之真仙」。
〔二〕補内：太上本作「必補内」。
〔三〕補外：太上本作「補其外」。
〔四〕西山記：太上本作「葛仙翁」。
〔五〕膽生膀胱：太上本作「膽生胃，胃生内腎，内腎生膀胱」。
〔六〕二：太上本作「五」。
〔七〕二：太上本作「五」。

爲人也。以内外言之，經絡之内而爲内，肌膚之外而爲外。養命養其〔一〕五臟，五臟爲根，根固葉自茂矣；養形養〔二〕其五炁，五炁爲源，源深流自長矣。真炁大運隨天，元炁小運隨日。春肝旺脾〔三〕弱，則養脾食甘物：五穀中粳米，五果中棗肉，五畜中牛肉，五葉中葵菜；清心無憂，憂則傷肝；隱坐避風，以肝惡風也。若日用之間，卯時以待小運，日生元炁，傳送在肝，閑居冥目〔四〕以養肝，旬日見功，目可視秋毫。若修鍊下功，不必如此。夏心旺肺〔五〕弱，則養肺食辛物：五穀中黄黍，五果中桃子，五畜中雞肉，五菜中葱菜；清心少喜，喜多〔六〕傷心；静坐避熱，以心惡熱。若日用之間，午時以待小運，日生元炁，傳送在心，絶念安居以養心，旬日見功，

〔一〕養其：太上本作「須養」。
〔二〕養其：太上本作「須養」。
〔三〕脾：太上本作「肺」。
〔四〕閑居冥目：太上本作「冥目閑居」。
〔五〕肺：太上本作「腎」。
〔六〕多：太上本作「則」。

可炁通百脉。修鍊下功，亦不必如此。秋肺旺肝〔一〕弱，則養肝食酸物：五穀中豆，五果中李子，五畜中犬肉〔二〕，五菜中藿菜；静居避寒〔三〕，寒則傷肺〔四〕；不要多悲〔五〕，悲則損肺。若日用之間，酉時以待小運，日生元炁，傳送在肺，升〔六〕身静坐以養肺，旬日見功，肌膚光澤。若修鍊下功，不必如此。冬腎旺心〔七〕弱，則養心食苦物：五穀中小麥，五果中橘子，五畜中羊肉，五菜中薤菜；清心無恐，恐則傷心〔八〕；若日用之間，子時以待小運，日生元炁，傳送在腎，斂

〔一〕肝：太上本作「心」。
〔二〕肉：原作「内」，據精華録本改。
〔三〕避寒：太上本作「惡冷避」。
〔四〕寒則傷肺：太上本作「以肺惡冷也」。
〔五〕不要多悲：太上本作「清心勿悲」。
〔六〕升：太上本作「斂」。
〔七〕心：太上本作「脾」。
〔八〕心：太上本作「腎，静坐避寒，以腎惡寒也」。

身正坐以養腎，旬日見功，丹田自暖，炁力剛健。若修鍊下功，不必如此。當四季脾旺〔一〕，養腎食鹹物。五穀中粟米，五果中山藥，五畜中豬肉，五菜中韭菜；安心無畏，畏則傷脾；靜生避濕，濕則損脾也〔二〕。若日用之間，戌辰丑未〔三〕以待小運，日生元炁，傳〔四〕送餘炁在脾；靜室〔五〕閉炁，多入少出；旬日見功，肢體光澤，經絡快暢。若修鍊下功，不必如此〔六〕。是〔七〕五臟各有時，一臟旺而〔八〕一臟弱，一炁盛而〔九〕一炁衰。損有餘，補不足〔一〇〕，五臟既和，

〔一〕脾旺：太上本作「脾旺肝弱則」。

〔二〕濕則損脾也：太上本作「以脾惡濕也」。

〔三〕未：太上本作「未時」。

〔四〕傳：該字至段末「千歲可期」，原在補炁篇「陽自陰中來」之後，據太上本移于此。

〔五〕室：太上本作「坐」。

〔六〕此：太上本作「是」。

〔七〕是：太上本作「故曰」。

〔八〕而：太上本作「則」。

〔九〕而：太上本作「則」。

〔一〇〕損有餘補不足，太上本作「若能損有餘而補不足」。

百骸自理，百骸自理，萬病不生，萬病不生〔一〕，千歲可期。

補　炁〔二〕

玉華靈書〔三〕曰：九天之上無陰，九地之下無陽。地中生陽〔四〕，一百八十日陽昇到天；其陽不過乎天者，陽自陰中來，如〔五〕陽負陰胎，陽戀陽住。陰爲陽逼，復自天來，故天中陰降，一百八十日〔六〕到地；其陰不〔七〕過乎地者，陰自陽中來，陰抱陽質，陰戀陰住。陽

〔一〕萬疾不生：太上本無此四字，而有「而」字。
〔二〕神炁：太上本作「神炁章」。
〔三〕靈書：太上本作「真人」。
〔四〕生陽：太上本作「陽生」。
〔五〕如：太上本無。又，該字下從「陽負陰胎」至篇末「此外皆非法也」，原在補精篇「左旋右盤」之後，據太上本移于此。
〔六〕日：太上本「日」字下有「陰降」二字。
〔七〕不：原無「不」字，據太上本補，上文有類似句可參照。

爲陰逼，復自地起，周而復還，並無走失，尚有震動傾側之愆，又況人腎爲水也〔一〕。水中生炁，如煙似〔二〕線，觸之則斷，撓之則散。眼、耳、鼻、舌、身、意，六慾傷於外；喜、怒、哀、樂、好、惡、思，七情傷於中。上則重樓走失，下則金龜抛泄，如漏網包風，能無損乎？不知補炁之道，如火消膏，積日復入輪回。

西山記〔三〕曰：炁本無形，必賴有形之軀。形全炁在，自可〔四〕修補，不擇老幼，所貴至誠，始終如一。天皇聖胎祕用神訣，補炁之上法。達麼胎息至理，補炁之中法。其後因胎住息，因息就胎，扁鵲靈樞、葛洪注胎息，補炁之下法。此外皆非法也。

〔一〕又況人腎爲水也：太上本作「又況人之腎爲水乎」。
〔二〕似：太上本作「如」。
〔三〕西山記：太上本作「通玄經」，精華録本作「又」。
〔四〕可：太上本作「宜」。

補精〔一〕

太上玄鏡〔二〕曰：純陽上昇者謂之炁，純陰下降者謂之液。炁液相交，注於骨絡之間者〔三〕，謂之髓。炁液相交，出於膀胱之外者〔四〕，謂之精。由則心、腎、肝、肺、脾〔五〕，五臟也〔六〕。大腸、小腸、膀胱、三焦、膽、胃，六腑也〔七〕。外則毛膚、皮髮、眼、耳、鼻、舌、手、足、榮衛、經絡、穴〔八〕，四

〔一〕補精：太上本作「補精章」。

〔二〕太上玄鏡：太上本作「通玄經」。

〔三〕間者：太上本作「内」。

〔四〕外者：太上本作「間」。

〔五〕心腎肝肺脾：太上本作「肝心脾肺腎」。

〔六〕五臟也：太上本作「爲五藏」。

〔七〕六腑也：太上本作「爲六府」。

〔八〕穴：太上本作「穴道」。

體也〔一〕。精者〔二〕，心炁在肝，肝自生精；肝精不固，目眩無光。心炁在肺，肺自生精；肺精不實，肌肉清弱〔三〕。心炁在腎，腎自生精；腎精不滿，神炁減少。心炁在脾，脾自生精；脾精不堅，髮齒自弱。五臟之中，腎爲精海，心爲炁館。真精在腎，餘精自還下田；真炁在心，餘炁自朝中元。思慮愁〔四〕惱，其耗炁〔五〕也，如漏鼎中之炁；淫邪禍亂，其走精〔六〕也，如析釜下之薪。補下精之道，非但絶色，而房中最急，慎之〔七〕。

西山記〔八〕曰：天地，萬物之盜。萬物，人之盜。蓋陽昇陰降，物受天地純粹之炁；

〔一〕四體也：太上本作「爲四體」。
〔二〕精者：太上本作「精交心炁」。
〔三〕清弱：太上本作「消瘦」。
〔四〕愁：太上本作「煩」。
〔五〕耗炁：太上本作「氣耗」。
〔六〕走精：太上本作「精走」。
〔七〕房中最急慎之：太上本作「房中之術尤宜加謹」。
〔八〕西山記：太上本作「爲彭玉真人」，「爲」字當爲衍文。

陰精〔一〕陽華，人〔二〕食萬物充實之資。一飲一食，納之于胃，與真炁相合，傳流腎府，虛炁充盈，對境生心，心火下逼，腎炁不能上昇，左旋右盤，風〔三〕急震雷，透過膀胱，變爲精華。真炁走失，而火上起，肺開心沖，肝浮膽横，萬神以真火燒之，棄體外遊，骨解〔四〕筋伸，與死無異。一泄一炁弱，百泄一神去，千泄一臓損，已〔五〕至枯竭，四大無主，乃曰死矣。故真仙上聖〔六〕，有還精〔七〕之道。若志在玄元，腎炁交心炁，積炁生液，如懸珠垂露，顆顆還于丹田，火候無差，自然凝結，形若彈丸，色同〔八〕朱橘。炁中生炁，鍊炁成神；身外有身，超凡入

〔一〕陰精：太上本作「人受陰精」。
〔二〕人：太上本作「而」。
〔三〕風：該字至段末「誰其過歟」，原在補内篇「戊辰丑未以待小運，日生元炁」之後，據太上本移于此。
〔四〕解：太上本作「鮮」，誤。
〔五〕已：太上本作「既」。
〔六〕真仙上聖：太上本作「真人上仙」。
〔七〕精：太上本作「真」。
〔八〕同：太上本作「若」。

聖。若以〔一〕未悟清〔二〕虚，甘作兒孫之牛馬〔三〕；淫邪之心未息，亦不可深究房中之術〔四〕。俱以〔五〕借其陰貌，賺心炁下入黄庭，而腎炁不能上升。乃以龍盤虎遶，欲泄之前，棄其情愛。一則孤坐斂身，雙〔六〕手抱臍，使炁結爲胎，一則升身偃脊，斂身〔七〕少時，使肘後飛入泥丸，以填血腦而百骨充盈，有返老還童之驗〔八〕矣。嗟〔九〕少學無知〔一〇〕，欲採婦女之津炁

〔一〕以：太上本作「有」。
〔二〕清：太上本作「玄」。
〔三〕牛馬：太上本作「計」。
〔四〕術：太上本作「法」。
〔五〕俱以：太上本作「但」。
〔六〕雙：太上本作「兩」。
〔七〕身：太上本作「仰」。
〔八〕驗：太上本作「証」。
〔九〕嗟：太上本作「噫」。
〔一〇〕少學無知：太上本作「不學無知之流。」

以爲陰丹，又[一]鍊無情之金石，取天地之秀炁而爲外丹，餌之[二]填精補海，幸而藥盛，而時暫[三]無損。若以元陽耗散，而丹臺空虚，餌之在腹，當有不救之疾，取之於人，當[四]有速亡之患。返以神仙之法爲誑[五]，静言思之，誰其過歟！

補益

洞神真經曰：養生之道，以不損爲要[六]；延命之術，以有補爲先。居安慮危，而防未萌。不以小惡爲無傷而不去，不以小善爲無益而不爲。起卧有四時早晚，行止有至和之常制，調和筋脉有偃仰之方，養正除邪有吐納之術，流行榮衛有補瀉之法，節宣勞逸有與奪之

〔一〕又：太上本作「又欲」。

〔二〕之：太上本作「欲以之」。

〔三〕時暫：太上本作「暫時」。

〔四〕當：太上本作「必」。

〔五〕誑：太上本作「誕」。

〔六〕要：原無，據精華録本補。

要。忍怒以全陰炁，抑喜以養陽炁，以清虛去其狂慮，以安閑養其真性。雖少年致損，炁弱體枯，年老得悟，防患補益。以炁補炁，炁自有餘；以神補神，神無不足。炁盛而形乃延長，神住而命自悠久。

西山記曰：知至道者天不殺，服元炁者地不滅。夫至道不遠，只在己身，用心精微，命自延久。六玄旨曰：欲得長生，當修所生。所生之本，始乎精炁，精炁結而爲形，形爲受命之本，炁是有形之根。故午前鍊乾，午後鍊坤，炁自腎中生，自子時爲始，午時爲終，其炁升而旺也。所以鍊乾者，静坐幽室，閉目冥心，升身勿動，使炁滿四大，薰蒸其體，榮衛通和，積日炁秀神清。及夫腎炁到心，積炁生液，液自心中生，自午時爲始，子時爲終，其液降而盛也。所以鍊坤者，閉目冥心，斂身正坐，以兩手抱腹，降心火于丹田，烹[一]蒸炁海，積日炁旺神清。此補益于炁也。冬避寒，夏避暑，寒避風，暑避熱，動勿勞其肢體，閑勿怠其肌膚。五日一浴，十日一沐。炁旺時勿動，血旺時不息。此補益于炁也。永絶嗜慾，見境不動心者，上也。借假修真，因死求生，形雖交而炁不交，體雖濁而形不濁，不得已而親婦人，勿使走失時暫。棄其情愛，抽身于後，赚心炁以補下元，可以安性命者，次也。三十歲

〔一〕烹：精華録本作「薰」。

陰陽兩停，而五穀秀炁無所制作，未免情欲，當五日一度。四十歲者，十日一度。五十歲者，二十日一度。六十歲，一月一度。六十四歲，卦盡之年，更不言度也。若高上玄元，欲求長生不死者，可不議此也。此補益于精也。補益形者不若補益精，補益精者不若補益炁，補益炁者不若補益神。補益于神，則形炁永安。古今達士，談益神之道，不爲少矣，往往不見功者，非特出至誠也，神爲主故耳。昔劉綱真人，於甲子庚申，生日本命，祭享形神，尚得神聚，長生不死。趙真人於静房空室，調神出殼，如壯士展臂，可千萬里，陰鬼不敢相干，亦得留形住世。況夫補已散之靈炁，益見在之魂神。禍福預知，神之靈也；死生永除，神之真也。補神之道，有清身養命，絶念忘思，動静不失時，修鍊應其法，丹就而炁自真，炁真而神自益矣。

補損

十洲雜記曰：純陰無陽，鬼也。純陽無陰，仙也。陰陽相雜，人也。鬼則陰靈之炁，凝而爲形。仙則陽和之炁不散，鍊而爲質。人以陽盡而爲鬼。鬼者，人之歸也。人以陰盡而爲仙。仙者，人之遷也。當其少年，陽多陰少之時，不肯修鍊。及夫老弱，氣散神衰之後，安得无損？高人上士，憂勤未補之前，戒慎補已損之後。未損者保養不至于損，已損者補益不至于虧。非大道高士，不可議此。

西山記曰：人受炁賦形，三百日胎完，與母分體，一千日乳抱，四千日盜物，取天地之計，五千〔一〕日炁足。故女子十四歲，天癸降而真陰散；男子十六歲，真精滿而陽炁泄。男子之炁，八百一十丈；女子之血，三石六斗。九九八十一，純陽之數，炁之本數也；六六三十六，純陰之數，血之本數也。過此以往，走失耗散。炁以九九而損，血以六六而竭，自然虧損，又況敗壞而不知修養乎？如王侯之府，美女兼千，卿士之家，侍妾數百，晝以醇酒淋其骨髓，夜以房室輸其血炁，耳耽目恣，偃卧不休止〔二〕，奔走不安居，而又滋味錦繡，大醉入房，不知御神保炁，居無節而精神有限，未及半百已憔悴枯朽也。故真仙上聖，凡所修養有益，惟求無損。一日之忌，暮無大醉；一歲之忌，暮無遠行；終身之忌，暮無燃燭行房。此補損之大略也。五味人不可無也，戒之偏多，酸損脾，甘損腎，鹹損心，苦損肺，辛損肝。大藥未就，尚有飢渴，一日三次要食，古人所以淡而食之。又不葷腥，恐污口腹也。五臟積滯，用六字炁治之，即黄庭圖之法也。張澄道以此留形住

〔一〕千：原作「十」，據精華録本改。

〔二〕止：原作「上」，據精華録本改。

世，王悟真以此治病延年，孫思邈以此修身治人。六字之妙：春不呼，夏不呬，冬不呵，秋不吁；四時常有唏，三焦無不足；八節不得吹，腎府難得盛。凡有餘則引其子，不足則殺其鬼。此妙古今無知者，西山上聖得其味也。不須禁忌百端，但朝不虛而暮不實，上也；素無味，淡無葷，次也。何慮四體之不充悅乎？及夫六字，炁有餘引子，不足殺鬼者，肝本吁也，餘則用吁，吁亦不能引肝炁，若引其子，則用呵字瀉心之炁，心炁既行，肝炁自傳也。若肝炁不足，則殺其鬼，肺也；肺金尅木爲妻，而金爲夫，夫乃鬼也。如肝炁弱，必是肺之有餘，必殺其鬼，用呬字瀉之。聰明之士，審達五行生尅，調和其炁，無過不及，而陰陽自正，依時對節，下手行功，默契天機，混合玄理，安有長生不得，神仙之不成耶？

西山群仙會真記卷之四

清虚洞天華陽真人施肩吾希聖撰
三仙門弟子天下都閑客李竦全美編

真水火

中黄秘訣曰：陰生水，水性常冷，而有華陽温泉濡之，不勝其暖也。陽生火，火性常熱，而有蕭丘寒焰向之，終不能暖也。外之水火尚有返復之性，内之陰陽安無顛倒之宜？如腎，水也，水中生炁，炁爲火矣；心，火也，火中生液，液爲水矣。水可以滋流百脉，火可以薰蒸四大。人之水火也，如此。

通玄論曰：道原一判而分二儀，天以乾道而輕清在上，在上以陽爲用，暗抱一點真陰在其中也。故冬至後，地中陽生，以夏至〔一〕到天，積陽所以生陰，其陰感陰，而陰不得耗

〔一〕至：原無，據精華録本補。

散，散爲霧，凝爲露，霧露之炁，天之所出陰而真水也。地以坤道而重濁在下，在下以陰爲用，暗抱一點真陽在其中也。故夏至後，天中陰降，冬至到地，積陰所以生陽，蓋其陽感陽，而陽不散耗，升爲雲，施爲雨，雲雨之炁，地之所出陽而真火也。人亦若是。受胎之初，父精母血，二炁相合。陽炁上升，心爲炁館，炁中暗藏真水在心也；陰炁下降，腎爲水府，水中暗藏真炁在腎也。不然安得腎炁到心，積炁生液，一陰生於二陽之中？心炁到腎，積液生炁，一陽生乎二陰之中也？

西山記曰：凡人有三火八水。水者，一炁傳一炁，積炁生液，而五臟各有液，名曰色水。腎炁之中，暗藏真一之水，而爲陰虎者，名曰真水。肘後飛金晶入上宫，自上而下，與真火相逢而既濟成，然名曰神水。凡有疾病，閉口納炁，一口復一口，定中送在病處，皆可痊安，名曰法水。水之爲用多矣，其名不一。丹就真炁生，澆灌而爲沐浴之法；鍊形真炁升，還返而爲還丹之法。劉海蟾言：「兩曜注成七寶殿，一渠流轉八瓊漿。」是玉液還丹也。呂公言：「水火都來相作間，卦候飛成地天泰。一升一沉陽鍊陰，陰盡方知此理深。」是上下水火既濟之候也。逍遥子曰：「法水能朝有祕關，逍遥日夜遣循環。」是法水治病也。此水之大概矣。三火者，膀胱民火，腎爲臣火，心爲君火。凡所無知，爲物所擾，而怒且憂者，則爲無明之火。若降而下燒丹田，一意不散，至誠守之，而曰燒鍊丹藥。火之升上，起後過雙關，而曰河車；昇之前起，上過重樓，而曰鍊形；前後俱起，遍滿四大，炎炎焚身。此火之大概矣。

九仙經曰：病小用水，病大用火。病大者，無常之限也。若人誤犯天神，或身不寧，急入静室，散髮披衣，閉目冥心，正坐握固，叩齒集神，升身起火，微以留息，少入遲出，默想如臍下火輪大如斗，須臾焰起，自身可比輪蓋，罩定自身，令陰鬼邪魔不敢近也。釋教降魔火，道家焚身火。凡行此火，須是久絶嗜慾，丹元堅固。不然，以水火交媾，龍虎成丹，丹就而陰靈自散，不敢近，陽神自不肯去也。神在形固，陰退炁全，炁全形堅，自可長年。

真龍虎

龍虎真丹經曰：真龍真虎所在所交之處，古今祕而不説。惟太一真書，是太上親著。又真一元解、入神玄言二集，稱龍虎真訣，一在崑崙五城之内，一在北極大淵之内，藏之玉函，刻之金札，封之以金泥，印以玉章，猛獸列衛，神人在傍，塵世無緣而知矣。

太白真人曰：五行顛倒術，龍從火裏出，五行不順行，虎向水中生。少則少矣，妙則妙矣，乃所以泄天地之機。

呂公曰：因看崔公入藥鏡，令人心地轉分明。陽龍言向離中出，陰虎還於坎上生。二物會時爲道本，五方行盡得丹名。修真上士如知此，定跨赤龍歸玉京。入藥鏡曰：腎中生炁，炁中暗藏真一之水，名曰陰虎；心中生液，液中暗藏正陽之炁，名曰陽龍。龍虎非肝肺也，乃玄之又玄，知之修鍊，而爲聖人。傳道集曰：腎炁傳心炁，積炁生液，液中有正陽之炁，名曰陽龍，是謂出於離宫；心液傳腎液，積液生氣，氣中有真一之水，名曰陰虎，是謂生于坎位。二物會時，在人生人，在己生神。龍虎，古今有識者，或以多知廣記，知其龍不在肝，而虎不在肺，如何得達交會之時，而悟採取之法，故少有不長生與升仙者，良以此也。

西山記曰：水火既濟，龍虎相交，所用不一。如腎炁傳肝炁，肝炁方生，腎之餘陰入脾，其炁過肝，爲純陽。炁中有真一之水，以到于心，積炁生液，顆顆如懸珠垂露，而還下田，更不隨溺水以傳膀胱。若用火候無差，鍊而爲一炁，炁中生炁，浩劫不死，而爲陸地神仙。是虎交于龍，以腎炁合心炁是也。及夫下火，加減有時，抽添有數，以心炁合腎炁，是龍交于虎。若以下關透而起自尾閭穴，左昇者爲龍，右起者爲虎，炁從夾脊雙關而過，至分道嶺，而陽龍之炁入内院，陰虎之炁入天池，左旋右盤，三十六數，而真水下降，如甘露入心。此是龍虎相交于上宫，又不必於心腎而有上交上合之别也。及夫胎完胎就，而真炁既生，防其大過，必濟之以水，而玉液金液還丹。及夫還丹日久，行于經絡，而變陽酥，凝于中府，而積白雪，防其大過，必舉以火，而有鍊質焚身。是知還丹之時，乃陰虎單行，而不必交于龍也，焚質之時，乃陽龍獨舉，而不必交于虎也。龍虎之功不爲小矣，所患乎不知龍虎之本也。若識龍虎之像，又知交合之時，且得採取之法，三百日養成内丹，而命中有晶，乃得與天地齊其壽筭矣。

真丹藥〔一〕

洞天語録〔二〕曰：高上元君始在塵世而流傳大道，引喻天地升降之宜，日月往來之數，而曰内丹。廣成子教黄帝依法行持〔三〕，久不見功，蓋以日有萬機，根元不甚堅固，乃于崆峒山中，凡以内事爲法則，以金石相配合，而曰外丹。内之丹藥乃爲真藥，外之丹藥止可療疾〔四〕治病，安樂而已。内丹小則長生不老〔五〕，大則超凡入聖，始乎二炁交而凝結在丹田，變精爲汞，變

〔一〕真丹藥：太上本作「真丹藥篇」。
〔二〕洞天語録：太上本作「太虚真人」。
〔三〕持：太上本作「之」。
〔四〕疾：原無，據太上本補。
〔五〕老：太上本作「死」。

炁爲砂，砂變〔一〕爲丹，形若彈丸，色同〔二〕朱橘，而真炁自生。以炁鍊炁，炁合神聚，聚〔三〕而入道，道成而入聖，聖則大而化之，無所不通，豈外丹之可〔四〕比耶〔五〕？故知真藥真丹，身外無求。

西山記〔六〕曰：以龍交虎媾，結成玄珠，火候無差，燒成大藥。真炁始生，升之可以鍊形，不避寒暑之患。真炁既聚，納之可以還丹，永除飢渴之苦。于己也豈非藥乎？及夫真炁施于人也，亦有驗矣。入水水沸，吹木木榮，變苦爲甘，改〔七〕衰爲壯，即人以療疾苦，無不痊差〔八〕，凝神以祛鬼魅，無不靈應。蓋内真而外應也，豈非謂人之藥乎？或以内事不

〔一〕砂變：太上本作「變砂」。
〔二〕同：太上本作「若」。
〔三〕聚：原無，據太上本補。
〔四〕可：太上本作「能」。
〔五〕耶：太上本作「哉」。
〔六〕西山記：太上本作「西山真人秘訣」。
〔七〕改：太上本作「變」。
〔八〕差：太上本作「安」。

修，真元不識，惟以外之無情〔一〕金石，加日添火，餌之以求超昇，誤矣〔二〕。然而古今上士，亦論外丹，非外丹不可用，如廣成子以朱砂爲丹，鍊之九轉，而曰神丹；陳七子七寶丹砂，鍊之九轉，而曰靈丹；劉安〔三〕王以童子小便〔四〕，鍊之七轉，而曰還丹。是知靈聚而爲神，神散而爲虛〔五〕，以炁還元而曰還丹，後人用之，亦有見功昇仙〔六〕者，蓋始也鍊之，而内事兼修，内外俱成，得通仙道。若以外藥獨用〔七〕，氣弱〔八〕神衰，天地秀炁，不能停留，返〔九〕

〔一〕情：原作「精」，據太上本、精華録本改。
〔二〕矣：太上本作「也」。
〔三〕劉安：太上本作「淮南」。
〔四〕童子小便：太上本作「童便」。
〔五〕虛：太上本作「靈」。
〔六〕昇仙：太上本作「而成仙」。
〔七〕外藥獨用：太上本作「獨用外藥」。
〔八〕氣弱：太上本作「至氣弱」。
〔九〕返：太上本作「其」。

爲害不細〔一〕矣。

真鉛汞〔二〕

玄洞玉詔〔三〕曰：昔廣成子教黄帝鍊外丹，方有鉛汞之物，凡以内事爲法則也。人之初生，先生腎也，腎爲北方壬癸水，在五金而爲鉛；次生心也，心爲南方丙丁火，在八石而爲砂。鉛中取銀，如腎氣之中暗藏真一之水；砂中取汞〔四〕，如心炁之中暗藏正陽之炁。蓋以外鉛〔五〕中銀而合砂中汞，自然成砂，火候合宜，煆成大寶。取類于人，則腎炁之中取真一之水，心液之上，取正陽之炁，二物合而爲丹，乃如外物見寶之比〔六〕也。

〔一〕不細：太上本作「反大」。
〔二〕真鉛汞：太上本作「真鉛汞篇」。
〔三〕玄洞玉詔：太上本作「玄洞玉詔靈篇」。
〔四〕砂中取汞：太上本作「汞中取砂」，疑誤。
〔五〕外鉛：太上本作「外之鉛」。
〔六〕乃如外物見寶之比：太上本作「非外物可比」。

傳道集〔一〕曰：抱天一之質而爲五金之首者，黑鉛也；鉛以〔二〕生銀，鉛乃銀之母。感太陽之炁而爲衆石之主者，朱砂也；砂以生汞，汞乃砂之子。難取者鉛中之銀，易失者砂中之汞。鉛汞若相合，煅鍊自成寶。此鉛汞之理見于外也。若以内言之，父母真炁，合而爲一，即精血爲胞胎，凝結爲内腎。内腎者，鉛也。及夫腎中生炁，炁中生水，以腎水合心液之上正陽之炁，凝結于黄庭而爲丹〔三〕，則曰真鉛也；以腎炁合心炁，積炁生液，結爲玄珠，方還下丹田，而曰汞也。及夫丹就，真炁升，腎炁入頂，而真水降，一升一沉，于十二樓前，而爲既濟。既濟一次，而還下丹田，故〔四〕曰真汞也。

元皇君訣曰：「鉛汞鼎中居，燒成無價珠。都來兩箇字，了得萬家書。」正一真人曰：「鉛汞傳〔五〕來幾萬秋，幾人悟得幾人修？若教此理常人會，塵世神仙似水流。」吕

〔一〕傳道集：太上本作「太虚真人」。
〔二〕鉛以：太上本作「以鉛」。
〔三〕丹：太上本作「丹藥」。
〔四〕故：太上本作「則」。
〔五〕傳：太上本作「成」。

公〔一〕曰：「金丹一粒定長生，須得真鉛鍊甲庚。火取南方赤鳳髓，水求北海黑龜精。」古今上聖〔二〕，稱説〔三〕鉛汞之理不同，其來止於鉛爲腎而真鉛爲丹，汞爲心液〔四〕而真汞爲藥〔五〕，真鉛真汞爲既濟。若憑外説，不可〔六〕中理矣。

真陰陽〔七〕

九天祕籙曰：一陰一陽之謂道，陰陽不測之謂神。物中神而大者，天得一陽以守乾道，地得一陰以守坤道。物中神而明者，日得一陽魂以道應，月得一陰魄以道致。故夏至一陰自天來，若無真陽，萬物死也不能焦枯；冬至一陽自地升，若無真陰，萬物生也不能滋

〔一〕吕公：太上本作「純陽子」。
〔二〕古今上聖：太上本作「古今」。
〔三〕稱説：太上本作「言」。
〔四〕心液：太上本作「藥」。
〔五〕藥：太上本作「既濟」。
〔六〕不可：太上本作「必不」。
〔七〕真陰陽：太上本作「古人陰陽篇」。

潤也。日有真陽，陽燧感而火出；月無真陰，故方諸取而水絕。此天地日月，至大至明，真陰真陽，豈人之不若是乎？

西山記[一]曰：腎，水也，水中生炁，名曰真火，氣中暗藏真一之水，是陰中有陽，陽中有陰也。心，火也，火中生液，名曰真水，液中暗藏正陽之炁，是陽中有陰，陰中有陽也。三華[二]者，三陽[三]：腎氣，乃陰中之陽；丹中真炁，則真陽中之陽也；心液之炁，乃陽中之陽。不說三陰也[四]，所貴陰盡陽純矣[五]。

玉皇聖胎訣言[六]：人常降心火于下田，外境不入，泯絕狂[七]慮，一炁不散，委于炁

〔一〕西山記：太上本作「西山真人秘訣」。
〔二〕華：太上本作「花」。
〔三〕三陽：太上本作「三陽之炁」。
〔四〕也：太上本作「者」。
〔五〕陽純矣：太上本作「而爲純陽也」。
〔六〕言：太上本作「曰」。
〔七〕狂：太上本作「往」。

海。腎炁不能上升，其〔一〕息漸少，縱出之，悠悠然減省也，故後聖有自然胎息矣。及〔二〕達磨胎息至理言：人之炁升，自有走失，莫若内觀諸世界，遊翫自己天宫，超〔三〕清虚妙境。其法貴乎無漏，一念不生，一意不動。無漏則善果成，不動而真聖見。而〔四〕面壁九年，氣無毫髮走失，陰靈自外〔五〕，而身外〔六〕有身。東人不悟，乃擲鉢西歸，故聖人曰〔七〕真胎息也。及扁鵲解靈樞，以冬至之後，真鉛積之一分，狀如戲蕊，而鎮丹田，今人鼻〔八〕引清炁，閉口不出，以定息二十四數爲火一兩，四十五日，火進一十六兩，而鍊就陽胎。又以夏至之

〔一〕其：太上本作「真」。
〔二〕及：太上本作「及夫」。
〔三〕超：太上本作「超升」。
〔四〕而：太上本作「故」。
〔五〕外：精華録本作「散」。
〔六〕外：原無，據太上本、精華録本補。
〔七〕故聖人曰：太上本作「此」。
〔八〕鼻：太上本作「以鼻」。

後，炁〔一〕積之三分，狀如抱卵，而鎮絳宫，亦以鼻引清炁，閉口不出，以定息二十四數爲火一兩，四十五日，火進一十六兩，而鍊陰息。以陰息投陽胎，而生真炁，真炁生元神，神形合爲一，與天地齊年，離而爲二，身外有身，而爲羽客仙子〔二〕，不在〔三〕塵世，以返三島十洲者也〔四〕。及葛洪註胎息論曰：凡胎息之要，如在母腹中，母呼即呼，母吸即吸。今人不達妙理，縱能閉之少時，隨手出之，喘息不已，非止不能留所閉之息，而又元炁損虚〔五〕，返爲外來陽炁所奪。若炁急未急之前，外〔六〕身自可停留少時，勿使大急。未〔七〕炁急之際，先鼻引〔八〕清炁一口，

〔一〕炁：太上本作「真炁」。
〔二〕羽客仙子：太上本作「神仙之流」。
〔三〕在：太上本作「在於」。
〔四〕以返三島十洲者也：太上本作「而遊于十州三島矣」。
〔五〕元炁損虚：太上本作「虚損元炁」。
〔六〕外：太上本作「升」。
〔七〕未：太上本作「于」。
〔八〕鼻引：太上本作「引鼻」。

續後便以新取之炁，換出舊閉急者之餘炁也〔一〕。故得奪住其炁〔二〕，積而神形〔三〕清爽〔四〕，可以除療百病。曲留强住，亦非自然，所以爲下等胎息。真仙上聖〔五〕，而有三品之論也。鼻引口吐〔六〕，可以去浮寒，逐客熱，衝結滯，行經絡。若定百息，通關除百病〔七〕。若定千〔八〕息，炁血不交，陰陽自媾。若定萬息，炁住〔九〕神藏，大乘之功，不可言也。補炁之道，此爲

〔一〕换出舊閉急者之餘炁也：太上本作「换出舊閉之炁急者，炁之餘炁也」。
〔二〕炁：太上本作「真炁」。
〔三〕神形：太上本互乙。
〔四〕爽：太上本作「矣」，精華録本作「爽」。
〔五〕真仙上聖：太上本作「上聖真仙」。
〔六〕吐：太上本作「炁」。
〔七〕「若定百息，通關除百病」：原無，據太上本補。
〔八〕千：原無，據太上本補。
〔九〕住：太上本作「在」。

上矣。或咽炁救飢渴，行〔一〕炁以壯肌膚，收炁補〔二〕下田，養炁以返童顔，運炁〔三〕以益血脉，雖見小功，終不及胎息之補炁得力，功速且久〔四〕也。

〔一〕行：太上本作「或行」。
〔二〕補：太上本作「以補」。
〔三〕炁：太上本作「血」，疑誤。
〔四〕功速且久：太上本作「有功之速而且久」。

西山群仙會真記卷之五

清虛洞天華陽真人施肩吾希聖撰
三仙門弟子天下都閑客李竦全美編

鍊法入道〔一〕

西山記〔二〕曰：以法入道，道故不難〔三〕，以道求仙，仙亦甚易〔四〕。求仙不難，所以難者，所學之道不正；學道不難，所以難者，所學之法不真。

〔一〕鍊法入道：太上本作「鍊法入道篇」。
〔二〕西山記：太上本作「西山真人秘訣」。
〔三〕道故不難：太上本作「爲無難」。
〔四〕仙亦甚易：太上本作「爲甚易」。

昔人隱形易貌，留炁返魂，呪白刃不傷，禁毒蟲不害，釘釘自落，履火不焦，使水逆行，迴風倒雨，結巾投地而兔走，盤帶輟針而蛇行，苽菓結實于須臾，龍魚〔一〕遨遊乎〔二〕頃刻。若此，是〔三〕其術也，而與法不同。

故昔人以冬後陽生，而春分之後餘寒〔四〕悮入腸胃，以爲傷寒之疾。既覺，急居浄室，盤膝正坐，閉目冥心，定息住炁，以雙手疊之，兜外腎，向前倒身跪禮，不過二三十度，汗出清涼，寒炁自散。昔人夢泄遺漏，或下元虛冷，乃於日落之後，静坐幽室〔五〕，以手兜外腎，以手搓臍下八十一數，搓手兜腎，兜手搓臍八十一數，九遍爲度，但左右換手而已，遂〔六〕丹元補

〔一〕龍魚：太上本互乙。
〔二〕乎：太上本作「于」。
〔三〕若此是：太上本作「若者皆」。
〔四〕寒：太上本作「陰」。
〔五〕静坐幽室：太上本作「浄室幽坐」。
〔六〕遂：太上本作「遂得」。

暖，真炁充盈。昔人以幽居静室〔一〕，絶念忘言，一向〔二〕下心火，閉目存想，如火輪炎炎，積日炁海堅固，顔色異常，日久下盡諸穢，自耐寒暑也。昔人以飲食過度，胸臆注滿，或寒熱凝滞，或痛結壅塞，當静坐，鼻引清炁，口閉不開，多入少出，攻所病之處，大緊方放其炁，不下三五次，自然消除，永絶萬病。昔人以〔三〕心上爲陽而陰不能到，以腎下爲陰而陽不能及，故湧泉之上，炁升而不降，血注而不升〔四〕，致使脚膝沉重，陰凝而陽散，又況終日奔馳，無時休息，當夜後〔五〕湯濯二〔六〕足，此外益而功少。不若高舉二足，使炁倒行流于湧泉，逆流于丹闕，即日足輕，行及奔馬，其步如飛也。昔人以四肢小疾，五臟微痾，或而凝滞壅塞，静坐澄清〔七〕，閉

〔一〕静室：太上本作「浄坐」。
〔二〕一向：太上本作「以」。
〔三〕以：原無，太上本補。
〔四〕升：太上本作「勝升」。
〔五〕後：太上本作「復以」。
〔六〕二：太上本作「其」。
〔七〕静坐澄清：太上本作「當静坐澄神」。

目絶念，運心炁于所病之處，暫閉息少時，無攻不勝。已上皆法也，而與道不同。

夫道者，無所不包，無所不通，何止爲伎藝之能，治疾病之功而已〔一〕。因術識法，因法知〔二〕道，道本一陰一陽而已。陰陽相交相合，故天地有春夏秋冬之四季，日月有弦望晦朔之四候。惟人也，於一日之間，丑末寅初，陽合陰也，辰末巳初，陽交陽也，未末申〔三〕初，陰合陽也，戌末亥初，陰交陰也。悟陰陽交合〔四〕，何道〔五〕之遠哉？

鍊形化炁〔六〕

西山記〔七〕曰：形者炁之舍，炁者形之主。借形養炁，炁壯而形固矣；運炁鍊形，

〔一〕治疾病之功而已：太上本作「而治人疾病之爲功也」。
〔二〕知：太上本作「識」。
〔三〕申：原作「甲」，據太上本、精華録本改。
〔四〕陰陽交合：太上本作「陰陽之交合」。
〔五〕何道：太上本作「夫何道」。
〔六〕鍊形化炁：太上本作「鍊形化炁篇」。
〔七〕西山記：太上本作「西山真人」。

形全而炁自真矣。故人之真炁，大運隨天，春在肝，夏在心，秋在肺，冬在腎；人之元炁，小運隨日，子在腎，卯在肝，午在心，酉在肺。古先達士〔一〕，識破天機，以炁度合天度，以日用參年用。自子至午，炁生之時，而用聚炁還丹之法；自午至子，炁散之時，而用收炁鍊丹之法。彭玉真人訣曰：午前鍊乾，午後鍊坤；自寅至午，乃昇身静坐，冥目忘言，鼻息遲遲，密想心宫，如夫婦相見之儀，久久成功，而得長生不死。昔元昉真人訣曰：自辰起不語，以舌攪上腭下腭惡濁之津咽之，而呵出心中所積喜怒哀樂之炁，真炁上升，寄留面目，以手握之。次居静室，宴坐不語，至午未之間，炁盛神昏，側卧閉口而睡。積日安樂延年，亦可留形住世。此〔二〕知其時候，悟其交合，而無採取之法也。

西山上聖〔三〕知其子時腎炁生，卯時肝炁生，午時腎炁交心炁，積炁生液，還于丹田，而

〔一〕古先達士：太上本作「先達」。
〔二〕此：太上本作「此雖」。
〔三〕西山上聖：太上本作「太白真人曰」。

曰玄珠。若火候無差，乃〔一〕成大藥。腎炁之中，暗藏真一之水，心液之上，暗藏正陽之炁，以陰抱陽，用水承炁，此大道之本，長生之藥〔二〕。如何使之不走失〔三〕？當辰巳之間，幽室静坐，神識内守，滿口含津，勿咽勿吐，鼻息少入〔四〕遲出，綿綿若存，自然二炁相交，凝結如露。一百日無差，藥力全；二百日，聖胎堅；三百日，仙完而真炁生，炁中有炁，而可〔五〕鍊炁成神。故鍾離〔六〕曰：昔有三真頌金丹六訣矣，若以修行不悟此，世人學道謾勞功。又曰：閑庭無事憶江南，華滿春城水滿潭。若見揚州風物好，是須穩駕虎龍船。此名曰龍虎交媾。又曰：採藥之法也，及自午至子，而用〔七〕收炁鍊

〔一〕乃：太上本作「方」。
〔二〕藥：太上本作「根」。
〔三〕走失：太上本作「走失者」。
〔四〕入：太上本作「入而」。
〔五〕可：太上本作「可以」。
〔六〕鍾離：太上本作「鍾離公」。
〔七〕用：太上本作「爲」。

丹之法者，而爲火候，古今不同。夫不悟真理，不識天機，而達造化之宜者，惟扁鵲解靈樞〔一〕。以鼻引清炁，入而留之，四息爲一銖，二十四銖爲一兩火。夏至之後，以巽卦運〔二〕天霐，二十五度行之，鍊真汞而爲陰胎。冬至之後〔三〕，以乾卦運〔四〕靈〔五〕符，二十五度行之，鍊真鉛而爲陽息。陽息投陰胎而變金丹，金丹一粒，可〔六〕長生不死。廣〔七〕成子教黄帝，自辰至暮，静坐忘念〔八〕，屏絶外慮，神識内守，一意不散，降心火于丹田，存臍下如浄瓶，浄瓶之中，有一珠如彈丸，用炎炎火，不計晝夜而下燒之。至于

〔一〕古今不同……扁鵲解靈樞：太上本無，與上下文意不協，疑爲他處文字錯簡于此。

〔二〕運：原在下文「天霐」之後，據太上本移于此。

〔三〕之後：原無，據太上本補。

〔四〕運：原在下文「靈符」之後，據太上本移于此。

〔五〕靈：太上本作「虚」。

〔六〕可：太上本作「可以」。

〔七〕廣：太上本該字上有「昔」字。

〔八〕念：太上本作「言」。

胎成息住，自然〔一〕不飢不渴，不畏寒暑，可以留形住世〔二〕。此〔三〕進火得時，亦〔四〕無聚炁之法。

西山有頌曰：佳人才子正當年，華落黄昏聚會難。不避主公陽欲斷，時來須索閉陽關。此戌末亥初，炁隨真液還丹之際，陰交陰而炁欲散失，當居静室，息不必閉也，但少入遲出，心火下降，至意留在丹田。恐腎炁升而不停，心火降而不住，乃微以肚腹輕脅，丹田自熱。鍊日中所得之藥，始也一百日乾卦，次一百日兑卦至乾卦，次一百日坤卦至乾卦，乾坤相見，火候無差。若此加減合宜，如説抽添，須肘後飛金晶也。故古先上聖，於離卦採藥，乾卦進火，三百日〔五〕結就内丹，而爲陸地神仙，形神俱妙，浩劫不死。故鍊形之道，非真炁不可也。

〔一〕自然：太上本作「而」。
〔二〕住世：太上本作「長年」。
〔三〕此：太上本作「此乃」。
〔四〕亦：太上本作「然」。
〔五〕三百日：太上本作「三百日内」。

鍊炁成神〔一〕

西山記〔二〕曰：以炁鍊形，形化炁而體骨輕健，入水不溺，蹈〔三〕火不熱。其大要〔四〕龍虎交媾而成大藥，火候無差以〔五〕變金丹。若以神鍊炁，炁鍊成神，非在于陽交陰會，其在于抽鉛添汞，致二八之陰消；换骨鍊形，使九三之陽長。三百日胎仙完而真炁生，不可再採藥也。肘後飛金晶，自腎後尾閭穴，升之而到夾脊，自夾脊雙關升之而至上宫，不止于腎炁補腦，而午後降真火以鍊丹藥，致陰盡陽純也〔六〕。如是子時腎炁方生，静室清心，閉目正坐，斂身而腎炁自聚，微微昇身，偃胸直腰，先到夾脊，次到上宫。自子加至辰巳，定一百

〔一〕鍊炁成神：太上本作「鍊炁成神篇」。
〔二〕西山記：太上本作「西山真人秘訣」。
〔三〕蹈：太上本作「入」。
〔四〕大要：「要」，原作「平」，據精華録本改，太上本無「大要」二字，而有「來與」二字。
〔五〕以：太上本作「要」。
〔六〕陽純也：太上本作「而爲純陽」。

日，一撞三關。而又〔一〕積心之真火，煆錬下元内丹〔二〕，陰固陽凝〔三〕，炁自紛紜。是曰〔四〕炁中有炁，前升入頂，後起入腦，前後俱起，但升身勿動，以焚身逐陰鬼。一燒增一炁，十燒增一神，百燒延萬年，千燒出塵世。古先上聖，恐火太〔五〕過，而〔六〕又有澆灌之法也。始以採藥是玉液還丹；次以肘後金晶入腦，自上田復入下田，是金液還丹之法也，以鼓兩頰而虚咽納炁是也。丹就而真炁生，以真炁錬五臟之炁。九仙經云：錬神劒金槌，本以五臟之炁。中黄經云〔七〕：閉之千息，以錬五臟。五臟各出本色炁，聚而上以朝元。三陽合而

〔一〕又：太上本作「有」。
〔二〕下元内丹：太上本作「下元之内丹」。
〔三〕凝：太上本作「損」。
〔四〕曰：原作「日」，據太上本改。
〔五〕太：原作「大」，據太上本、精華録本改。
〔六〕而：太上本作「故」。
〔七〕云：太上本作「曰」。

升之入頂，是則不出五臟，而無修鍊之時，又無煅鍊之法也。

西山有鍊炁之法，妙且玄矣。採藥進火，三百日大藥成；還丹鍊形，二百日真炁滿。大運不必隨天，但可以小運應日，閉炁鍊炁。如甲乙日鍊肝炁：甲日肝炁，先進于艮卦，閉息，至巽卦爲期，如青炁現，運而在頂；乙日養肝炁，與甲〔一〕法同，凡起火識五行生尅也。丙丁日鍊心炁：丙日心炁，先進于巽卦，閉息，至坤卦爲期，如赤炁現，運而在頂；丁日養心炁〔二〕，凡起火識五行生尅也。戊己日鍊脾炁，先進于坤卦〔三〕，春則辰時〔四〕閉息，夏則未時閉息，秋則戌時閉息，冬則丑時閉息，凡起火識五行生尅也。庚辛日鍊肺炁：庚日肺炁先進于坤卦，閉炁至乾卦爲期，如白炁現，運而在頂；辛日養肺炁〔五〕，凡起火識五行生

〔一〕甲：原作「畢」，據太上本改。
〔二〕炁：太上本該字下有「與丙法同」几字。
〔三〕坤卦：原無，據太上本補。
〔四〕時：該字下原有「一時」二字，據太上本删。
〔五〕炁：太上本該字下有「與庚法同」几字。

剋也。壬癸日鍊腎炁：壬日腎炁先進于乾卦，閉息，至艮卦爲期，如黑炁現，運而在頂；癸日養腎炁〔一〕，凡起火識五行生剋也。十日一翻，鍊遍五臟，凡二百五十日，各鍊二〔二〕十五數，真炁自聚，開河車，搬五彩之物，笙簧女樂，車馬旌旗，各分方號隊陣，喜笑熙熙，上朝帝闕，共入天宫。或而陰鬼作梗，邪魔爲障，但于静室中閉目冥心，升身正坐，三昧真火自起，一燒而魔鬼消散。火過清涼，了無一物，前件侍從歌樂，轉加繁盛。終日默坐，内觀明達，並無厭足，奇驗異證，不可備録。既覺身形常似飛騰〔三〕，意氣飄揚，難以制禦，常〔四〕用調神出殼，乃超凡入聖〔五〕之時也。

〔一〕炁：太上本該字下有「與壬法同」几字。
〔二〕二：太上本誤作「一」。
〔三〕飛騰：太上本互乙。
〔四〕常：太上本作「則」。
〔五〕乃超凡入聖：太上本作「爲入聖超凡」。

鍊神合道〔一〕

西山記〔二〕曰：修真之士，志在玄元，而甘寂寞。一日炁滿功盈，五炁朝元，三花聚頂，血凝炁聚，萬神朝真，併在上宫，富貴華盛，樓臺車馬，士女笙簧，殆非人世所有，勿得認爲真境，是自身上宫〔三〕，未能超脱内院，因循不出，是爲〔四〕困在昏衢。形神俱妙，不能超脱，止〔五〕爲陸地神仙，難以棄殼而返十洲三島。西山上聖，前功已滿，而出殼之法，不可不備録詳記也。

昔海蟾公功滿數足，陽神欲出，方在上宫，而静室孤坐，如鶴出天門，龍升舊穴，猛撞天門自開，棄殼而去。鍾離公功滿數足，静坐〔六〕内觀，如登七級寶臺，自下而上，一級至一

〔一〕鍊神合道：太上本作「鍊神合道篇」。

〔二〕西山記：太上本作「西山真人」。

〔三〕是自身上宫：太上本作「夫身入上宫」，此句及以下共四十四字太上本錯簡于下文「與凡俗異處」句後。

〔四〕爲：太上本作「謂」。

〔五〕止：太上本作「正」，疑誤。

〔六〕坐：太上本作「室」。

級，上到盡時〔一〕；勿〔二〕怱怱，則戀〔三〕殼不出，止爲陸地神仙。登之既盡，閉目下跳，如夢中方寐，身外有身，如嬰兒大，瑩潔可愛；勿得遠遊，速須復入本軀。入〔四〕而不出，與天地齊年；出而不入，與凡俗異處。呂公出法，七層寶臺〔五〕，三級紅樓，一如鍾離之法，方當内觀，紫河車搬神上入天宮，留戀紫華而不肯超出，故起真火，而於煙焰中化一火龍，躍出昏衢，乃棄殼之法最妙者也。世祖禪師，雖無火候，而陰靈亦不散，方在内觀，而于定中以神磬聲而〔六〕去〔七〕。此止可出而不見入法也。昔達磨、六祖禪師，雖是陰神出殼，始以形如槁木，心若死灰，集神既聚，一意不散，神識内守，從心地踴起，一升復一升，直

〔一〕上到盡時：原作「上盡到時」，據太上本改。
〔二〕勿：太上本作「忽」。
〔三〕戀：原作「變」，據太上本改。
〔四〕入：太上本作「夫入」，且「入」及以下共十八字錯簡入「調神出殼」句後。
〔五〕七層寶臺：太上本作「如登七層寶臺」。
〔六〕而：精華録本作「爲」。
〔七〕去：太上本作「出」。

過三十三天，化樂天宮，如道家之在上宮也。當跪禮前進，從三門之中，中門而出。此亦出而不能入也。

西山上聖，功滿數足，其出也，雖不離内觀中起火〔一〕，歌樂中過門〔二〕。故起火是搬神入頂，過門是〔三〕調神出殼。方在内觀起火之後，想鬧華深處，有孤村寮舍三二間，始自彼中出，既遠既近，而迴望故園，依依寥落。欲去不可回視，欲來則不可錯路。聖聖相傳，皆得棄殼而無難易也。頌曰：功成須是出神京，内境繁華勿累身。回望故園風物好，鬧華深處有孤村。嗟夫！少學無知之徒〔四〕，止於定中而出陰神，一日悮出天門，不能回返本軀，名〔五〕曰尸解坐化，迷惑世人，深爲有識者之所笑〔六〕也。

〔一〕火：原作「大」，據太上本、精華録本改。
〔二〕歌樂中過門：太上本作「歌樂過中門」，疑誤。
〔三〕是：精華録本作「時」。
〔四〕徒：太上本作「輩」。
〔五〕名：太上本作「則」。
〔六〕笑：太上本作「嘆」。

鍊道入聖〔一〕

洞天語録曰：世人不悟大理，以塵世石火電光中〔二〕暫榮暫貴，役使心緒無定〔三〕。一日〔四〕氣弱而病，氣絶而死，轉轉不悟。流身異類，透靈于别殼，終不達生死之宜。夫修養真氣，真氣既成，而煅鍊陽神，陽神既出，得離塵世，方居三島。功成神遷棄殼，須傳流積行于人間。行滿功成，受紫詔天書，而居洞天矣。稚川受道記曰：道成之人，不可不傳，傳之非人，禍及七祖；得人不傳，災臨己身〔五〕。赤松子戒黄帝曰：道不可私求，必以物將其理，當信金而示不變也。

西山記曰：所爲捨施者，表其受道之人誠心也。大則捨一身，中則捨兒孫，下則捨田

〔一〕鍊道入聖：太上本作「鍊聖入道篇」。精華録本誤爲「鍊神合道」。

〔二〕中：太上本作「之中」。

〔三〕役使心緒無定：太上本作「役使心神使無定所」。

〔四〕日：太上本作「旦」。

〔五〕己身：太上本作「自己」。

宅。上則捨施于有道之人，中則捨施于有法之人，下則捨施于有術之人也。茅真君戒曰：傳道之人，必欲與先聖立教。遇有志之士，勿謂無信金而不傳〔一〕，遇無志之士，勿謂得信金而强與〔二〕，非特墜教墜道〔三〕，而又彼此皆無益也〔四〕。玉真人請益元德真君曰：上仙入南洲傳道立教，必欲立盟誓，出金玉者，何也？真君曰：蓋南洲之人，孽重福薄，不信天機，輕命重財，願爲下鬼。若不立信金，彼必有反慮；若不設盟誓，彼必輕泄。故取之以金，表其不變。嗟夫！人居大衆，萬中無一人奉心清虛；清虛，萬中無一人志誠；志誠，萬中無一人明者。明破天機，而輕于財貨，委于性命，留意者少矣。蓋其人假道求財，誑惑有志之士，致使信心者見道流棄之，遂使高道之士，束手鉗口，見死不救。若奉道〔五〕之士，

〔一〕勿謂無信金而不傳：太上本作「不得不傳」。
〔二〕勿謂得信金而强與：太上本作「不可强與」。
〔三〕墜教墜道：太上本作「墜乎教道」。
〔四〕皆無益也：太上本作「皆有損而無益也。」
〔五〕若奉道：太上本作「脩真」。

識人而知其賢愚，受[一]法而知其邪正，節次得事[二]，續續有功，使泰華爲金[三]，未可[四]酬師友之一二也。

〔一〕受：太上本作「見」。
〔二〕事：太上本作「驗」。
〔三〕使泰華爲金：太上本作「雖使金如泰華」。
〔四〕可：太上本作「可以」。

附録

一、書目著録

南宋陳振孫直齋書録解題卷一二神仙類

西山群仙會真記五卷，九江施肩吾希聖撰。唐有施肩吾，能詩，元和中進士也。而曾慥集仙傳稱吕巖之後有施肩吾者撰會真記，蓋别是一人也。

（據一九八七年上海古籍出版社版徐小蠻、顧美華點校本）

元馬端臨文獻通考卷二二五經籍考

西山群仙會真記五卷，陳氏曰：九江施肩吾希聖撰。唐有施肩吾，能詩，元和中進士也。而曾慥集仙傳稱吕岩之後有施肩吾，撰會真記，蓋别是壹人也。晁氏曰：言鍊養形炁，補毓精神，成内丹之法。凡三十五篇。

（據一九八六年中華書局影印本）

明白雲霽道藏目録詳註卷一

西山群仙會真記，卷一之五，清虚洞天華陽真人施肩吾希聖傳，三仙門弟子天下都閑客李竦全美編。識道、識法、識人、識時、識物等論，又言養生、養形、養氣、養壽等論，又補内、補炁、補精、補益、補損等論，又真水火、真龍虎、真丹藥、真鉛汞、真陰陽等論，鍊法入道、鍊形化氣、鍊炁成神、鍊神合道、鍊道入聖等論。

（據一九八八年文物出版社、上海書店、天津古籍出版社道藏本）

清紀昀欽定四庫全書總目提要卷一四七子部五十七

西山群仙會真記五卷，舊本題華陽真人施肩吾撰。肩吾字希聖，洪州人，唐元和十年進士。隱洪州之西山，好事者以爲仙去。此書中引海蟾子語。海蟾子劉操，遼時燕山人，在肩吾之後遠矣，殆金元間道流所依托也。其書凡五卷，卷各五篇，曰識道、識法、識人、識時、識物，曰養生、養形、養氣、養心、養壽，曰補内、補氣、補精、補益、補損，曰真水火、真龍虎、真丹藥、真鉛汞、真陰陽，曰鍊法入道、鍊形化氣、鍊氣成神、鍊神合道、鍊道入聖。其大旨本於參同契，附會周易，參以醫經。戒人溺房帷，餌金石，收心斂氣，存神固命，有合於清净之旨，猶道書之不甚荒唐者。

（據一九九七年中華書局整理本）

二、序跋題記

太上玉函玄秘群書本西山群仙會真記後記

永樂庚子七月朔日，余高伯祖倥侗公于金陵旅舍偶遇白雲道人，以倥侗公神清氣爽，似有山間林下之風，因授此書十册二十五篇。相傳其師月鼎翁之秘訣也，得此可以長生，幸勿輕示與人。萬曆五年九月望日重録之於養心齋。

（據一九九二年巴蜀書社藏外道書本）

附録　題施肩吾撰其他丹經

目録

前言

本附録所收道藏中所見施肩吾丹經俱以三家本道藏（文物出版社、上海書店、天津古籍出版社，一九八八年）爲底本，以丹經在道藏中出現的先後爲序。關于道經作者歸屬，主要依據這些道經題名、序、跋中的明確記述。未明言者，整理者在經後加按語進行簡要的説明。在前五篇經文之前，摘録任繼愈主編道藏提要（中國社會科學出版社，二〇〇五年第三次修訂本）的經文提要，供讀者參考。

黄帝陰符經集解

赤松子、子房真人張良、太極左仙翁葛玄、西山真人許遜、正陽真人鍾離權、純陽真人吕巖、華陽真人施肩吾、至一真人崔明公、海蟾真人劉玄英、清虚真人曹道沖。

（黄帝陰符經集解三卷，道藏作一卷。原題「赤松子、子房真人張良、太極左仙翁葛玄、西山真人許遜、正陽真人鍾離權、純陽真人吕巖、華陽真人施肩吾、至一真人崔明公、海蟾真人劉玄英、清虚真人曹道沖」，共十人，故又稱「十真集解」。然而是書實際爲南宋道流所爲。篇中屢次引用葛玄、張良、赤松子、許遜、施肩吾等七言頌語以及滿庭芳、玉堂春之類詞牌，其爲依託甚明。所引張良注文皆不見於七家注本。引「淑真曰」一條，不見於袁淑真集解。其注主於内丹，言性命兼修，鍊精化氣之旨，蓋出於全真道士之手。考道藏餘字號唐淳陰符經注已引用「吕真人」、「施真人」、「袁淑真人」注語，該書亦主内丹，卷前有金哀宗正大己丑（一二二九年）孟綽然序，則此本成書年代亦當在南宋。是書經文用三百字本，分三章，亦與唐淳注同。道藏提要，第一一一號）

鍾離真人曰：黄者中央之色，帝者君主之名，中以統於五行，帝以治於萬物。陰者性之宗，符者命之本。此陰符之旨。内以修身，外治家國，包羅天地，總御群方，古今得道仙真，皆因此義以至於无爲矣。

張子房頌曰：要知天五是中黄，帝君元始法中王。仙真盡達陰符理，治國修身入聖鄉。曹真人青霄樂云：心爲君主象中黄，神用無私帝道昌。陰是性宗鉛可貴，録名天寶命符陽。經垂法教開方便，普濟群迷作巨航。只候行成功滿足，十洲仙島是家鄉。

卷上　神仙抱一演道章

吕真人曰：天一生水，地二生火，在人謂之精。神生於道，形本生於精，守而勿失，與玄爲一，則精神合而不離矣。以精集神，以神御炁，鍊神合道，與天長久。故道經曰：抱一能無離乎？又曰：抱一爲天下式。昔廣成子誡黄帝曰：无勞汝形，无摇汝精，少思寡欲，迺可長生。此即神仙抱一旨歸也。

葛仙翁頌曰：混沌玄黄啓肇生，扶持造化立乾坤。學人要覓長生道，太一含真即是真。崔明公臨江仙云：一炁靈根爲命祖，專心抱守玄真。杳冥之内隱元精，至人先務本，本立道基成。蚌裹藏珠川景媚，石中蘊玉山榮。地天長久爲何因？都緣懷道德，亘劫自清寧。

觀天之道，執天之行，盡矣。

鍾離曰：大道无形，視聽不可以見聞；大道无名，度數不可以籌算。資道生形，因形立名。名之大者，天地也。即天地上下之位，而知大道之高卑。即陰陽終始之期，而知大道之前後。冬至則地中陽升，五日一候，三候一炁，經六炁而至春分，是時陽升入陽位；又六炁而之夏至，迺陽升到天，太極而生陰，陰以杳冥，抱陽而下降。夏至則天中陰降，經六炁而至秋分，是時陰降入陰位；又六炁而之冬至，迺陰降到地，太極而生陽，陽以恍惚，負陰而上升。升降不失其道，是以天地長久。惟人也，集靈以生，資道而立，體天法道，調運陰陽以心腎，方合天地上下之位。用炁液比陰陽升降之儀，將一日效一年，使一時象一月，養命按法，下功依時，陰陽交合，不失其道，亦當與天地齊其堅固，而同得長久矣。執者，持也。觀天持法，依令而行，萬事皆畢。故曰：觀天之道，執天之行，盡矣。

赤松子頌曰：天道无言運四時，雲行雨施物咸資。洞觀玄象依天令，體此修真合聖機。劉海蟾亭前柳云：天道乾元，覆蔭无偏，列宿瑩高懸。冬至陽生地，夏中液降於天。烏兔精華往復，迺行運虛璇。體道觀天，名照了四時八節，要精研。作用日爲年。進火中宵子，有時添汞抽鉛，鍊就金丹大藥，方號神仙。

天有五賊，見之者昌。

赤松子曰：五賊者，五行也，在天爲五星，在人爲五臟，於眼爲五色，於耳爲五聲，以至鼻之五香，舌之五味，身之五觸，心之五毒，皆曰五賊。賊者，害也。此五行之炁，各懷生殺，順則吉，逆則凶。天時順則四序調和，安寧豐泰；逆則兵飢、水旱、蝗疫爲災。人有五賊，只在于心。心正則柔和慈善真清，行之則吉；心亂則剛戾狠疾婬濁，行之則凶。見者，覺也，覺了明悟，則身心康寧。故曰：天有五賊，見之者昌。

劉海蟾頌曰：五賊縱横遍萬方，木金水火及中央。剪除戎馬妖氛息，見之天下永寧昌。崔明公蘇幕遮云：五賊機，无形影，苦惱蒼生，遞代相吞併。一藏虧時一藏勝，僨壞形軀，只爲陰多盛。脾旺時，當補腎，貪欲无明、欺妬都除泯。照見皆空亡五藴，性命延昌，堅久如天永。

五賊在心，施行於天。

子房曰：五賊謂賊命、賊物、賊功、賊時、賊神是也。此五賊在心，杳无形迹，覺而悟之，名为照了，自然神定炁和，无諸滯礙，施行法象，與天同然。

宇宙在乎手，萬化生乎身。

劉海蟾曰：先觀天道，次明五賊，作用施行，契合天命。雖宇宙之大，不離掌握；萬化雖衆，亦生乎身。

吕真人頌曰：心鏡澄清瑩且明，施行功業契天星。剛柔宇宙存乎掌，萬化生成只在身。施真人卜算子云：心鏡澄澄瑩，五賊皆除泯。天道行時即使行，保命也如天永。宇宙乾坤柄，掌握文明定。萬化生成只在身，抱一功神聖。

天性，人也；人心，機也。立天之道，以定人也。

崔明公曰：天性人心，本乎一也。天道虚无湛然，人心本源同此。經以天性喻於人心，指使人心合於天機也。立天之道者，陰陽也。立人之道者，仁義也。仁義忠信，樂善不倦，是謂天爵。先修天爵以積其行，次體天道以累其功。功之至妙，无若抱一也。

子房曰：經言，天性，人也；人心，機也。而不曰人心天也者，蓋明萬物皆出於機，皆入於機也。

許真人頌曰：皇天本性化生人，天性人心一體靈。善行果圓功滿足，南宫標列是仙名。葛仙翁西江月云：大道无形无相，生天生地生人。人心天性體同靈，恬淡无爲真本。上士體天行道，道成豈懼朝昏。善功圓滿吉祥臻，七祖超騰妙境。

天發殺機，龍蛇起陸；人發殺機，天地反覆。

子房曰：天道生殺者，皆合其機，非妄動也。殺謂以陽隨陰，機謂適時而變。如春分之時，四陽發生，二陰衰弱，即天道宣行號令，雷乃發聲，聲震徹重泉，驚蟄萬物，使一切龍蛇蟄藏之類，皆起於陸，此則天發殺機也。愚人不知天道，恣發狂機，貪利干名，傾人害物，則天道報應，灾殃禍亂及於身，是謂天地反覆也。

劉海蟾曰：自「天性，人也」至「以定人也」，道之常也；自「天發殺機」至「天地反覆」，道之變也。常者，所以守剛柔而立；變者，所以運陰陽而適時也。

施真人頌曰：雷聲虩虩動天威，驚蟄龍蛇萬物齊。此是玄機真造化，能明此道合希夷。許真人頌曰：人發狂機禍立生，傾危都爲虐生靈。悲思喪國亡家者，金谷章華尚未醒。呂真人臨江仙云：晷運推移從復卦，四陽令屆春分。天威鼓物以雷霆。龍蛇皆起陸，藏蟄盡甦驚。下士豈知天道意，狂謀利祿營營。坑人損物害生靈。餘殃不可逭，顛覆自危傾。

天人合發，萬變定基。

許真人曰：天得一以清，人得一以生。天人用機，造化无異，故曰「天人合發」，即合道機。與天相契，則萬種塵緣皆息於心，故曰「萬變定基」也。

性有巧拙，可以伏藏。

曹道沖曰：大巧莫巧於造化，而莫知所爲，豈不似拙？經曰「性有巧拙，可以伏藏」，老子曰「大巧若拙」，與此義同。

施真人曰：惟聖人發機，合於天道，自然萬變息於心基。是以窮理盡性，與道合真。故曰：方而不割，廉而不劌；直而不肆，光而不耀；无譽无訾，无是无非；一龍一蛇，與時俱化；一上一下，以和爲量。行於萬物之上，游於道德之鄉，故可得而累耶？蓋歸根復命之源也。故性有巧拙，可以伏藏也。

鍾離真人頌曰：天人合發定心基，復命歸根盡性時。隱跡韜光修道德，伏藏元火守柔雌。呂真人望江南云：天道密，造化四時行。或躍在淵當卯月，括囊無咎應秋分。曆象甚分明。人體此，合發契天星。日用卦爻明刻漏，萬緣不染息心神。功滿赴蓬瀛。

九竅之邪，在乎三要，可以動静。

葛仙翁曰：三要者，眼、耳、口也，動静不失其時，其道光明，故曰「非禮勿視，非禮勿聽，非禮勿言」也。五千言云：「五色令人目盲，五聲令人耳聾，五味令人口爽。」夫視聽言，人之先也，故在九竅之中，惟三要焉。此三者，可以養人，可以害人。養人者原於静，害人者域於動，故也。蓋動者人之爲，静者天之質。人爲之謂僞，天質之謂真。

張子房頌曰：九竅邪風觸正神，三關牢閉得全真。澄心遣欲求玄理，得悟慇懃莫住程。葛仙翁漁家傲云：妙理玄玄復奥，聖人制法垂言教。體道觀天爲照了。明三要，聞邪勿遣相侵惱。塞兑關扃修内寶，色聲五味都忘了。視聽言皆合聖道，除機巧，隨時動止方知好。

火生於木，禍發必克；奸生於國，時動必潰。知之修鍊，謂之聖人。

施真人曰：上文説「九邪」、「三要」、「動静」之宜，切令戒，恐未能窮理盡性，故再舉火木奸國之喻，令慇懃修鍊也。夫性之有情，如木中有火，出於性而賊性，火生於木而害木。惟聖人者，達性命之源，明天人之道，外能鍊形，内能修性，鍊形所以嗇精，修性所以養神。故道之真，足以治身，緒餘足以治國家，土苴足以治天下。是以，「修之身，其德乃真；修之家，其德乃裕；修之天下，其德乃長；修之國，其德乃普」，自中以及外，自近以及遠，修是玄風，无所不至矣。故曰：「知之修鍊，謂之聖人」者也。曹真人頌曰：木爲真性火爲情，慾火炎時礙性真。惟有聖人修鍊得，國无顛險木无焚。

許真人頌曰：軒黄成道日，説破度迷津。國木如真性，姦火喻邪情。情亡姦火滅，性慧欲情薨。君心修鍊正，身安國泰寧。葛仙翁滿庭芳：心動神疲，情澄性適，妙門開啓玄關。火生於木，灾發慎攢研。水蓄冰而礙水，田存棘、也妨田。玄元教，閑邪正幻，安樂自逍然。觀天明五藴，知之修鍊，去世何難？遣群魔消盡，復本還源，補兑成乾。事畢妙、因果周圓。尋真悟，三千行滿，丹就去超凡。

卷中　富國安民演法章

鍾離真人曰：富者，足備之稱；安者，康寧之義。身如家國，心比父君，君正則天下普安，心静則萬神皆裕。一身之中，靈備萬物，精炁血脉，臟腑魂魄，皮膚毛髮，比同兆民。君主无事，則民庶均安，知足忘貪，則是名真富。故道德經云：「知足者富。」又云：「愛民治國，能無爲乎。」又曰：「爲無爲，則無不治矣。」又曰：「我無爲而民自化，我好静而民自正，我无欲而民自樸，我無事而民自富。」此乃安民富國之法旨也。

張子房頌曰：高上玄都號玉京，壺中天地實无垠。逍然知足爲天富，政治民淳國泰寧。施真人玉堂春云：閬苑蓬瀛，華胥諸妙境，玉堂金馬，寶城華郡，兆庶安寧。達此玄風祇在身。身比邦家，心如君父，敬心正无邪。精神安静，知足忘貪，斯名真富盛，可謂壺中別有春。

天生天殺，道之理也。

赤松子曰：天之生殺，皆合道機，非妄動也。蓋天地之專精爲陰陽，陰陽襲精爲四時，之散精爲萬物。天有五行之炁，隨時應令，逐序遷移。春夏以陽和之炁生養萬物，秋冬以陰寒之炁肅殺萬物，此皆自然之理、至公之道，故云「天生天殺，道之理也」。

天地，萬物之盜；萬物，人之盜；人，萬物之盜。三盜既宜，三才既安。

劉海蟾曰：與萬物之生成，盜萬物以衰謝。萬物與人之服御，盜人以驕淫；人與萬物之工器，盜萬物以毀敗。

許真人曰：萬物盜天地而生成，不知天地反盜萬物而衰老；人盜萬物以資財而充富貴，不知萬物反盜人以勞役而致禍患。

葛真人曰：有盜不可非道而盜也。上文三義，更相爲盜，自然之理。人能窮理悟真，合道而盜，順其宜而宜，乖其理則凶。是以三盜各得其宜，三才悉安其任也。

故曰：食其時，百骸理；動其機，萬化安。

施真人曰：「故曰」者，相續之義。先明天地生殺之理，次知三盜合道之機，三盜悉合其宜，三才各安其任，然後食時骸理，動機化安也。曹道沖曰：凡理性命必先飲食，五穀、五果、五味，皆須調候得所，量體而進，熟則益人，生則傷臟，此乃食之理。故使飲食不失其時，滋味不乖其節，只令中道，不可越常，如此，則百骸俱理，五臟安和，无諸疾病，壽數永長。故曰：「食其時，百骸理」也。

張子房曰：凡物色惡者，非炁之正；臭惡者，非炁之和；烹飪失節者，非水火之既濟；不時而成者，非生炁之具全。聖人於此四者，特有不食之戒，是以內經言「食飲有節，起居有常，不妄作勞」，是謂知道。故君子飲天和以潤神，食地德以滋形也。

崔明公曰：道經云：「衆人皆有，以我獨頑且鄙，我獨異於人而貴求食於母」。此者食時之深旨也。「食其時，百骸理」，人道之用也。「動其機，萬化安」，天道之體也。

張子房頌曰：三盜相因遞代偷，食時骸理炁和流。金砂五內如風雨，不礙皇家作貴侯。

鍾離真人滿路花云：人人皆有道，迷者不知源。天生天殺理，妙中玄樞星斗，晷運逐時遷。澄心忘愛欲，順序調神，慧通覺性靈圓。既三才三盜宜安，富國豈爲難。食時骸固理，鍊丹田。无妨市井，不礙作朝官。綿綿胎息，炁養嬰兒，任從烏兔往然。

人知其神而神，不知不神而所以神。

崔明公曰：專用聰明則事不成，專用晦昧則事皆悖。一明一晦，是謂陰陽。一陰一陽，道之理也。

吕真人曰：衆人以聲色威顯爲神，聖人以杳杳虚寂爲道。道者，神也。人但遇雷電之威、風雨之猛，心生畏讋而謂神，不知此天地萬物皆自希夷虚寂中來，是不神而所以神也。

鍾離曰：神者，妙而无方，陰陽不測之謂也。但知萬物從陰陽而生長，殊不知陰陽自不神而生焉。不神者，至道也。虚寂者，无爲也。故曰「不神」。此不神之中，能生陰陽、日月、三才、萬物，是不神而所以神也。

子房曰：道常無爲而無不爲，以其无爲，是名正道，是以「杳杳冥冥，其中有精；恍恍惚惚，其中有物」。此乃至道。不神之中而有至神之理。

子房頌曰：人盡知神故使神，神離飛散似風雲。不神自化留年樂，方知大道復歸根。赤松子小重山云：壤壤垓垓利與名，竭聰傾智力，漫營營。摇精損炁敗元神，形神善，財命兩誰親。大道坦然平，无爲爲妙用，用爲昏。杳冥之内隱神精，除玄覽，方始見圓明。

日月有數，大小有定，聖功生焉，神明出焉。

鍾離曰：日月，陰陽之精華，六合之中，爲至尊也。積日爲月，積月爲歲，行歷周天，各有度數；盈昃進退，亦有大小。此則「日月有數，大小有定」也。

呂真人曰：日月相推而明生，寒暑相推而歲成，有温凉寒暑、春夏秋冬，則天地長養。萬物皆因此道造化生成，豈不爲聖功、神明乎？

許真人曰：凡胎卵濕化、金石草木，天地萬物生育之理，皆從无入有，功乃顯著。世間萬物皆禀此聖功而生，故大與小咸有定分，不相逾越，則大不輕小，小不羡大，是以鵬鷃各自逍遥，不相健羡也。

劉海蟾曰：見乃謂之象，形乃謂之器。以象言者，日月也；以形言者，大小也。有象然後有數，故曰「日月有（原作「相」，據經文改）數」；有形然後有位，故曰「大小有定」。人爲三才之靈，法陰陽升降之宜，則日月運行之數，聖功滿足，神登太虚。修證在人，高卑隨行者也。

曹真人頌曰：日月升沉數，乾坤變易爻。聖功神自去，大小悉安巢。韓信甘超胯，陶潛愧折腰。浮華與清淡，鵬鷃各逍遥。張子房頌曰：長天日月數難藏，坤嶺初交始見光。造化只憑弦望得，神功功積鎮茫茫。施真人滿庭芳云：真汞真砂，天庭至寶，事須著意存收。五行全處，嬰姹兩綢繆。數倚三天二地，陰陽會，九六同舟。精華媾，温温鼎器，无漏理深幽。剛柔分卦象，調媒火侯，方便連留。待聖功，功畢國富民優。變易離虚坎滿，純陽就，則有歸頭。神明出，高卑有定，隨行列仙儔。

其盜機也，天下莫能見，莫能知。君子得之固躬，小人得之輕命。

許真人曰：此重舉上文「三盜」之義。凡盜必合其道，不可非道而盜也。天有時，地有利，吾乘天地之時利，山澤之産育以生吾木，植吾家，如作田之類，孰不爲盜耶？然如是也，人皆不知盜機之理。君子小人志炁不同，君子得之委分固躬，小人得之强謀輕命。

劉海蟾曰：君子知至道之中包含萬善，所求以和，所習以善，凡所運動皆設善機，與道合契，乃至精思守一，竊其微妙以資其性，或盜神水華池、玉英金液以致神仙。賢人君子知此妙道之機，故曰「君子得之固躬」。小人即竊弄其機，乃輕其命，恒習惡行，恒蓄巧機，但務營求金帛，不念艱辛，或修學武藝，豈辭疲倦？飾情巧智以求生於浮華之機，所以煩兵毒武則軍旅敗亡，望貴攀高則榮消辱至，或貪婪損己，或財色禍生。雖然最得榮華，不免其咎患。蓋爲不知妙道之機，以至於此，故曰「小人得之輕命」也。

葛仙翁曰：至道无形，故天下莫能見，妙機无數，故天下莫能知。理於賢人，故君子得之固躬；亂於不肖，故小人得之輕命。

葛仙翁頌曰：賢人窮理合虛无，得悟乾坤造化爐。下士只争名與利，郊原丘塚是前途。呂真人行香子云：妙道玄微，達者人希，任聰明、難見難知。杳冥公主，恍惚容儀。隱真精，藏物象，號天機。大人窮理，秘守三奇，下愚夫、逐景昏迷。貪婪財色，舉動非爲。喪精神，輕性命，可來癡。施真人訴衷情云：大人君子性和平，不與物爲争。唯有下愚无識，蝸角競虚名。虚妙理，載真經，富安民。杳冥公主，恍惚深藏，悟者仙成。

卷下　强兵戰勝演術章

鍾離真人曰：强者，康健之稱；兵者，禦戎之器。德經曰：「益生曰祥，心使炁曰强。」易曰：「天行健，君子以自强不息。」言體天德純陽之道，統御群生，以心爲主，以炁爲兵，君主无爲，无不治矣，此乃清静无爲之道。以道降魔，罔有不克，故曰「强兵戰勝」。

吕真人曰：聖人立法，本要除邪治亂，理國安民，豈在施籌運略，講武興師，驅役生靈，殺害性命，招凶積孽，禍殃子孫？且如孫、吴、韓、白用陰毒之機，鬼賊見解，白骨丘山，血流河海，致使群生長撓，帝王多憂，豈爲功臣大略乎？故五千言曰：「以智治國國之賊，不以智治國國之福。」又曰：「夫佳兵者，不祥之器。」是以陰符列爲下篇。

施真人頌曰：善行无迹號强兵，禦寇除戎即是兵。對境忘心呼戰勝，如斯修治國安榮？曹真人青霄樂云：心爲君將炁爲兵，慈作旌旗慧作營。戒鼓定籌仁義甲，儉恭糧草德安寧。温良謙慎乘車馬，忠信清廉號令行。孝悌善和排列陣，魔軍一擊便歸盟。

瞽者善聽，聾者善視。絶利一源，用師十倍；三反晝夜，用師萬倍。

崔明公曰：瞽聽聾視，緣專一也，是以稱善。但能專一精誠，舉事用機，十全利益。就中更能三思反覆，經晝歷夜，又比常情利益萬倍。

赤松子曰：師，心也。凡百舉止皆起於心，心神精一，罔有不遂。

海蟾子頌曰：瞽聽聾觀必至誠，一源絶利聖人情。用時晝夜明三反，精血相交藥自成。曹真人蘇幕遮云：瞽袪明，聾滅聽，絶利行師，十倍通神聖。萬法不離方寸，謹守天和，即此爲修真。但虚心，神必静，虚静之中，道炁來歸正。三反明時先務本，精血相交，丹藥憑鉛汞。

心生於物，死於物，機在目。

張子房曰：生死之機在於物，成敗之機見於目。

許真人曰：道德之士，心不妄生，機不妄動；下愚之徒，貪婪萬物欲資於身，反被萬物所盜而傷正性，是「心生於物，死於物」也。

葛仙翁曰：知足不辱，知止不殆，可以長久。愚人動生妄心，加於萬物，皆因目睹而心生，故曰「機在目」也。赤松子曰：「機在目」者，令人戒慎其目勿妄視也。故太上曰「不見可欲，使心不亂」是也。

張子房頌曰：心生萬物景牽纏，富貴貪求孽火煎。心主杳冥神不散，自然道體合先天。崔明公臨江仙云：心起心生因物景，忘機景物皆泯。經云「塞兑閉其門」。聖人言句妙，達者自延齡。吾家玄道知之者，貴家安國修身。帖然烹鍊守神精。悟來機在目，心目兩俱明。

天之无恩而大恩生。

張子房曰：天无心而恩於萬物，萬物有心而歸恩於天。故五千言曰：「天地不仁，以萬物爲芻狗；聖人不仁，以百姓爲芻狗。」爲施而不責其報，生而不有其功。

許真人曰：於无心是謂无恩，惟清静者物不能欺，則曰天恩生矣。

張子房頌曰：天炁无恩不化生，三田留得變瓊珍。陰陽醖造升天藥，此是無恩生大恩。

葛仙翁西江月云：自己天真饉守，无心即是无恩。順行陶鑄結爲形，返本還源是本。在欲无恩不化，三田變作瓊珍。無恩何以大恩生，一粒金丹壽永。

迅雷烈風，莫不蠢然。

張子房曰：迅雷烈風，威遠而懼邇，萬物莫不蠢然而畏之。天本不威物而自懼，而歸天下，一如聖人行賞也，无恩而有功；行罰也，无威而有罪。賞罰自立於上，威恩自行於下也。

許真人曰：洊雷震，君子以恐懼修省；隨風巽，君子以申命行事。

施真人曰：至如軍旅，若能如此上威下懼，必能定亂除邪，故曰「下有强兵戰勝之術」。

赤松子頌曰：風雷鼓動應時行，造化争馳萬物生。兵令信行依法則，剪除兇暴得安寧。曹真人白鶴子云：時假風爲馭，全憑雷作輪。宣揚天號令，壯觀兩精神。震徹重泉脉，驚回萬谷春。何當用威武，一技静邊塵。

至樂性餘，至静則廉。

張子房曰：機在目。

赤松子曰：性，陰也。樂則奢餘而陰盛，静則正廉而神清。

葛仙翁曰：夫聖人者，不淫於至樂而愛於至静。能棲神於静樂之間者，謂之守中。夫如是，則勢利不能誘，聲色不能蕩，辯士不能説，智者不能動，勇者不能懼，見福於重關之外，慮患於冥冥之内。天且不違，而況於兵之詭道哉？

施真人頌曰：至樂无如至静心，不沾塵垢去奢淫。功成行滿金丹畢，方表陰符旨趣深。吕真人蘇幕遮云：守虚柔，安正性，養育陽魂，卻在心源静。浩炁沖和神必聖，以道除邪，萬景皆消泯。此兵行，陰魄殞，法陣慈幢，往吉來還勝。不比凡情用機倖，引孽招冤，枉把生靈損。

天之至私，用之至公。

張子房曰：天地氤氲，是至私也；萬物化生，是至公也。

吕真人曰：天下有始，以爲天下母，是至私也；既得其母，以知其子，既知其子，復守其母，是至公也。

赤松子曰：天地生成萬物，萬物負陰，至私也；而抱陽，至公也。明公私之道者，其知神之所爲也。

鍾離真人頌曰：天地氤氲象至私，生而不有至公時。用之至公用南北，使之神聖使東西。吕真人望江南云：通大道，天地悉皆通。有用用中无作用，无功功裏有神功。升降永无窮。玄與牝，造化合真空。天地合時甘露降，法機幽顯若私公。還返是朝宗。

禽之制在炁。

曹真人曰：虚化神，神化炁。炁强者制物，而弱者制於物，故曰「禽之制在炁」也。

許真人曰：禽鳥尚能乘制清虚之炁，心動翅鼓，翱翔於雲霄之間，上下盡中於己，況人爲最靈而不修乎？若能善用天機道德之炁，固躬保命以致長生，而非難矣。

施真人曰：炁者，生之元也。善攝生養炁者，雖至强之兕虎，至堅利之甲兵，吾足以勝之，而況於至物乎？

海蟾子頌曰：禽制先須伏虎龍，自然萬物總依從。先生訣與通靈術，攢捉陰陽掌握中。崔明公滿庭芳云：魂魄東西，精神南北，此中别有玄玄。道无形跡，分剖略微言。血是朱砂汞寶，精爲物，神水銀鉛。交加處，中宫匹配，恩愛結因緣。崑山通碧海，先鍊。已返本還元，遇明珠、九曲絲蟻能穿。採得蟾宫兔髓，憑師匠、和合烏肝。當禽制，三千行滿，高步赴蓬山。

生者，死之根；死者，生之根。

曹真人曰：謀生者，先生而後死；習死者，先死而後生。

張子房曰：謀生者，景物牽纏，勞神役炁，貪求榮富，孽火焚燒，殃極禍踵，不死何俟？習死者，心冥冥兮无所知，神怡怡兮無所之，炁熙熙兮無所爲。萬慮不能感，求死不可得，長生之門於斯可致。

葛仙翁頌曰：生門死户少人知，運用抽添在坎離。二八消時陽炁長，九三榮處定精微。崔明公白鶴子云：若覓神仙道，先當識本根。心生神必散，境滅慧還清。天地爲爐鼎，陰陽作炭薪。鍊成無上藥，功滿去朝真。

恩生於害，害生於恩。

鍾離真人曰：恩者害之源，害者恩之流。

吕真人曰：本因恩炁而生，不能慎守天真，漂浪愛河，流吹欲海，是恩中生害，害生於恩也。

許真人頌曰：當時恩炁本身生，非理施恩害卻生。謹守慎終能若始，還丹修就鬼神驚。赤松子臨江仙云：夫婦深誠相眷戀，常流認此爲恩。誰知恩裏害還生。欲亡恩自滅，恩滅害无根。子嗣源因恩結，恩多反害身形。能修恩炁養成珍。三千功行畢，朝禮玉宸尊。

愚人以天地文理聖，我以時物文理哲。

張子房曰：天文者，日月星辰、雷雨風雲也。地文者，山海金石、草木鱗羽也。愚人見景星祥雲、清風甘露、醴泉嘉穀、麟鳳芝蘭，皆爲喜悦；或覩日月薄蝕，四時乖序、彗星妖曀、水旱灾蝗、驟雨狂風、天昏地震，惕然畏懼，恐禍及身。觀此天地文，信以爲教化省慎、悛修。自凡之聖，故曰「理聖」。

劉海蟾曰：軒轅氏制陰符將畢，先舉愚人用天地文理之成聖，然後自謙之曰：「我以時物之文理之作哲」，謂「後其身而身先」也。

許真人曰：時物文者，人事也。言不必觀視天文玄象，但常以善道隨時應物，縱有災怪出現不爲害。

赤松子曰：理於賢人，亂於不肖。體天法道，合節依時；以此理修革，凡有哲，陰盡純陽，真道乃畢。

鍾離真人頌曰：玄象高明示吉凶，愚迷悛理亦成功。但隨時物行真善，日月无窮道自通。吕真人滿庭芳云：大道昭然明，休咎吉凶，懲警凡夫，悟來悛省，修慎即無虞。禍福惟人自召，觀世物、方顯榮枯。臨機應、常行德善，殃厄永消除。陰符，然義簡文微旨密，提挈迷愚。放神光煒煒，照燭昏衢。抱一丹成國富，民安泰，神樂清虚。强兵勝，純陽鍊就，飛步入玄都。

（道藏第二册）

修真太極混元圖

（宋蕭道存撰。自序曰：「今作是圖，私自生歡。」又稱是圖爲華陽真人施肩吾所授。是書列三景之圖、三才定位分道圖、天地陰陽升降之圖、日月弦望圖、天地日月時候與人參同圖、不知修鍊耗散走失圖、人世七十二福地之圖、海中三島十洲之圖、虛無洞天圖、生死路邪正圖、信心入道仙凡圖、三田五行正道之圖、五行配象之圖、真五行顛倒圖、真五行交合傳送圖、匹配陰陽胎息訣圖。每圖有説，有議。道存序曰：「因觀祖師施真人修鍊太極混元圖者，其間天地人三才定位，鍊丹節要者，玄哉明矣。」（序二）三景之圖議曰：「鍊五行秀氣而爲内丹，合三田真氣而爲陽神，内丹就則長存，陽神現則昇仙矣。」（頁二）是圖依修鍊内丹之步驟，徵引經卷，釋内丹之法。道藏提要，第一四九號）

修真太極混元圖序

夫金丹者，上聖不傳之秘，實大道之源，包羅天地。其大無外，其小無内，運行莫測。

立天立地，與人同焉。非聖人之不傳而閉塞仙路乎，乃世人澆漓，人物蔑劣，而緣生分淺，安可傳乎！經云：以四萬劫一傳，非上天之所惜，在得人而傳，蓋不容輕泄。上至三清，中至上聖，下及群仙，皆因鍊金丹而至聖也。豈不秘乎！予謂宿緣流慶，叨荷師資，非爲用心而致斯也。昔年已宿志不回，遍遊諸方，參傳至道，遂遇先師，憫余勤苦，遂將金火返還、刀圭符火之秘授予，不勝喜悦，遂歸試鍊，則一息之間，龍虎争鬥，而追軒轅，摅崑崙，過扶桑。神哉！堪笑今之學徒，不悟大道之源，止求空寂，認爲了達。雖能入定出神，奈何精神屬陰，宅舍難固，豈能聚三花而回五氣，絶陰换骨，駕景乘鸞，而純陽之仙乎？然而情明性寂者，則爲清靈之鬼仙也。

余以九丹者，金液爲上，然九轉之功，純陽之數足矣！故得陽神踴躍，魂長魄消，造化與天地同焉。其温鼎器萬物，吉凶消長，浮沉主客，抽添鉛汞，癸生消息，陽龍陰虎，升降水火，百端機含者，其間不出龍虎交媾，温養癸生，捉出坎陽，去補離陰，潛龍衮浪，一撞三關，此乃一息之功，能奪天地造化。然而二六時中，要審觀微妙，知機下手，不許昏朦，錯時亂刻，不合符節，則嚴冬大暑，夏月濃霜，而造化弊矣！因觀祖師施真人修鍊太極混元圖者，其間天地人三才定位，鍊丹節要者，玄哉明矣！前輩曰：既得兔魚而忘棄蹄筌。今作是圖，私自生歡，知此身之不可死，故知了悟者，其來久矣，遂述序而爲諸同志幸爲一覽。章貢混一子蕭道存謹序。

修真太極混元圖

欲扣玄關，須憑匠手，不遇真師，難明大道。僕游江南，於南京，遇華陽真人施肩吾施聖者，青巾紫履，皂带寬衣，光彩射人，望之儼然可畏。及其交談，指諭天機，開陳大道，古今不特見有矣！遂授修真指玄，顯然明白，可謂真仙之祕寶。遂依師指，不敢隱匿自用，乃繕其本，傳諸好道者。君子勿示非人，不同凡世之書矣。古杭竹坡金全子傳。

三景之圖

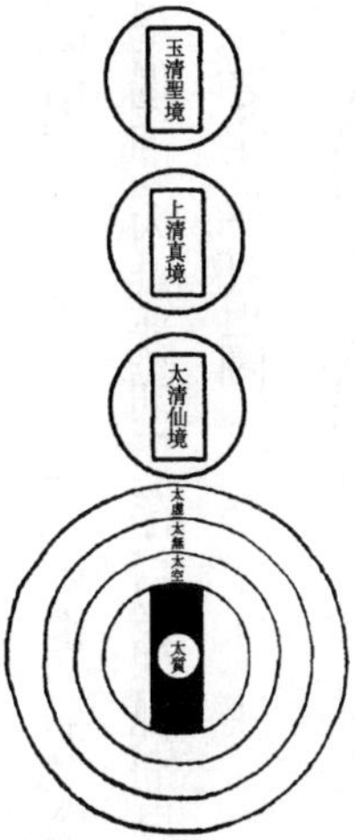

此乃大道之始，出乎自然，而居三十六天之上，本無形狀，見於有象，上列三清，下分五太。玉清聖境，元始所居。玉山上京之下而有上清真境，太上道君所居。其下有太清仙境，老君居之，而下有太虛之界。太虛之界，內有太無之界，太無之界內有太空之界，太空之界內有太質之界，太質之界內有天地混沌之形，而分玄黃之色。若人奉行真道，一超三清之界，不墮輪回。

議曰：三清者，人之三田也；五太者，人之五行也。鍊五行秀氣而爲內丹，合三田真氣而爲陽神，內丹就則長存，陽神現則昇仙矣。

三才定位分道圖

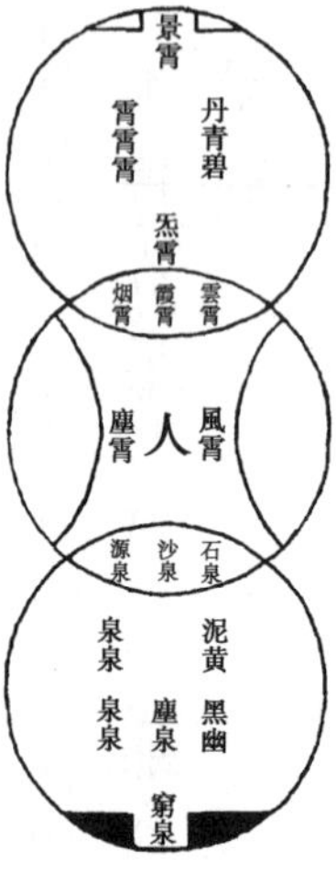

玉華經曰：一氣分而列二儀，二儀既定而布三才。輕清而上者天也，重濁而下者地也。天有九霄，地有九泉。以人中自下而上，風霄、雲霄、煙霄、氣霄、霞霄之上，有名無形，蓋純陽也；青霄、碧霄、丹霄、景霄，乃天之際。以中爲度，自上而下，塵泉、沙泉、泥泉、石泉、源泉之下，有名無形，蓋純陰也；黃泉、黑泉、幽泉、窮泉，乃地分也。天地分際之中，風塵之內，乃人世也。人世積福積業，不出九泉也，輪回人世；奉道奉真，可昇九霄。

西山議曰：比之內事，氣如人心，心上無陰是也；源泉如人之腎，腎下無陽是也。使心腎交合，二氣無差昇降，自可安樂延年，一如積福之比也。鍊心腎真氣而結內丹，自可長生不死，亦如奉道之喻也。

天地陰陽升降之圖

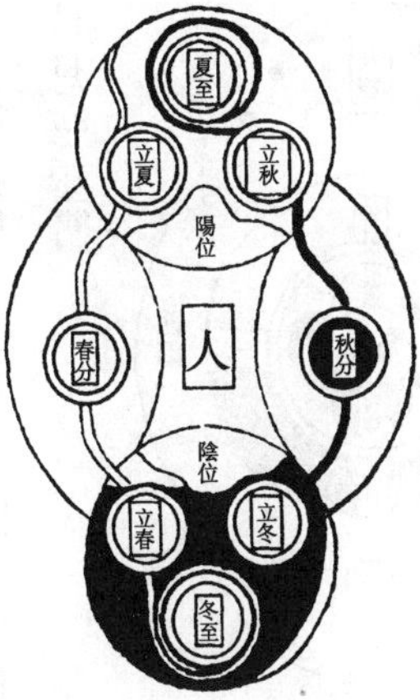

靈寶真一經云：天如覆盆，陽到難昇，積陽生陰。所以生陰者，以陽自地中暗負真陰而上升故也。地如磐石，陰到難入，積陰生陽。所以生陽者，以陰自天暗包真陽而下降故也。陰極陽生，陽極陰生，陰陽逆生，而天地之道反立故也。若人識陰陽升降之理，悟天地反立之道，自可修鍊。鍊氣而結真精，精中生氣，我氣也；氣中生神，我神也。

劉議曰：心如天而腎如地，氣如陽而液如陰，氣不相交而不合。精在婦人之子宮，即曰生人；精在男子之黄庭，即曰生神。神集氣聚而胎氣出殼，而昇仙矣。

日月弦望圖

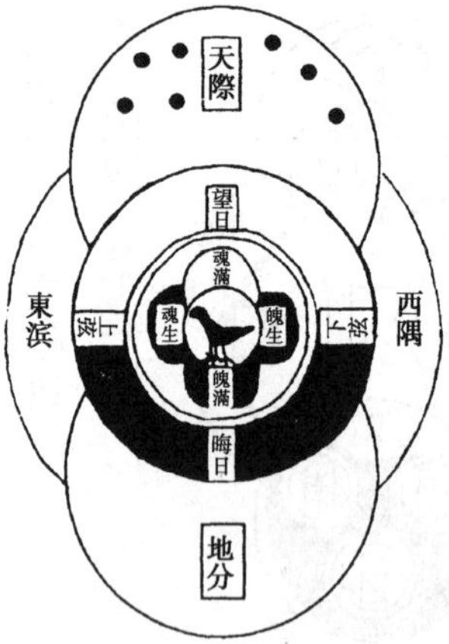

太上隱書曰：日月之形，周圍各八百里。日者，太陽之精，而行乾策。月者，太陰之精，而行坤策。東西出没，以分晝夜；南往北來，以定寒暑。日得月魄而清，月得日魂而明。清明者，日月之氣也；精華者，日月之質也；陰陽者，日月之道也；烏兔者，日月之象也；

卯酉者，日月之路也；晝夜者，日月之度也；交合者，日月之用也。往來不差，所以萬古不虧不損。若悟日月之道，亦可比之而浩劫不死。乾策以九爲數，坤策以六爲數，一九一六，而計十五，所以爲弦望晦朔，不出三百六十日也。

西山十二真人議曰：以外見内也，天地如人心，日如人之真陽，陽非腎氣也；月如人之真陰，陰非心氣也。真陽真陰，乃人之真水火也。上水下火而曰既濟，既濟了爲陸地神仙；前火後水而曰火候畢，自可以丹成仙也。

天地日月時候與人參同圖

西山參同契曰：天地日月人之理並無差矣。天地有二十四氣，日月有二十四躔，人

之有二十四時。天地有八節，日月有八候，人之有八卦。天地有春夏秋冬，日月有弦望晦朔，人之有子午卯酉，大小莫不同矣！惟人不悟天地日月矣。若人悟天地陰陽昇降之理，自知心腎有交合之處。若人悟日月往來之數，自知肝肺有傳送之時。以心氣爲火，依日之躔度加減，自無差矣！以腎氣爲精，依月之出没抽添，自無失矣！天地日月無緣獨得長久，我自法效，當亦不死。

不知修鍊耗散走失圖

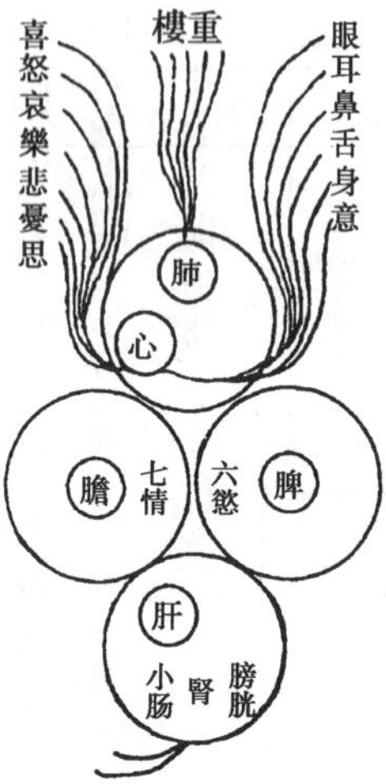

清静經曰：大道無形，生育天地；大道無情，運行日月；大道無名，長養萬物。萬物之中，最靈最貴者，人也。人亦道之所生，何得不比天地之長久，日月之堅固？蓋以七情亂於中，六慾誘於外，上則重樓浩浩而出，下則金龜續續而泄。氣生之時，不解養；氣旺之時，不解採；氣散之時，不解收；氣弱之時，不解補，以至氣亂而病，氣衰而老，氣絶而死。

議曰：使氣和而不亂，自有胎息之訣；使氣堅而不衰，自有鍊氣之訣；使氣真而成神，自有鍊神之訣；未絶嗜欲，自有少女之術；倦於行持，自有外丹之訣。

人世七十二福地之圖

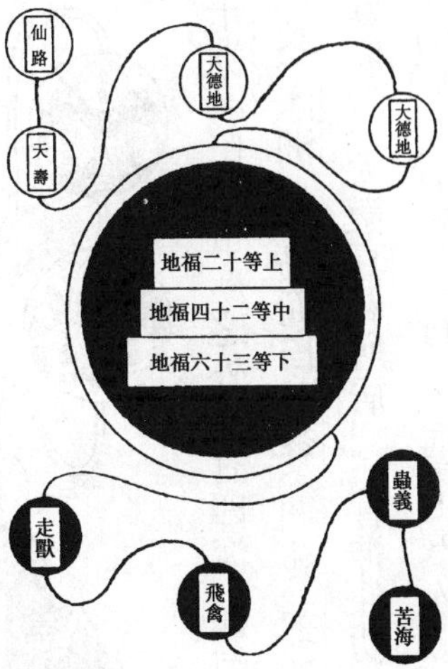

福地記曰：福地不在山，而在人世之中。上等一十二福地，富貴貌壽，子孫興焉。下等三十六福地，貧賤夭陋，刑疾並焉。中等二十四福地，禍福不常，貧富無準，或夭而有子，或陋而多疾，貴賤反覆，得失循環。若人積行，止得昇遷；如人作孽，當得墮落；奉行大道，超出輪回。如有仙路可登，不知修鍊，轉轉失墜，當生異路，永在苦海。

議曰：上等福地，人之上田也，鍊神棄殼之比也。中等福地，人之中田也，鍊氣反老之比也。下等福地，人之下田也，鍊精住世之比也。以外見内，將假認真。

海中三島十洲之圖

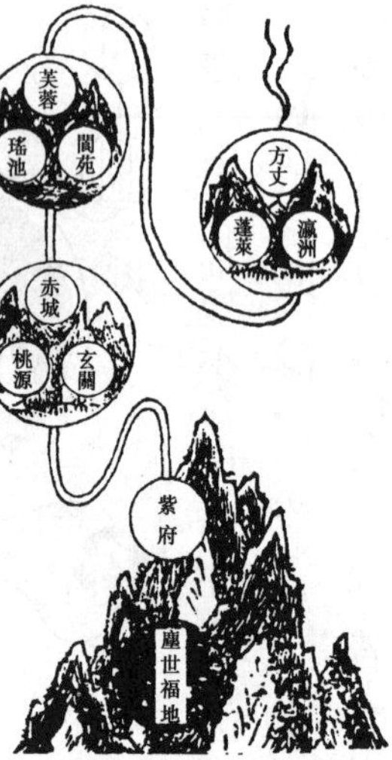

十洲記曰：風塵之外而有四海，四海之中而有三山，三山之中而分十洲。上島而曰方丈、蓬萊、瀛洲，中島而曰芙蓉、閬苑、瑤池，下島而曰赤城、玄關、桃源。中有一洲，而曰紫府。紫府者，太微真君所居，句管神仙功行之所也。若人鍊氣成神，棄殼昇仙，先見太微真君，契勘鄉原，對證功行，先居下島，次以昇遷。

議曰：塵世如人之腹，福孽因果，如人造化五行，止得安樂長生而已。三島如人肘後三關，棄殼昇仙，非五行之效，當飛金晶，先補泥丸，髓實骨健，自可升騰。又況神水下降，漸出金光，指日棄殼，而作仙矣！

虛無洞天圖

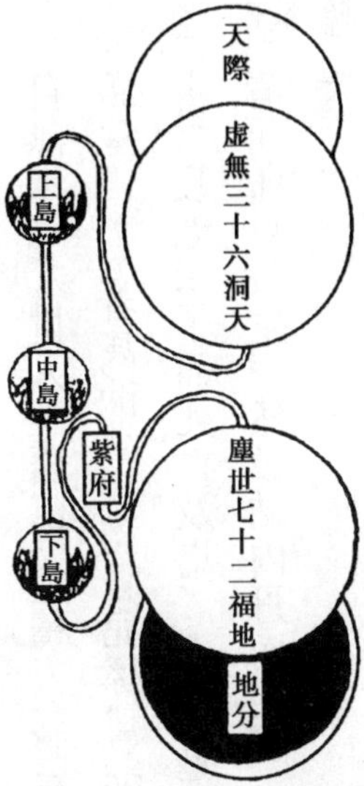

洞天記曰：若人奉行大道，鍊精爲丹，自可長生。鍊氣成神，自可棄殼昇仙，先居三島。若以厭居三島，當且復來塵世，轉爲傳道度人，行滿功成，受紫詔丹書，自三島而入洞天。洞天在虛無之間，是天仙所居之位也。若以厭居洞天，效職以爲仙官，上曰天官，中曰地官，下曰水官。於天地有大功，於今古有大行，當爲真君，而昇陽天，不復再到人世。

議曰：塵世福地，如人運五行，不出心腎之內；海外三島，如人肘後般三氣，不離三關之中。虛無洞天，如人鍊神入頂，漸有昇仙之期。故知五行，下手在三田也，見功超脫，三關是也。

生死路邪正圖

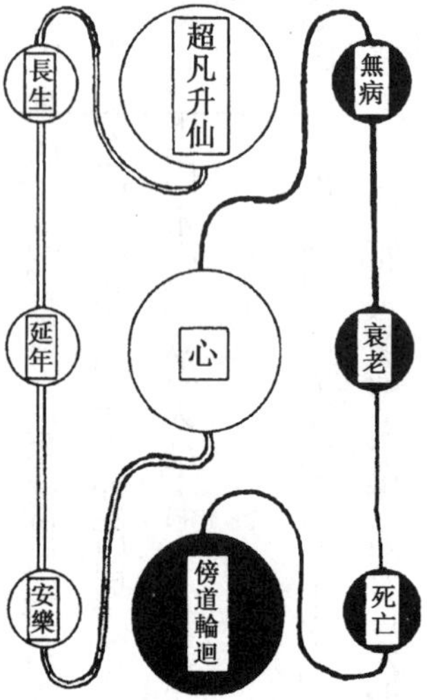

夫名利不可不求，求之自有分定，識破者，自無縈絆；恩愛不可不濟，濟之自有分緣，識破者，自無牽纏。世人不悟，堆金積玉，將爲萬劫常存；愛子憐孫，顒望永生共聚。殊不知，金玉滿堂，病來著甚抵當；滿眼兒孫，氣斷誰能替換。憂愁不絕而疾病生焉，疾病不止而衰老至焉，衰老未了而死亡及焉。人若解迴心奉道，先當養氣，氣壯而形自堅固；次當鍊神，神清而命自長生；然後結内丹而純陽氣生，鍊真氣而元神自現，當得超凡入聖，免使傍道輪迴矣！

信心入道仙凡圖

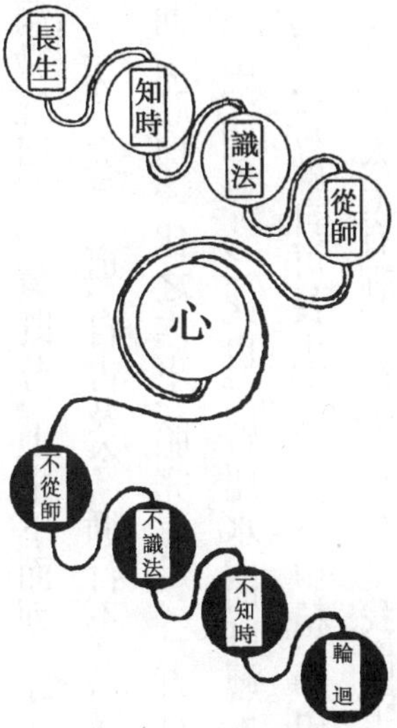

議曰：學道不難而師人爲難，師人不難而識法爲難。世人不達此理，望風師人，不辯真假。或師於道貌古顔，或師於辯辭利口，或師於虚名假像，或師於狂蕩風魔，終身竟不獲一事，空嘆福力之薄。主如傳法，指肝爲龍而肺爲虎，如何交合？認離爲汞而坎爲鉛，如何抽添？咽津爲藥，如何造化？聚氣爲丹，如何停留？高談大論，一向虚無，口耳之學，何足爲用？差年錯月，廢日亂時，不知三才首尾，安識五行根蒂？由是復入輪迴，反稱神仙爲虚語，不死爲妄言。蓋世人自悞，非先師之不用心而教人也。

三田五行正道之圖

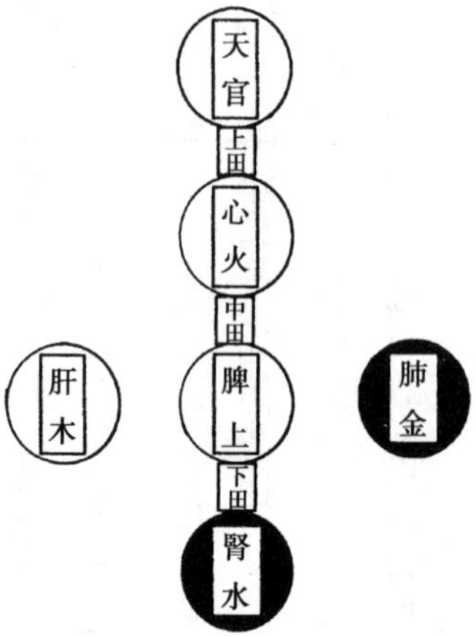

洞微經曰：一氣既分，上中下而列三才；二儀既判，東西南北中而布五位。五位傳送一氣，三才交合一道，自古及今，循行不差，而大道故無生滅。

西山議曰：比之內事，胎完氣足，三百日與母分別之後，四脉百脉，外形既備，上中下而有三田，如三才之比也。腎屬水，而肝屬木，心屬火，而肺屬金，脾曰土矣。五臟之氣，會合而爲丹，丹就自可長生不死。下田精，中田氣，上田神，三寶之氣合會而道成，道成自可入聖超凡。太上有訓：玄中有玄，是我命中有精，是我氣中有氣，是我神中有神，自然之道也。故知五行三田之證道，非此不合玄微，徒勞神用心耳。

五行配象之圖

上清識語曰：人身之中，萬象存焉。以九州言之，腎爲冀州，膀胱爲徐州，肝爲青州，膽爲兗州，心爲揚州，小腸爲荆州，肺爲梁州，大腸爲雍州。以八卦言之，腎爲坎卦，膀胱爲艮卦，肝爲震卦，膽爲巽卦，心爲離卦，小腸爲坤卦，肺爲兑卦，大腸爲乾卦。此是比象立號，不可勝紀。及夫玄中又玄，而腎氣爲嬰兒，心液爲姹女，脾之殘液而曰黄婆，肺之餘氣而曰金翁。是此亦爲玄矣。至如腎氣之中，暗藏真一之水，而曰陰虎；心液之上，暗負正陽之氣，而曰陽龍。龍虎交媾，而曰内丹。頂水下降，而曰神水；丹中真氣上升，而曰正火。

真五行顛倒圖

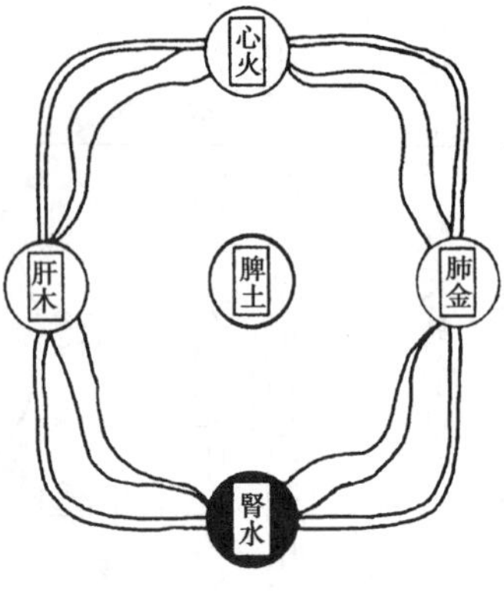

龍虎中丹經曰：腎，水也，水中生火；心，火也，火中生水；肝，木也，旺於西方；肺，金也，生於東方。此是五行顛倒之理。世人若悟此理，自可養之不亂，補之不耗，乃有延年之效。腎水也，水中生火，火內自有真一之水，而曰杳杳冥冥，陰虎之象也；心火也，火中生水，水內自有正陽之氣，而曰恍恍惚惚，陽龍之象也。世人若悟此理，自可長生不死。以下田反上田，以上田反中田，非止五行顛倒，而此三田反復。三田反復，自可棄殼昇仙。故先師訣曰：五行不顛倒，龍虎不交媾，三田不反覆，胎仙不氣足。

真五行交合傳送圖

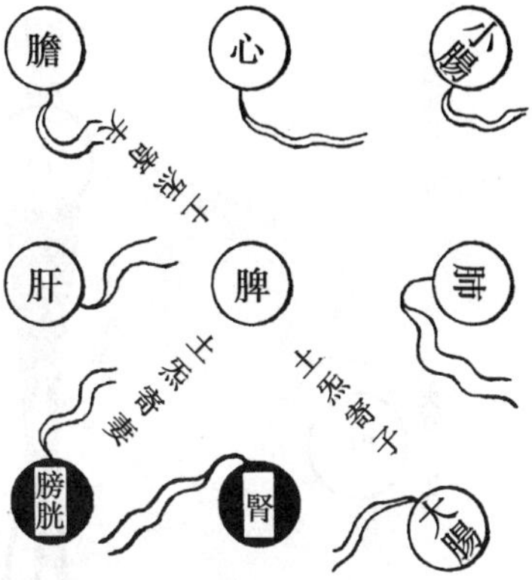

天元正曆曰：五帝傳一氣，而天地之道不差；五臟傳一氣，而人物之道不差。故知人之真氣，大運隨天地，春在肝而夏在心，秋在肺而冬在腎。人之元氣，子時而腎氣生，丑末寅初，腎氣以膀胱氣，傳送入肝氣；卯時肝氣生，辰末巳初，肝氣以膽氣傳送入心氣；午時心液生，未末申初，心液以小腸液傳送入肺液；酉時肺液生，戌末亥初，肺液以大腸液傳送入腎液。即液生氣，周而復始，運行不已。善修鍊者，會合五行之氣，而曰還丹；採取陰陽之氣，而曰內丹。丹就長生，氣足棄殼，則昇仙矣！

匹配陰陽胎息訣圖

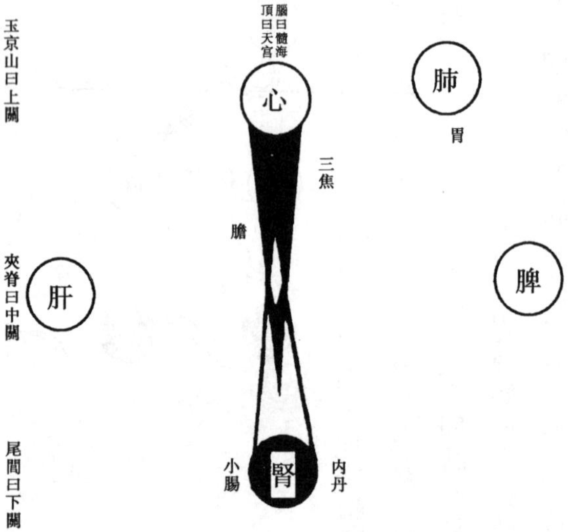

（道藏第三册。文中圖版採自中華道藏本）

真一金丹訣 胎息節要附

宋王常集

（題「宋王常集」。卷首稱唐顯慶五年（六六〇）遇荆湖北路草澤大賢處士鍾離權，授之丹訣。麟德元年（六六四）鄂州進士吕洞賓訪見鍾離，從之終南，修鍊功成。「上帝賜爲南嶽大司馬號至聖真人施肩吾」爲撰者設法留之，以吕先生所授之機圖於海中鄒山石室。此書述金丹爲内丹，分爲三種：一爲清虚無爲鍊神之法，乃神仙抱一之道，以目牛返性、混合道元爲要；二爲胎息鍊元氣復本還元之法，乃富國安民之道，以精神内守臍元爲要；三爲全形之道，乃强兵戰勝之法，以金木間隔，龍虎交媾，鍊黑水金丹爲要。次之以「鍊神法」、「鍊氣法」、「鍊形法」歌訣三首。末附胎息節要，似非吕公所授。卷首題下亦注明「胎息節要附」焉。此乃一篇論述，謂「道者炁也，寶炁則得道，得道則長存」。以神宰御呼吸，「呼而下統，吸而上衝，炁流周身，上至泥丸，下至陽端，二景相通，可救老殘」云云。道藏提要，第二三〇號。）

昔荆湖北路草澤大賢處士鍾離權，泊遊於雲水，至魯國鄒城東南，崆峒山玉女峰居之。

至大唐顯慶五年庚申歲正月一日壬寅朔，遇之仙賢，引入洞中，授之丹訣。至得内全，後天不老。處士西遊渭水，貨易而隱自洛陽。後至改麟德元年三月二十五日，舉場選試，有鄂州進士吕洞賓，因解名場，訪見鍾離，問及登科，求之得失，因經數舉，不第其名，再謁先生，蒙引道言旨真一金丹鍊形之道，付吕青牛受之。因從終南修鍊功成，神形俱妙，點化仙骨，變異神真。凡體變爲仙體，凡人换作真人，功成行滿，爲陸地神仙。得遇吕青牛真人之妙旨，功行周圓，上帝賜爲南嶽大司馬，號至聖真人。施肩吾不可隱吕先生之機，乃設法留之，圖於海中鄒山石室，令後人知。達者不可漏泄於天寶，付金丹於下鬼。

此謂神仙抱一之道，乃清虚無爲鍊神之法。

目牛無全，全真道成，太虚之象，恍惚中神在。虚無之中，混合道元，道爲性本，性是心源，火即是牛，意即是土，土火符合，注之在目，謂之目牛。忘之在天，入於胎息，鍊神虚白之中，超神九五，出入昇天，乃圓自性。天真赤子，一運一交，會於北海，混金光上昇空洞，前至玉京。降天谷而出入，去住往來，惺惺明白，自在逍遥，乃爲神仙。

此謂富國安民之道，爲胎息鍊元氣，復本還元之法。

禀太虚之始，鍊元氣爲母，母號先天，能會五神，不散於形中。一身之國，乃心爲君，精氣爲民，民安國泰，謂之富國安民。神仙抱一爲清虚自然之道成，成胎息鍊元氣爲命，是復本還元之法。氣來入身，爲之生神，所以通生謂之道。氣者，神之母；神者，氣之子。以母爲神，爲天，真交會，子母兼。神不離於氣，氣不失於神，神不相離，精神内守，臍元有主，形乃長存。若施心氣，湛於丹田，由易長生，不亦遠乎？心氣既住，則丹田有主，五神内守，萬聖朝元。耳不聽聲，目不視色，鼻不聞香，心似寒灰，形如枯木。六根解脱，心自忘機，境邪自滅，六欲不生，三毒消滅。纖毫志盡，體内圓明，性與命合，喘息自定，喘息既定，飢寒自盡。飢寒既盡，安静長寧，長寧安静。

此謂强兵戰勝，用師十倍，三反晝夜，用師萬倍，鬼藏陰陽勝輔術。是乃金木間隔，龍虎交媾，鍊黑水金丹，乃全形之道。

足三陰皆會於己土。六庚、天符、己土，並於庚，合帶其金，金即是陰虎，屬鉛。己土元是意同，心生是牛，注之在目，謂之目牛。手三陽皆會於戊土。六甲、天符、戊土，並於甲。合帶其木，木即是陽龍，屬汞。戊土既於空洞，乃神圑之所，乃泥丸是也。甲木即是汞，庚金即是鉛，便是金木間隔，虎龍交媾，鍊黑水金丹，乃全形之道。木金皆隨戊己，爲中央之土，土乃沈之命源。天霐黑水所化成泥，内固命源。黑水爲鼎地之機，乃乾坤之首，宇宙之基，造化之源。源者在子，身中有一腰眼，謂之明堂淵骨，骨大而圓穴，穴乃深淵，名天霐黑水。北海之内，有一神龜，名碧眼胡兒，金睛猛獸，運動靈泉，呼吸真炁，運行百跡，朝會於一十經、一十五絡，八脉三元，在其中也。經分上下，左右衝通，左有一經連左腎，屬陰，爲月，主水，數之一也；右有一經連於右腎，本男先生於右腎，爲命門，屬陽，爲日。日主三魂，色赤，爲火。火鎮元宮，數之七也。上有一經，衝於空洞。下有一經，通於足太陽膀胱，氣海，氣傳尾間金關玉户。丹田臍元之所，混五炁通生，上赤下黑，左青右白中黄。木生火，火生土，土生金，金生水，水生木。木三火二，土五金四水一，生之數也，爲五陰之首。乙丁己辛癸，氣昇助之。足陽明，戊爲屬土，爲倉海受盛之府，兼穀氣，混合清濁，上昇運神，出入於天谷鍊鼎。下發之炎火，競發赫赤，騰騰上燒金鼎，炎火奪之。晝夜百刻之中，一萬三千五百息，三百八十四交，氣血行八百一十丈，脉行五十度，而爲一周天。一周爲一轉，至九轉，方成鍊火候之功。先引手厥陰心包絡，爲左丞相，火二；次引手太陽小腸府，爲右丞相，火七；後引足太陰脾土。此即是鍊神，爲超神之法。加命門陽火七，通前炎火一斤十六兩，目昇空洞，會之命門黑水，金鼎火鍊，下湛天樞，金丹乃全形之道。水法下運太虚元氣，黑水上昇空洞，水流務下，降入鼎中，與金凝結。水火交泰，既濟自然，水見金而相生，水遇金而成質，金水子母，母藏子胎，子隱母胞，知白守黑，神明自來。感乎其類，制乎其氣者，上黑下赤，左白右青中黄。内正金生水，水生木，木生火，火生土，土生金；金九水六，土十木八火七，成之數也。壬水、甲木、庚金、戊土、丙火。

產出金精，號曰水中金，形如戲藥，狀若金彈，又曰櫻桃，體如鮮血，紅紫射人，照耀郊野，金光晃耀，明白光灼，金丹至就，復換金形者。一復，白金換肺，還於陽庚，大腸手陽明府。二復，黑水換腎，還於陽壬，足太陽膀胱。三復，黄土換脾，還於陽戊，足陽明爲胃。四復，青木換肝，還於陽甲，足少陽膽府。五復，赤火換心，還於陽丙，手太陽小腸府。六復，火全命門，還於陽土，手少陽三焦，爲諸陽之府，六腑之源。七復，毛皮筋肉，全於骨髓。八還，一十二經全於八脉三元。九還，氣血全之於精髓，形完堅固。

鍊神之法修鍊神圓空洞之所。

鼻端息細廓時沖，九五昇天上上宫，有似蟾光能出入，息然輕舉納壺中。

鍊氣之法修臍元，復本還元之所。

鼻端息細得綿綿，天樞一湛不騰煙，神入丹田陰氣盡，坎男離女住乾天。

鍊形之法修命源，黑水金丹，鍊内丹之所。

修身認取體中天，目驅龍虎合上仙，戊己會源都一處，三炎火鍊内丹田。

胎息節要

欲得長生，當修所生，所生之本，始於精氣。精氣結而爲形，即知形爲受氣之本，氣爲有形之根，氣不得形則無因而立，形不得氣則無因而成。是以變化不測，混合陰陽，大包天地，細入毫芒，清静則生，濁躁則亡。明照八表，迷一方，但能虚寂生道，自常永保無爲，其身則昌，禍福吉凶，悉由之矣！

至人以神宰御，呼而下統，吸而上衝，上至泥丸，下至陽端，二景相通，可救老殘。若能息息神炁常合，則胎從伏炁中結，炁從有胎中息，可謂胎氣内結，求死不得。若能御氣，則鼻不失息，斯言至矣！又曰「化而欲作，吾將鎮之以無名之樸」，則胎息妙用矣！又曰「專氣致柔，能如嬰兒乎？」是爲胎息之真，反精爲神，其文畢矣。夫道者炁也，寳炁則得道，得道則長存。神者精也，寳精則神明，神明則長生。炁行之則爲道也，精存之則爲寳也。凡納氣則氣上昇，吐氣則氣下流，自覺周身也。身如委衣，覺其氣如雲行體中也。生道正在於此。靈者神也，寳者精也，握固閉氣，氣化爲神，胸中純白，意無所傾，志若流水，心居空城，華池玉英，甘露醴泉，津液自生，炁變爲精，精化爲神，神化爲嬰兒。精者血脉之川流，守骨之靈神也。精去則骨枯，骨枯則死，是以寳之也。陽召陰成呼，陰召陽成噏，呼則陰昇於陽，噏則陽降於陰。和氣不居，生物自枯。喜則陽舒，哀則陰慘，怒則氣逆，憂則氣聚。陰氣沉而爲根，陽氣達而爲榦，英華散而爲花，淳氣聚而爲實。故知子者一氣之爲也，一而後滋，滋而後生，生而後化，化而後結也。空中自有物，有中亦無常，悟言有無際，相與會濛梁。氣者結虛無以成形，神者積胎精而爲妙，氣全則生存，氣不能運則純粹不應，神不能用則真景不明。行氣須閉氣，氣則上昇頭面。吐氣者，氣則下流，自覺急流體股，順脚也。以鼻納氣，以口吐氣，微而引之，名曰長息。納氣有一，吸之也，吐氣有六，呼呵嘘呬吹嘻，皆隨氣之聲也。凡人之息，一呼一吸，無有此數。欲爲長息吐氣之法，時寒可吹，時熱可呼，委曲治病。時寒可吹以去冷，時温可呼以去熱，嘻以去風，亦以去痛，呵以去煩，亦以下氣，嘘以散滯，呬以解極，凡人極者則多嘘呬。道家行氣，率多不欲嘘呬者，長息之忌也。此男女俱仙法也。食生吐死，可以長生，謂鼻納氣爲生，口吐氣爲死。

（道藏第四册）

養生辯疑訣

栖真子施肩吾述

（此書通志藝文略道家著録。言修道在知本正源，保氣棲神，使神氣相合，神形不離。當知恬淡中有其妙用，虛無中而無不爲，「若不知虛無恬淡妙用之理，徒委志于寂默之間，妄作于形神之外」，則無益于養生。「不知草木金石之性，不究四時逆順之宜」，妄服之以固形，則不僅無益，反傷和氣，致生疾害。惑人以長生非可學而得，應之曰：「服氣絶粒乃道家所尚，確有不食之功，輕身之效。」但不當「便自言腸胃無滓，立致雲霓，形體獲輕，坐希鸞鶴」；采餌吐納者，徒憑毛女，妄引靈龜，「曾不知真氣暗滅，胎精内枯」，執滯守迷，良可嗟歎。「至于驅役考召之流，蓋是道中之法事」，誠爲虛名妄作，「亂構休祥，徒陳禍福」；以上皆非保生之道。而言清浄無爲，槁木死灰者，則「不知天地動用之心，不察陰陽運行之理」，「飜使希夷之外，神用罔然，虛白之中玄關失守」。末云：「保氣棲神，不可以湛然而得之，亦不可以元（兀）然而守之。且神無方而氣常運，形至静而用無窮。」故保氣在乎運而棲神在乎用，謂「體虛而氣周，形静而神會」，「爲出世之玄機，無名之大用」。（道藏提要，第八七八號。）

其一氣無方，與時消息。萬物生死，共氣盛衰。處自然之間，而皆不知所以然而然。其所稟習，在覆載之下。有形者先知其本，知其本則求無不通；修道先須正其源，正其源則流無不應。若棄其本而外求，背其源以邪究，雖獵盡百家，學窮諸子，徒廣虛論功，絛其攝養之效，得者觀之，實爲自誤耳！

今歷觀世間好道之流，不可勝數。雖知恬淡以自守，全不知恬淡之中有妙用矣；雖知虛無以爲理，全不知虛無之中而無不爲矣。若不知虛無恬淡妙用之理，徒委志于寂默之間，妄作於形神之外，是謂無益之用，非攝生之鴻漸也。且神由形住，形以神留，神苟外遷，形亦難保。抑又服餌草木金石，以固其形，而不知草木金石之性，不究四時逆順之宜，久而服之，反傷和氣，遠不出中年之內，疾害俱生。使夫輕薄之流，皆謂繫風捕影，不可得矣。飄以學者爲不肖，以真隱爲詭道，不亦傷哉！惑人嘗以此事而譏余曰：「吾聞學道可致長生。吾自童年至于暮齒，見學道之人已千數矣。服氣絶粒者，驅役考召者，清静無欲者，修仙鍊行者，如斯之流，未有不聞其死者也。身歿幽壤之下，徒以尸解爲名。推此而論之，蓋得者猶靈骨耳，非可學而得之。」余聞斯論，不覺心愍于内，神恍于外，沉吟之間，乃太息而應之曰：「觀子向來所説，實亦鄙之甚矣！迷之尤矣！今世人學人間之事，猶有成與不成，又況妙本玄深，昏昏默默，胡可造次而得之？且大道無親，感之即應，苟云靈骨，無乃疏乎！然夫服氣絶粒者，且道家之所尚，人苟得之，皆有不食之功，身輕之效，便自言腸胃無滓，立致雲霓；形體獲輕，坐希鸞鶴。採餌者復以毛女爲憑，呼吸者又引靈龜作證。曾不知真氣暗滅，胎精内枯，猶執滯理于松筠，守迷端于翰墨，良可嗟矣！寧所怪乎？至于驅役考召之流，蓋是道中之法事，研討至精，窮其真詣，誠爲身外之虚名，妄作人間之孟浪。在己無徵于延益，於人有驗于軫攘。亂構休祥，徒陳禍福。如斯之輩，並匪保生之道也。或以清静無爲，深居絶俗，形同槁木，志類死灰，不知天地動用之心，不察陰陽運行之理。如此則雖遊恍惚，其恍惚而無涯；縱合窅冥，其窅冥而莫測。黜使希夷之外，神用罔然；虚白之中，玄關失守。言議之際，中有高真喟然而歎曰：守一非一，履真非真。此亦近爲門階之由，殊未窺其室中之用矣。大凡保氣棲神，不可以湛然而得之，亦不可以元然而守之。且神無方而氣常運，形至静而用無窮。是知保氣者，其要在乎運；棲神者，其祕在乎用。吾嘗聞之于師曰：體虚而氣周，形静而神會。此蓋爲出世之玄機，無名之大用矣。」

（道藏第一八册。另，此篇亦見于道藏第二二册所收雲笈七籤卷八八，文字頗多出入，兹録于後）

附：雲笈七籤卷八八所收養生辨疑訣

棲真子施肩吾述

一炁無方，與時消息。萬物生死，共氣盛衰。處自然之間，而皆不知所以然而然，其所禀習，在覆載之下。有形者先須知其本，知其本則末無不通；修道者先須正其源，正其源則流無不應。若棄其本而外求，背其源以邪究，雖躐盡百家，學窮諸子，徒廣虚論之功，終無攝養之效。得者觀之，實爲自悟耳。

今歷觀世間，好道之流，不可勝數。雖知恬淡以自守，全不知恬淡之中有妙用矣。雖知虚無以爲理，全不知虚無之中而無不爲矣。若不知虚無恬淡妙用之理，徒委志于寂默之間，妄作于形神之外，是謂無益之用，非攝生之鴻漸也。且神由形住，形以神留，神苟外遷，形亦難保。抑又服餌草木金石以固其形，而不知草木金石之性，不究四時順逆之儀，久而服之，反傷和氣，遠不出中年之内，疾害俱生。使夫輕薄之流，皆謂繫風捕影，不可得也，翻以學者爲不肖，以真隱爲詭道，不亦傷哉！或人以此事而譏余曰：「吾聞學道可致長生，吾自童年至于暮齒，見學道之人，已千數矣。服氣絶粒者，驅役考召者，清浄無欲者，修仙鍊行者，如斯之流，未有聞其不死者也。身歿幽壤之下，徒以尸解爲名。推此而論之，蓋得者猶靈骨耳！非可學而得之。」余聞斯論，不覺心懕然于內，神恍惚于外，沉吟之間，乃太息而應之曰：「觀子向來所説，實亦鄙之甚矣！迷之尤矣！今世人學凡間之事，猶有成與不成，豈況妙本玄深，昏昏默默，胡可造次而得之？且大道無親，感之即應，苟云靈骨，無乃疏乎！然夫服氣絶粒者，道家之所尚，人苟得之，皆有不食輕舉之效。便自言腸胃無滓，立致雲霓，形體獲輕，坐希鸞鶴。採餌者復以毛女爲憑，呼吸者又引靈龜作證。曾不知真炁暗減，胎精内枯，猶執滯理于松筠，守迷端于翰墨，良可嗟矣！寧不怪乎？至于驅役考召之流，蓋是道中之法事，研討至精，窮其真詰，誠爲身外之虚名，妄矣！且元和之氣，非時長而有之，未有此形，天地之間，已有之矣。經曰「先天地而生」，即元氣矣。此身有者，父母交合，施其元氣。元氣者，真精矣。何以明之？精留于身則身生，精施于人則生人。移此精氣，結彼元氣，彼既成于形，此則受損耳。内景經云：「長生至慎房中急。」此在乎妙用之道，元氣結之爲精矣。身中之精，元氣之本。能使氣一泝精，移之上元、下元之中，又採新氣，旬日還爲精矣。如彼釜熟其物，則出之，更添新者，回還無窮，天地不足爲久壽矣！上元充滿，百節自實，老者反丁，丁者反嬰。斯得上元下元，我能經略運度，寬猛是則。審修我宮，神仙必得，不修我宮，死之必尅。人在氣，如魚在水，沉浮東西，莫不由己。修錬經時，百節盡暢，炅若陽春，久乃自知。若有不通及疾病之處，注意中元，發火以焚之，乃自通，通則愈矣。心爲絳宮，絳宮者赤色，猶火也。存心炎火，亘乎一身，非特爲氣道流通，抑亦銷其邪也。凡欲行氣之前，但焚之一度。經曰：廣成子積火焚五毒。五毒，五味矣。五穀五味不焚之，必能壅遏氣道。焚之或久，令人煩熱。存之纔通，即須行氣。行氣之法，但泯思慮，任神廬微微，元氣自然遍體。夫炁者，百節毛孔，皆自有之，能以意行之，是賢臣化百姓矣。何以明炁之在身？但以一丈之竹通其節，以扃一頭，口向中吹之，氣忽然達于筒中，自有元氣相撐而出。人身中亦猶此筒，思慮既絶，元氣遍身。遍身之後，兀然而定。其取定之術，具載下元篇中，審而行之，萬不失一矣。

太白經

（篇首引黄帝聖記經云，黄帝謁大隗君得神芝靈圖十二卷及金銀方十九首，登王屋山開石函得九鼎神丹之道，到峨眉山見天真皇人得修太陽流珠之道。後授元子以九鼎神丹，元子復傳東山子，此後「得道者不可勝計」。如心不合道則難成，故不可輕洩。乃述傳修鍊有十可十不可者。十不可與語者有：巧言媚容者一，採問頻仍者二，自稱貧寒望救者三，問得即喜、難問則誹者四，好利悋貪者五，不從師授者六，握管窺天者七，性識昏劣者八，要小巧弄大賢者九，到岸捨棧者十。十可者爲：有道者一，言不諂行無狡者二，智慎若愚者三，率真薄名利者四，慈惠博施者五，忠節恬淡者六，仁孝清淡者七，無競無欲者八，無家絶累者九，巖棲獨處者十。然須具備十全，方可成丹。十全者，擇地一，備財二，直時童子性靈三，爐竈合式四，鼎器如法五，識真藥採時六，七闕，洗濯藥材八，四象五行配合入鼎九，水火依時合卦十。

後有四明先生傳，言四象五行、神水華池之功，謂「五行相生，四象相制，而終歸於土。」傳曰：「五行名異而體同，同謂之玄。玄，水也。水能生木，木能生火，火能生土，土能生金。金爲白虎，木爲青龍，火爲朱雀，水爲玄武。以玄武制朱雀，以白虎制青龍。」「猶以水剋火，以金剋木，金水木火猶銀鉛砂汞」，「銀鉛砂汞，自定四方」（頁九），即參同契中「青赤白黑，各居一方」之義。書引李筌陰符經注黄帝語：「金丹之術百數，其要在神水華池。」（頁九）謂「神水華池者，萬物之母」，「五行之首」，内含五彩。稱「一物含五彩，永作神仙禄」，蓋指鉛也。「既明神水，銷作華池，然後於中交感龍虎」，則棄華池無用。故曰：「用鉛不用鉛，須向鉛中作」；「欲鍊大還丹，須知鉛是母」，「既識砂中汞，復求鉛裏金」。又曰：「鉛爲牙母，牙爲鉛子。既得金華，捨鉛不使。」（頁十）皆謂鍊丹須以鉛爲基，於中採真，唯龍虎交感則云祇口傳而不載于文。末有施肩吾七言頌語十二句，内云：「神水華池便是丹」，「勸君莫把凡鉛弄」，「鉛中何處覓神仙」，「争奈仙家不肯傳」，「乾坤顛倒驅雷雨，龍躍安能出上陰」。詞多隱晦，用外丹術語而無藥物斤兩做法，强調神水華池爲作丹之要而不指明其物，於龍虎交感更祇云口傳而不載於文字，其言龍虎交感，乾坤顛倒，似與房中術有關。本書蓋出於唐代。一説即施肩吾作。（道藏提要，第九五九號。）

黄帝聖記經曰：黄帝元年寅月寅日，齋於首山，方明、力牧從黄帝，以上具茨，謁大隗君，授以黄帝神芝靈圖十二卷，金銀方十九首。黄帝又登王屋山，開石函，發玉笈，得九鼎神丹飛雪爐火之道。黄帝復到峨眉山，見天真皇人，禮請神仙之道。皇人曰：子豈不知天有玄一，生於太陽，名爲流珠，爲衆妙之門，得而修之，可令子長生昇雲，飛朝玉帝。黄帝拜受，於荆山鑄金鼎，修合流珠大還神丹，令傳後人，而於鼎湖，服而上升。時有大臣七十二人，得丹服者，亦從黄帝上昇。先是黄帝恐金丹道絶，授與元子九鼎神丹，令傳後人。而誡之曰：「此道至重，必以授賢。苟非其人，自招災咎」。元子則齋於東明山，以金魚投於東流水，歃血而盟。後元子又傳東山子。自此，以聖傳聖，以賢傳賢，以仁傳仁，得道者不可勝計。天之愛人甚矣。而人自非心不合道，固難成也。返成不信，天下十有九矣。聞道撫掌，此亦明矣。是則天機不可輕泄，鼎器不可竊弄，愚下狡詐貪婪欺妄者，故不可令見，不可與語。然傳修鍊有十不可者，有十可者，爲之十誡云耳。

十不可者

一、以巧言媚容，急向熱取。謂他人爲癡，謂我爲奸，自云若是道不違人，即心無悋惜。一言道合，必傳與我，或説他事並此事，或指他人喻此人，狡詐多方，甘言出口，此輩慎不可與語也。

二、先自説大丹方術，金石門庭，伏砒撲茅，尋草結汞。又曰曾親經手嫌，不能爲意在。

先說我，彊博換他事。謂我機關羅籠天地，頻來數到，東問西探，慎不可與語也。

三、只以盞醪臠炙，雙襪緉鞋，自説貧寒，望垂救拔，生成荷德，死歿知恩，指天地爲盟，向神祇作誓，此輩慎不可與語也。

四、入頭相狎，巧語多辭，探頤淺探，考求道理，問得即喜我，乃稱揚彼人者，神仙中人；難問則嗔我，則誹謗彼人者，誑妄之士，浮學日淺，不及我長，此輩慎不可與語也。

五、立性好利，秪待要金，慳貪不使於一文，奸狡但求於好事，乾語濕喏，低拜屈腰，自稱爾好事，必然不要我錢，空把兩拳，堅求至藝，此輩慎不可與語也。

六、自無見識，不按方書，任意看量，不從師授，或一千文爲一火，或五百文作一灰，金逐煙消，石隨焰散，不稱愚意，卻謗真賢，以謂從來伏丹萬無一成，大約世間終無此事，見仙人則謗，逢處士即嗔，將謂他人並同於我，此輩慎不可與語也。

七、自觀彼人，言此人無福，以讎滅士，言此人恶心。我尚不成，爾焉能遂？我已歲時久歷，爾且年紀未多。以老人爲徧知，以廣行爲歷事，便擬指呼賢達，孩問智人，握管窺天，拋磚引玉，此輩慎不可與語也。

八、根性淺劣，寧知造化之源。見識昏蒙，不達乾坤之道。只求小術，專在利門，所務家資，懶成意氣。伏砒伏粉，丹砂以銀鉛，銅用碌煮汞。論此事即忻心歡喜，聞至藥則冷笑不言，自此以假求真，且説從小入大，此輩慎不可與語也。

九、既知出塵之術，能求得道之人，偏能屈節低心，亦甚瞻顏望色，入夜則尋思計較，明朝則便去推求，但有納璧之心，殊無割城之意，專呈小巧，擬弄大賢。敢於容易之間，獲起殊常之事。又曰：下坡不走，快便難逢，事在乘時，人不再遇。或自談儉素，自説忠良，於己自悋，勸人行陰騭，假陳慈惠，妄説方書，迷誑小人，平欺君子，爲求好事，干送小心。又曰：傳我者祇爲於人情酬爾，不言於財寶，此輩慎不可與語也。

十、偶遇名人，少知宗旨，自爲輕薄，不辯陰陽。或得其頭，不盡其尾；得其尾，不得其頭。是何小器易盈，向人自衒。或知者則慇懃承侍，拜告仙兄，而見妾出妻，同生同活，願爲奴蹇，永奉指呼，唯期地久天長，終願粉身碎骨。後乃薄知去處，將謂萬全，便於仙兄，當時解體，姿顏漸矜，盤酌日疏，自以得魚忘筌，到岸捨棭，我今已得大事，不要前人，請去門欄，自修鉛汞。殊不知至人鑒人識物，占往知來，先審斯人，終非大器，豈以口言貌笑，杯酒家餐，而傳授神仙大事，天地至機者哉？如此輩始則自謂事了，先負仙兄，終則漸覺事非，卻謗高士。自貽伊戚，誰致悔尤。噫，茫茫古今，世間此輩甚多，慎不可與語也。

右此十不可與語者，得道君子慎而鑒之。若泄玄機，自招悔咎。然則得人不傳，謂之秘藏天道，亦不可也。非其人而傳者，枉泄天道，竊弄陰陽，大不可也。

十可者

一、不問貧窮富貴尊卑，帝王宰輔，侯伯文武，庶人士農工商等，但有道者可傳。然先審其人，評其可否，方可傳授。

二、不以黄白事，不以勢力所知，在富如貧，居官若庶，志求大道，只慕長生，言不諂諛，行無狡曲，不可以暫時爲事，故審平昔之期。若是其人，此可傳付。

三、先與言論，審察根基，儻若不昧陰陽，能明卦象，知造化之理，識天地之恩，洞達晦明，深曉進退，五行四象，七返九還，行與業同，身將心正；又慮福而無德，聰而不明，始吉終凶，先得後失，不可追悔，必也藏機密事，抱智而愚。慎審其人，此可傳授。

四、若見孜孜於家事，苦苦於身名，務於意氣，事於風雅，此不可與語也。若見守真任直，少能自足，薄於人事，不與家累，淡薄名利，於親無情，於人不詐，此可傳授。

五、有慈惠之心，無親疏之意，欲博施而力不備，重高人而家具貧，細察行藏，此可傳授。

六、事君忠節，居上不矜，俸薄家貧，守真不躁，而能恬淡自牧，不事輕浮，心在虛無，不急名禄，此可傳授。

七、事親於家，孝聞閭里，仁德兼著，清淡自持，志慕長生，此可傳授。

八、與物無競，心絶冤親，自將天道爲心，不以還丹爲念，無心合道，道自目前，此可傳授。

九、無家絶累，野鶴孤雲，不爲人事所拘，不備時宜之禮，人不識我，我不識人，心慕長生，不逢至道者，此可傳授。

十、時有道侶，多居巖室，獨處雲林，歲臘齊高，親交雙泯。然後察言觀行，不欺彼弱無心者，此可傳授。

右此十可者，得道之士，百年之内，可傳三人。前有十不可者，慎勿傳也。然傳授之時，須具十全，方得成就大丹，若不十全，不可妄爲也。

十全者

一全，有修鍊之地。慎擇名山大嶽，來山去水，五行相生，不爲凶山惡水，虚耗所忌，不爲凡人俗眼，來去穢惡混雜，此未可也。

二全，備其財本。財本若備，無所牽率，不令所少短，並須修鍊之人心意，自然而然，不得將無作有，遲疑之間，有所憂悔。

三全，直時童子，須是奇人。若非高上靈性，不可指使，秖令直符，不可與知道。慮若小駄，輕泄於人。

四全，起爐竈，高低尺寸，闊狹厚薄，並依法則。取土方向泥，起火時日，門户開閉，多少方所，重疊數目，各臻其道。

五全，鼎器法則，須依其道，亦有高低、小大、將狹、斤兩、厚薄、深淺，並須子細究尋玄妙，契合真文，不可妄爲。若識真鼎，已是智人。

六全，須識真藥。既識真藥，須知收採之時。故淮南王曰「採於蠶食之前，用於火化之後」，則知非金石則木也。木王於二月，廢於八月，伏於十月，此昭然可見矣。八月秋動霜零，乾條葉落，還歸於地也。

七全，闕。

八全，採取收持，須能洗灑，謂之沐浴。沐浴既浄，除根收葉，去骨留肥，迎入房櫳，從兹會合。

九全，若入鼎爐，安排依法，分明四象，匹配五行，不乖二儀，並交兩曜。造物者我，發生者誰？

十全，水火也。有無並合，子午依時，虧圓並在於月中。飛伏盡由於卦裏，精修到此，方好用心，名爲十全，得稱至士。然十全無有一者，則不可與言道。十全而有一不全，即亦闕於道。故至士審而行之，不其然乎。

四明先生傳曰：四者，則四象，東西南北也。明者，日月也。先者，先天地，爲萬物之先也。生者，道也，道生一，一生二，二生三，三生萬物。又曰：一者，水，二者，火；三者，木。此三者能成萬物，萬物者土也。所謂三者，能運轉，終歸土，土者五也。五爲四之父，四爲五之子，故五爲帝王，四爲長子。故帝王有養育之德，長子有殺伐之權。故帝王與長子，合其九數。豈不然乎哉？或曰：三主乎震，震主東宮，四爲兑宮，卻稱長子。答曰：然長子始於震宮，終於兑宮，故同名共色。静爲動根。易曰「同聲相應，同氣相求」，即其義也。又曰：五行相生，四象相制，終歸於土。萬物從土生，歸土死。五行名異而體同，同謂之玄。玄，水也。水能生木，木能生火，火能生土，土能生金。金爲白虎，木爲青龍，火爲朱雀，水爲玄武。以玄武制朱雀，以白虎制青龍。故古人曰：欲定四方，先看顔色。故並事而説之。且如銀鉛砂汞，自定四方。如是則便識水火，兼知龍虎。豈不知水能殺火，金能剋木乎？又何以迷於大道乎？以此論之，千經萬書，諸子群論，廣明五行八卦，四象六位，不爾，失總久矣。蓋不言神水華池，亦不論龍虎交感。李詮注陰符經按黄帝曰：金丹之術百數，其要在神水華池。但古今雖有其文，不顯其理。且神水華池者，萬物之母。而有一德，五行之首，坐而面南，先天而生，先地而有，實天地之母。知白守黑，不剛不柔，如石如水，與物無競，爲五金八石之尊。澄之若太虚之色，含於五彩。古人曰：一物含五彩，永作神仙禄。賢人君子豈不明乎？既明神水，銷作華池，然後於中交感龍虎，龍虎既已交感，則棄華池無用也。故古人曰：用鉛不用鉛，須向鉛中作。若向鉛中求，依前還是錯。又曰：用鉛不用鉛，須向鉛中取。欲鍊大還丹，須知鉛是母。又曰：既識砂中汞，須求鉛裹金。又曰：鉛爲牙母，牙爲鉛子。既得金華，捨鉛不使。又曰：牙若是鉛，棄鉛萬里。牙若非鉛，從鉛而始。又曰：還丹本元鉛，鉛裹亦元丹。造丹不用鉛，鉛是大丹田。田者，土也。萬物從土而生。故青霞子曰：神仙之道，千變萬化，莫過於鉛汞神水華池之道，獨有龍虎交感一門。自軒轅已來，不上文墨，秖口傳秘訣，心授靈符。今且直指神水華池於世間，未論龍虎交感於文内，其有修鍊爐鼎，火候進退，與諸家並同，此更不參述也。至於八卦五行，七返九還，鼎鑪法樣，既濟未濟，盡是殊事。蓋丹家自要貴重作用之道，但能得知水火華池，龍虎交感，已得大還丹之秘要也。

施肩吾頌曰：

神水華池便是丹，東西高下自相看。
勸君莫把凡鉛弄，活計生涯便好捐。
鉛則何妨本自鉛，鉛中何處覓神仙。

東西南北還丹了，争奈仙家不肯傳。
同色同名合好音，亦能爍爍亦沉沉。
乾坤顛倒驅雷雨，龍躍安能出上陰。

（道藏第一九册）

華陽篇日月之樞，天地之機；華陽著書，憲章其師。

華陽子曰：吾有返老還童之方焉，内丹就則真氣生矣，外丹成則凡骨健矣。

純陽子曰：晨興則嗽惡濁之津以開其胃，呵心之氣以搓其臉。夫心氣者，升則爲色，散則爲脉，流則爲血，凝則爲膏矣。次以濃津塗其尺宅，内接真氣，自然酡顔。夫欲采益下元者，則采龍虎之精，凝于黄庭而爲内丹，内丹者，可以得長生者也；鍊金石補丹田爲内大藥，大藥者，可以不死者也。

純陽子曰：手搓臍之下，以盡九九之數，復以左右手更换兜其外腎，其數以九焉。及乎哺時，則嗽氣而搐外腎，收膀胱之氣于丹田，納心之氣于下部。心，火也。當常降于下，默照如火輪之旋轉焉。其驗雖遲，其功大矣。故曰：腎者，氣海也；心者，神都也。保守無虧，搓之、兜之、搐之、嗽之，左右手抱其臍，既困則卧而屈膝焉。以外腎與臍相對，自然下元堅固，而交合内丹矣。

凡交坎離者，必取其卯酉之時可也；交龍虎者，必取其子午之時可也。古之上聖養陽不養陰，鍊龍不鍊虎，孰測其妙哉。夫用卯以交于坎離，于是閉息静坐，使氣液相向，内滋乎五藏，外充乎四體焉；用午以交于虎，于是滿口含津，使鉛投于汞，丹砂凝結採補，還丹成矣。腎中生氣，以氣還腎，其名曰小還丹；心中生神，以神還心，其名曰中還丹；腦中生髓，以髓還腦，其名曰大還丹。龍虎交者，小還也；内觀者，中還也；肘後者，大還也。

純陽子曰：殺夫救婦，當尋其母。審五行之生剋，隨四時之盛衰，可謂盡善矣。雖然殺夫尋母，止可救補于五藏之不足而已；引子殺鬼，止可抽瀉本官之有餘而已。凡本宫之不足，當尋母而呵之，使氣還于田，子母相生，般運鍊形焉。

太陰鍊形者何也？以嘶中取水，灌乎四支，玉液鍊形者是也。太陽鍊形者何也？以丹中馭氣，焚于百骨，金液鍊形者是也。陰鍊陽其效遲矣，陽鍊陰其功細矣。夫于亭午氣王之時，静坐升身，鼻中出息不厭其長也，氣滿而汗微出，其名曰真珠浴。午之後，氣弱之時，偃卧運氣于手足之間而不凝滯，及其氣滿則收還于丹元，再收不厭其多也，將入丹元，頻嘶頻搐，斯爲妙矣。若夫肘後還精補腦之餘，真水下降而用既濟之訣，與夫還丹之餘氣上升而焚身，于時皆不可以用此也。

金石可取爲外丹，而客氣終不爲吾身也；坎離可採爲内丹，而虚氣終不能常用也。昔人取真陰真陽凝結而爲内丹，于氣之中復取真氣還于黄庭。其行之也，當于亭午五氣會合之際注意採之，此乃赫赤金丹，一日自成，旬日進功，奪三百之期者也。辰巳之交，採肝之精英，其名曰青金丹；未申之交，採心之精英，其名曰紅液丹；子午之交，採脾之精英，其名曰黄芽丹；戌亥之交，採肺之精英，其名曰西華丹；丑寅之交，採腎之精英，其名曰太微丹。凡有一丹，斯可以壽百齡矣。五丹鍊聚，久視之法也。取真氣以鍊氣，于是乎，氣中有氣，其氣生神，神在即形在矣。隨大運以鍊真氣，隨小運以鍊元氣，固可以長生延年者也，然未若一日而鍊五氣，十日而結大丹，絶念以守真息，留氣以養元神，始在五藏，次餘一宫，氣中生神，鍊神合道者也。

周天火候之理，蓋不一焉。閉息以攻病，脅腹以補衰，升身以通經絡，按胯以健腰膝，所貴乎時日無差，進退有數，加減當理，抽添合宜而已。善鍊丹者以三昧之氣依乎周天之運，五日一氣，節次而進之，積之百息曰小成，千息曰中成，萬息曰大成。午之前鍊形，不厭乎頻，升而引也；午之後鍊丹，不厭乎頻，嚥而飲也。進火何以加減乎？始以乾者也，次以兑，終以坤；始以鍊，次以兩，終以斤，皆進火之理也。

内觀者何也？觀己不觀物，觀内不觀外者也。吾有觀心之法，一念不生，如持盬水湛然常清焉。吾有觀天之法，終日静坐，默朝上帝焉。吾有觀鼻之法，常如垂絲鼻上，升而復入，降而復升焉。内觀之至也，則氣入泥丸，神超内院矣。彼沙門入定，久而昏寂，止于陰神出殼而已；道家坐忘，久而頑着，神氣豈能成就哉？故内觀之法，以浄心爲本，以絶想爲用，下心之火于丹田，不計功程，蓋如達磨所謂一念不漏，自然内定而結元神焉。

夫氣胎息易行而難就者，何也？爲有妄識心者也。真胎息難行而易成者，何也？爲有清静性者也。胎息之訣，閉其所入之氣，留其所傳之息，綿綿若存，用之不勤可也，于是有朝元之方：于子之時氣生，及午而上朝于心；于午之時液生，及子而下還于腎。龍虎交而成丹，其名曰下朝元；以鉛汞分胎，以成其神，三陽上升于内院，其名曰上朝元。夫錬氣而氣見本色矣，錬神而神入元宫矣。以真火散其陰魔，于是丹就而氣自朝焉，氣真而神自朝焉。于午之前静坐，鼻之中長引其氣，自合于中元矣；于子之前静坐，斂身噤氣，則自朝于下元矣；日出之前静坐，升身偃脊，則氣自朝于上元矣。

何以謂之還精補腦乎？夫精在于腎，以氣補之，可以長生者也；氣在于心，以神安之，可以不死者也；髓出于腦，以真陰真陽補之，可以返老還童者也。若夫抽腎之氣于肘之後，飛入上宫，是以真陰補之也；還其真氣而内觀，超于内院，是以真陽補之也；終日嘿嘿，忘慮絶機，二氣互交，凝于髓海，是以陰陽補之也。真陰補之，其法不出丑寅之間，升身直腰偃胸，閉其雙關而動焉。少者月開之，老者百日開之，開其雙關而復閉其上關，開數如前，既入上宫即既濟矣。

既濟、未濟何道也？坎離匹配者，滋益五藏，未能成丹也。龍虎交際者，聚集五氣，而未能朝元也。惟丹成于未濟，神會于純陽而後可也。純陽子爲陸居神仙，長生不死者，坎離相交之功也。爲純陽上真棄殼升仙者，龍虎相交之功也。坎離之交在于離之卦，含津引氣是也。陰中取陽，陽中取陰，可以長生不死而已。即日其丹成，純陽之氣生，則不比乎腎氣之中有陰虎者也；即日其髓滿，純陽之水降，則不比乎心液之中有陽龍者也。上水下火，既濟之義也。故無鼎中之真水，不可以制純陽之氣；無丹中之真火，不可以鍊純陽之質。一升一降，以陽鍊陰，陰盡純陽，于是陽神自聚，上朝于天宮，指日而出殼矣。既濟之法者，蓋取午之前，前起後起于焚身法中而用還丹嚥法者也。

出入分形者，何道也？或以鼻之上垂絲，使升入天宮焉，或以地湧起物象，使神離于本位焉，俱可以分形者也。或以鶴出巢而沖天門，或以龍出水而入碧落，或以三級紅樓，或以七層寶塔，或以花村，或以枯木，皆可以出殼者也。是之謂調神升仙之法歟。夫人之始，即父母之精血而爲腎。腎者，丹也，即吾之身陰陽而爲丹者，真丹也。丹成則真氣生矣，至于真氣足而後始可以造化焉，升之鍊形則騰舉矣，留之鍊氣則棄殼矣。若無内丹，止用腎氣之升納以求分形，則不過乎陰靈誤出于天門，鬼仙之道也。保守腎氣，取陰陽之粹，凝而爲丹，丹成氣足，隨時鍊氣則元氣朝而真神集矣。隨方調神，神自成體，又何必調神之法，分形之像乎？學者患址不立而求分形之訣，縱或能出天門，而往來不熟，出入有差，冥冥真靈不能再入其身，是謂之咎，亦可悲夫！

（道藏第二〇册所收道樞卷一〇）

修真指玄篇 五行倒植，三田返覆，冬子夏午，神氣内蓄。

華陽真人施肩吾。曰：吾聞之正陽真人鍾離雲房。言：玉清、上清、太清、太無、太虛、太空、太質云者，蓋大道有無之相生，以立天地之基標者也。以人言之，則三清者，父母之精、氣、神，聚而爲胎，精血爲表，精氣爲裏，如天地之清濁者也。純陽真人以爲，龍虎交合而結内丹，三百日而真氣生，鍊就陽神，始在黄庭，次居内院，終出天門，此人之三清者也。腎爲水，水中生元氣，可比于地也。心爲火，火中生真土，可比土石之聚也。

脾者隨呼而舒，以引于腎氣而上行；隨吸而入，以接于心氣而下降。故呼吸之間般運天地，純粹之氣，入于中宫，飲食之際受納萬物，秀實之氣資于四體，此人之三才者也。純陽真人曰：父母交合而生身，人之三才也；心腎交合而生丹，吾之三才也。

華陽真人曰：斯言也，其玄矣乎？月者，太陰之精也，陰不得陽則不生，所以月受日魂而爲明也；日者，太陽之精也，陽不得陰則不成，所以日得月魄而見也。試言乎内，則猶腎氣傳于肝氣，肝氣出而腎之餘陰絶矣，所以魂生于肝焉；心液傳于肺液，肺液生而心之餘陽絶矣，所以魄生于肺焉。于腎氣之中而取真一之水，心液之中而取正陽之氣，即真一之水爲胎，如日魂得月魄而明也，真一之水得正陽之氣爲主，如月魄得日魂而照也。

一歲有二十四氣，一日之間亦有二十四時焉。故亥、子、丑之時，壬癸之位也，而小雪、大雪、冬至、小寒、大寒屬焉；寅、卯、辰之時，甲乙之位也，而立春、雨水、驚蟄、春分、清明、穀雨屬焉；巳、午、未之時，丙丁之位也，而立夏、小滿、芒種、夏至、小暑、大暑屬焉；申、酉、戌之時，庚辛之位也，而立秋、處暑、白露、秋分、寒露、霜降、立冬屬焉。五日一候，三候一氣，三氣一節，二節一時。十二時者，陽時也；十干者，陰時也。艮、巽、坤、乾者，四卦時也，合而爲二十四時，與天地二十四氣同焉。一日十二時，時爲三十度，共三百六十，與天地三百六十度同焉。天地之春夏秋冬，日月之弦望晦朔，人之子午卯酉，四時同焉。知其時候，以法致之，則丹全氣足，可以長生，鍊氣成神，可以入聖。

五行者，相生者也。故肺氣得腎氣方行焉。心氣得肝氣方行焉，脾氣得心氣方行焉，肺氣得脾氣方行焉，及于三田則精中生氣，秘其精而氣自壯矣；氣中生神，養其氣而神自清矣。五行相生可以延年，三田返覆可以超凡。

人有九宮何也？丹元宮者，腎也；朱陵宮者，小腸也；蘭臺宮者，肝也；天霐宮者，膽也；黄庭宮者，脾也；玄靈宮者，大腸也；尚書宮者，肺也；玉房宮者，膀胱也；絳霄宮者，心也。以九州言之，則冀州者，腎也；兗州者，膀胱也；青州者，肝也；徐州者，膽也；

揚州者，心也；荆州者，小腸也；梁州者，肺也；雍州者，大腸也；豫州者，脾也。以形言之，肺長八寸，其狀如華蓋；心長九寸，其狀如垂蓮；肝長七寸，其狀如懸瓠；腎長三寸，其狀如懸石；脾長七寸六分，其狀如覆盆；其類不可窮也。

腎氣之中取水，心液之上取氣，氣上水下，是爲未濟之卦也。腎氣入于頂，真水下降；心氣入于丹田，真氣上升，是爲既濟之卦也。心腎交合而成内丹，肝肺傳送而爲火候，以合天地升降之宜、日月進退之數焉。

龍虎何以交合歟？自辰、巳至于午而止，其津分三嚥之，于是幽室静坐，疊掌盤膝，忘思絶慮，微以升腰，閉目冥心，滿口含津，鼻之中細細出息，引極再入，含津以壓之，真龍不上升矣，引息抽之，真虎不下降矣。初覺其嚥乾，次覺其心沖，終覺其情暢。龍虎既合，于是無質以生質，其形如黍，還于黄庭，是爲玄珠者也。若鍊之火候不差，斯爲金丹焉。火者，三昧真火也。升降循環，有周天之道焉。十五兩爲三百六十銖，有周天之度焉。天氣五日一候，故修鍊者亦五日一進退火候焉。三氣在于黄庭，其法用戌、亥至于子，静坐幽室，屏去思慮，微隱于几，輕脅其腹，使鼻中綿綿，用之不勤，默存丹田如火輪焉；其轉不倦，脅之勿動，困則暫止再脅者，蓋以聚所散之氣，想火轉之于腎，心火下入于黄庭，始則其腹微痛，次則漸熱，行之可以補虚益氣，積而延年。若與前之龍虎并行，百日下火五兩，自戌至于子，鍊精成汞而藥力全矣；二百日下火十兩，自酉至于子，鍊汞成砂而胞胎堅矣；三百日下火十五兩，自申至于子，鍊砂成金而純陽氣生矣。何以取火乎？以念珠一百八凝息計數，數足方得一銖焉。

何以肘後飛金晶乎？用子之時一陽初動而下功，披衣正坐，握固存神，扣齒二十四通，集神和氣，忘思絕慮，閉目冥心，存下丹田，微偃其脊，始覺腰之下稍熱，如未熱則再偃，至熱則止，于是氣過于尾閭下關，次過于夾脊雙關，次過于玉京上關，在心之左。以至升偃，一撞三關入于泥丸，日出而止，行之一夕，可全一年之損，如滿其數，則可以補腦益髓，返老還童矣。故辰、巳曰交合，戌、亥曰進火，子曰退火。

何以謂之金液還丹乎？其法用子之時，靜坐存升，掩耳閉息，輕輕擺撒，使腎氣入于頂，攻擊神水下降，自上腭而來，清涼美甘，不漱而嚥。久之，骨健身輕，勝寒暑矣。

何以謂之玉液還丹乎？其法用辰、巳之時交合焉，靜坐絕思慮，以舌拄牙縫，雙收二頰，有津則嚥之，無津則嚥其氣，滿乎三百六十之數，此自肺而升者也，可以益一年之損而已。有內丹不用此。于子之時，存升偃脊，一撞三關，既入于頂，急閉其息，掩耳擺撒，金液使下降焉。于是不漱而嚥，于時即高身起腹，舉腰正坐，使金液隨元氣散入四支，通流百脉，是爲金液鍊形者也。久之，目視金華，體出金光，不止長生而已。于午之前，辰、巳時。收頰嚥氣，補虚，數足乃繼而用之。方嚥未嚥之際忽升身正坐，高舉其腹，氣入于四支、百脉，傳入于經絡，百日則肌如玉，血如膏，顔如嬰矣。鍊之法有二：其一以丹鍊形，三田反覆者也；其一以無丹鍊形，五行顛倒者。是爲玉液鍊形也。存升偃脊，一撞三關，直入于泥丸，掩耳閉息，金液下降，即舉腹升起，丹田純陽，一升一降，相見于重樓之下，是爲既濟。始成一珠，其大如黍，其色瑩而黄，乃還于黄庭，是爲金粟。遂出金光于皮毛，計功定其息數，此既濟者也。

人之元氣，日一循環焉，其元神旬一交番焉。甲乙之日卯時鍊肝氣，丙丁之日午時鍊心氣，庚辛之日酉時鍊肺氣，壬癸之日子時鍊腎氣，皆鍊之成神焉。惟脾無正氣而不受鍊，戊己之日安閑可也，正坐静室，屏思慮，扣齒二十四，惟心在道，神定氣和，默觀所鍊之藏，心至則氣自至矣。丹田純陽之火至是爲三花和會，非比三昧之火也。旬鍊之一番焉，凡百日每藏各鍊十番，于是氣升神見，各隨其色紛紜上起，回觀反照，見五色之雲，興于壺中，此鍊氣成神，上朝天元，並入神宫者也。然懼外魔以亂天真，當速收内觀以起火焉。故曰：欲長生者，鍊丹下火可也；欲不死者，還丹鍊形可也；欲升仙者，鍊氣成神可也。

烟蘿子曰：仙者，嚥氣閉息不入，喉中往來，當其氣滿難住，正坐升舉其腰身，如是不止，氣衝凝滯而又可以延息少時矣，積氣生液，内滋于五臟六府，外潤于皮膚。此安樂之上法也，然未盡玄微焉。玄微之道在夫幽室静坐，絶慮忘思，嚥氣閉息，急則升身，放則换氣而奪餘息，于是心腹空而首目清利，體充悦而神氣調和，此延年之法也。或飲食過度，則閉息虚心，自然消除矣；或氣血凝滯，則閉息默觀病之所在，病則愈矣。

夫納九嚥一、存三放七、定息内觀，事無不畢，此長生之訣也。何謂也？鼻入清氣，而納之九分，咽中一嚥，不使所入之氣往來，覺其急則舉身取氣，放息勿令出盡，常存二三焉，當其閉息之際，默觀五藏，氣自通和，則其疾去矣。

正陽真人曰：欲覺陽公長子，須是多入少出，從其男女相争，過時求取真一。純陽真人釋之曰：陽公，乾也。乾一索于坤而生震，震爲長子，在人爲肝，在時爲卯，是爲泰卦，三陽之候也。于時腎之氣爲嬰兒，上傳于肝，心之液爲姹女，下降于肺，肺氣相交，于是其鼻入多，其口出少，凝住不使傳降焉，是爲男女相争。積氣生液，于是真氣益多，故曰過時求取真一者也。然則玄微者，不離于卯之時而已。外應于泰，内契坎離氣交之候，鼻入清氣，升身内想，默計周天之數，凡三百有六十，可以奪一年之氣，以補已往之損，比之胎息無時焉。弱者可以骨健，老者可以還童矣。

岐伯曰：人之真氣，春藏于肝，夏藏于心，秋藏于肺，冬藏于腎。肝、心，陽也。肺、腎，陰也。隨時養之，不出冬夏二至、春秋二分之候。所養之法，淡然自適而無所惑，静坐内觀所養之藏，自然氣凝而有象有形焉。故以陰氣爲胎，以陽氣爲息，氣住則形住，是爲長生之要也。靈樞曰：天地反立，陰陽逆生，鍊鉛鍊汞，自然道生。扁鵲曰：冬至之後十有五日，真鉛積之一分，其狀如輕煙焉，夫能鍊之，可以安樂延年矣；三十日，真鉛積之二分，其狀如薄霧焉，夫能鍊之，可以返老還童矣；四十有五日，真鉛積之三分，其狀如垂露焉，夫能鍊之，可以留形住世矣。夏至之後十有五日，真汞積之一分，其狀如戲蕊焉，夫能鍊之，可以健骨輕身矣；三十日，真汞積之二分，其形如含蓮焉，夫能鍊之，可以長生久視矣；四十有五日，真汞積之三分，其形如抱卵焉，夫能鍊之，可以鍊形化氣矣。故鍊真鉛而爲陽胎，鍊真汞而爲陰息。以陰息爲陽胎，自然有形化無形矣；以陽胎投陰息，自然無質生有質矣。然岐伯不知時，扁鵲不傳法。若夫冬夏二至則時未善也，隨時内觀則法未盡也。惟冬之子、夏之午則凝息留氣，而後静觀，斂身集神而先注意焉，斯可謂盡矣、善矣。是以胎息之要在乎絶無動念，譬夫以水澆石，無可得入，于是神定氣和，元靈自住，真胎自凝。是爲無漏，三年小成，六年中成，九年大成者也。

神公言其胎息曰：勤守中，勿放逸，外不入，内不出，還本元，萬事畢，謹修持，無時日。曹道沖釋之曰：勤守中者，神識内守也；勿放逸者，一意不散也；外不入者，對境如無也；内不出者，居塵不染也；還本元者，專氣致柔也；萬事畢者，止外無求也；謹修持者，勤而行之也；無時日者，長生久視也。然則真胎息者，其惟物我兩絶，神氣並集，凝而爲胎，住而爲息，形神俱妙，可以長生，神氣合體，可以入聖。于是窮理盡性以至于命，自然神氣交和，無中生有，内外明白，以色爲空，天真元靈，湛然自樂矣。

玉皇有神用之訣曰：存三守一。高上元君釋之曰：三者，精、氣、神也；一者，腎也。腎中生氣，心中生神，神氣交而爲精，精神住而還下，于是上存其神，中存其氣，下存其精，三存既畢，則守其一在于丹田。不論内外之境與出入之法，自然氣還元而自住爲胎焉，神隨氣而不散爲息焉。神氣一體則無死生，心腎一氣則無疾病。如是一切之境從何而入，一切之念從何而出乎？若厭乎塵世，則當升氣以爲神胎，集神以爲氣主。于是氣胎神息與有象之形，分而二三，化而萬億，真靈不散，是爲入聖者。

太上玄機有自然胎息之訣曰：長生久視。徐真人釋之曰：静坐忘思，久視于上田，則神長生矣；久視于中田，則氣長生矣；久視于下田，則形長生矣。視者，視之，勿離其視之所，心神隨視而止，腎氣應神而傳，自然有形之氣暗藏無象之神，形中有胎，胎中有息，息以神住，神以氣存，此久視之道也。吾于天地之間止知其身，其身之内止知神氣而已。故上視神宫，則其神不散，視久則鍊神，神聚爲胎，以所傳之氣入而爲息，自然而上也；下視氣管，其氣不散，視久則鍊氣，氣聚爲胎，以所存之神入而爲息，自然而中也；鍊氣會合，常守丹田，凝而爲胎，住而爲息，自然而下也。上、中、下者，三田之謂也。

腎之真水者，虎也；心之正氣者，龍也。龍虎交而爲玄珠，火候足而爲金丹。取辰之末巳之初，是爲巽之時，幽室正坐，滿口含津，勿吐勿嚥，以壓龍虎之氣，使之不走，交合而爲玄珠焉，其大如黍，還于黄庭，每元可以增真氣一丈矣。

火候者，何也？心之正陽之氣是爲真火，真火上升是爲鍊形，及其下降是爲還元，可以益氣而延年。當戌之末亥之初，是爲乾之時，幽室正坐，脅腹勿動，凝住上傳之腎氣不升，内想真火而下降，行之一日，可以補一年之虛。

純陽真人曰：金丹之要，存升開閉，過關無急，火候無差，産成金液者也。于子之時一陽初動之後，披衣正坐，握固内定，存下腰身，使腎合氣聚，覺臍腹微熱，漸升其身，微偃其脊，運腎之氣復過尾閭，自下而上，次過中關，于玉京直入于泥丸，以補其腦，自然髓實骨健。若鍊金丹，則作退火焉。夫龍虎相交爲玄珠，以心火下降爲補益，以肘後飛金晶爲補腦之法，並用是爲金丹焉。玄珠者，金丹之體也。進退火候合于周天之數，三百日無差則爲金丹矣。脅腹凝息，行一百八之數，自子逆行至于午，以心火下降而鍊黄庭，于是五日加六銖，二十有五日移一時，此進火者也。升身偃脊，行一百八數，自子順行至于午，以腎背飛而補泥丸，于是五日加六銖，二十有五日移一時，此退火者也。内丹既凝而生純陽之氣，是爲氣中有氣。于是不計晝夜，升身正坐，是爲太陽。鍊之百日，其身輕矣；千日，飛騰而入南宫爲仙。夫以純陽隨其元氣所傳，以鍊五藏之氣，凝爲胎元，鍊氣可以成神矣。丙丁之日，其時用午；庚辛之日，其時用酉；壬癸之日，其時用子；甲乙之日，其時用卯。于是静坐忘思，雙收二頰，以喉中虚嚥爲法，所嚥之數不過百焉，十日澆遍，百日而足。于是純陽之氣不能害于五藏，五藏之元神隱于真氣而不散，五藏之真氣隱于元氣而不耗，由是隨元氣所傳而鍊其氣，即氣鍊神，神自氣中而出，止朝于元頂，入于泥丸。無丹者行此法，隨時澆灌，可以鍊形焉。

（道藏第二〇册所收道樞卷一九）

三住篇 寓化之質，以氣爲主，其氣不流，形神俱住。

華陽子施肩吾也。曰：大易不云乎？「精氣爲物，遊魂爲變。」故萬形之中所保者，莫先乎元氣。元氣住則神住矣，神住則形住矣，三者住則命在于我，豈在于天耶？是知人由氣生，氣由神住。人之有氣，如魚之有水，失水則死矣。然則神者，氣之子也；氣者，神之母也；形者，神之舍也。是修身之大端，保形之根源也。吾嘗觀氣之用也，如煙雲發于四支，日月光于尺宅；次觀神之静也，百邪不能干其正，群動不能撓其清。太平經曰：神者，道也。入則爲神明，出則爲文章，皆道之小成也。予昔在名場，運思苦難；今不思而自至，此非道之功耶！尹真人曰：「心長御氣，氣與神合，中既有主，形乃長存，如日月之周流，天地之運轉，壽可以無窮矣。」華陽子曰：吾嘗爲之銘焉：元氣真精，能保萬形。我氣内閉，我身長寧。

（道藏第二〇册所收道樞卷三〇）

靈響詞五首并序

道德經云：「視之不見，聽之不聞，搏之不得。」詳乎老君之旨趨，蓋諭以衆庶之俗民，非修生之道民也。尹真人節解經云：「内觀者覩神光，不可謂之不明；返聽者聞神聲，不可謂之無音；握固者精神備體，不可謂之無形。凡在道中之民，當須視不見之形，聽不聞之聲，搏不得之名。三者皆得，謂之道民矣。」余慕道年久，修持没功，夙夜自思，如負芒棘。嘗因暇日，竊覽三清經云：「夫修錬之士，當須入静三關，淘錬神氣，補續年命。大静三百日，中静二百日，小静一百日。」愚雖不敏，情頗激切，神道扶持，遂發至懇。且試以小静，即開成三年戊午歲起，正月一日，閉户自修，不交人事，尅期百日，方出静堂。雖五穀併絶，而五氣長修，幸免瘦羸，不知飢渴。未逾月而神光照目，百靈集耳，精爽不昧，此三者皆應，則知仙經秘典，言不虚設也。人不修，即不知。既不知，則信彼前後學，咸謂神仙之教，盡爲誑誕之辭。今古相蒙，未始有極。小兆忝爲前得者，故發言爲詞，以正將來之惑。因創五篇，篇之四句，貽諸同好，用紀玄深。其詞曰：

此響非俗響，心知是靈仙。不曾離耳裏，高下如秋蟬。其一

入夜聲則勵，在晝聲則微。神靈斥衆惡，與我作風威。其二

妙響無住時，晝夜常輪迴，那是偶然事，上界特使來。其三

何以辨靈應？事須得梯媒。自從靈響降，如有真人來。其四

存念長在心，輾轉無停音。可憐清爽夜，静聽秋蟬吟。其五

（道藏二二一册所收雲笈七籤卷九九。全唐文卷七三九斷爲施肩吾作品）